KB015182

문화를 보는
두 개의
시선, 우아함과 저속함

문화를 보는 두 개의 시선,
우아함과 저속함

초판 1쇄 발행 2020년 6월 24일

지은이   박진경
펴낸이   조전회
펴낸곳   도서출판 새라의 숲

출판등록   제2014-000039호(2014년 10월 7일)
팩스   031-624-5558
이메일   sarahforest@naver.com

ISBN 979-11-88054-18-3 93150

이 도서의 국립중앙도서관 출판시도서목록(CIP)은 서지정보유통지원시스템(http://seoji.nl.go.kr)과
국가자료공동목록시스템(http://www.nl.go.kr/kolisnet)에서 이용하실 수 있습니다.
(CIP제어번호 : CIP2020023071)

문화를 보는 두개의 시선, 우아함과 저속함

박진경 지음

변화하는 세계를 통찰하는 힘

새라의숲
SAERA FOREST

　이제 좀 한가해도 괜찮겠다. 길을 나서니 봄꽃들이 야단법석이다. 자연이 일하는 시간이다. 공부하는 수년 동안 가슴에 꽃잎 한 장 두지 못했다. 힘든 시간이었지만 다시 공부할 수 있도록 인도하신 하나님께 감사를 올린다.

　길을 좋아해서 자연스럽게 실크로드에 관심을 가졌고 문명교류사를 공부하고 싶었다. 그러나 어떻게 공부해야 할지 몰랐고 드문드문 보이는 대로 배워나갔다. 그러던 어느 날, 공부의 시작은 나를 아는 것이 중요하며 우리 문화를 이해하는 것에서 출발해야 한다는 것을 깨달았다. 동양미학을 공부한 것은 정말 행운이다. 이 책은 글쓴이의 박사학위 논문『조선후기 문예사조의 아속겸비적 심미의식 연구(朝鮮後期 文藝思潮의 雅俗兼備的 審美意識 研究)』를 다듬은 글이다. 한자에 익숙지 않은 분들을 위하여 한글 위주로 옮겨 담았으나 의미전달에 필요한 부분은 한자를 병기하였다. 동양미학과 철학은 한 글자의 개념어가 많아 한글로 표기할 때 의미전달이 생경하거나 어색한 경우가 많으므로 독자의 이해를 구한다. 한자의 사용을 자제하다 보니 한 글자의 개념어는 강조를 위해서 부호도 사용하였다.

조선후기는 현대와 가까워 많은 정서적 공감을 일으킨다. 그때나 지금이나 가치관과 시대정신이 급변하여 사상논쟁이 첨예하며, 다양한 요구와 개성이 분출한다. 역동적인 시대를 살아가신 선인들이 남긴 글을 읽다가 보면 너무나 생생해서 잠시 시공간을 잊게 된다. 공부하는 즐거움이다. 그때나 지금이나 사람 살아가는 이야기는 비슷하다. 현재의 갈등 속에서 해법을 찾고 과거를 돌아보고 미래를 준비한다. 조선후기는 멀지 않은 우리의 과거이다. 학위논문의 주제를 고민하면서 조선후기 문예를 관통하는 개념에 대해 찾다가 아雅·속俗을 발견했다. 조선후기는 아와 속의 논쟁 속에 있었고, 가치관의 혼란과 분쟁 속에서 아와 속의 겸비의식으로 시대의 갈등을 극복하고자 하였다. 아속의 겸비에는 세상의 모든 것을 포용할 수 있는 통합과 상생의 길이 있다.

공부는 가장 먼저 나를 치유하였다. 이 글이 누군가에게 조그만 위로와 격려가 될 수 있다면 나의 공부는 의미 있을 것이다. 책의 발간을 빌려 한마음의 민족사상을 일깨워 주시고 늘 그 마음으로 제자를 품으신 이기동 지도교수님, 아속의 세계를 처음 열어주시고 석사과정을 지도해 주신 송하경 교수님, 폭넓은 미학의 세계로 이끌어 주신 조민환 교수님, 김응학 교수님, 논문심사를 맡아주신 김성기 교수님, 장지훈 교수님, 김도일 교수님께 감사드린다. 논문예심을 마치고 닷새 만에 아버지가 돌아가셨다. 병상에 계실 때 학위 마칠 때까지 건강 회복하셔야 한다고 말씀드렸더니 갑자기 눈물을 주르르 흘리셨다. 기력이 다한 것을 알고 계셨다. 통곡했지만 이제 괜찮다. 딸들을 자랑스러워하신 아버지는 우리 안에 함께 하실 것이다. 평생 일곱 딸의 뒷바라지에 헌신하신 엄마께 엎드려 감사를 드린다. 엄마의 투지는 힘든 시간 나를 일으켰다. 사회와의 긴 단절에도 꿈을 포기하지 않고 서성거리는 마누라를 격려하고 공부를 지원한 남편 이주영과 내 힘의 원천 재형이와 재은이는 누구보다도 책의 발간을 기뻐할 것이다. 고맙고 사랑한다. 이제 나의 새로운 여정을 시작하려 한다. 누군가를, 혹은 무언가를 만나게 되는 그 길이 즐거웠으면 좋겠다.

2020년 늦봄 박진경

차례 ━━

제1장

아雅와 속俗, 문화를 보는 두 개의 시선

인류가 문화를 구축한 이래로 서로 다른 문화 간의 이질적인 요소는 언제나 분쟁을 유발하였다. 이질의 요소는 지역성뿐만 아니라 한 사회 집단 안에서도 존재한다. 역사 발전에 의한 신분 사회의 형성은 다양한 문화 층위를 발생시켰는데 동아시아의 유학전통은 신분에 따라 예악禮樂을 행하였으며 이에 의해 문화의 층위가 생겨났다.

　유학의 발흥 이후 예악은 인간의 신체 활동과 심리 활동에 끊임없이 영향을 끼쳤다. 예악은 사회 제반에 예禮로써 조절함과 악樂으로써 화락함의 조화를 추구하여 인간이 지나치게 감정을 드러내는 것을 배척하고 지극히 이성적 정서의 함양과 도덕을 촉구하였으며, 이에 의해 드러나는 문화적 정서를 비평가들은 전통적으로 '아雅'와 '속俗'으로 규정하였다.

　아雅란 정正이자 법法의 의미로서, 지배층의 이념과 규범이 담긴 공동체 지향적 개념이며, 속俗은 피지배층의 삶을 대변하는 대중성을 의미하지만, 개인의 욕망을 긍정하여 개체성을 지향한다. 주대 지배층에 의한 아문화는 '아'를 숭상하고 '속'을 폄하하는 상아폄속尙雅貶俗의 아속관을 형성하였고 이것은 전통이 되었다. 동아시아는 전통적으로 공동체를 지향하고 숭아崇雅의식으로 속을 교화하고자 하였다. 그러나 역사발전 속에서 아문화와 속문화는 서로 영향을 주고받으며 변화하였으므로 아문화와 속문화의 세부에는 '아' 속에 '속'의 요소가, '속'에는 '아'의 요소가 있어 명확하게 그 경계를 구분하기 어렵다.

통상적으로 말하면 아문화는 지배계층에 의해 창작과 감상이 이루어지므로 고급문화를 의미하며, 속문화는 피지배계층, 즉 서민들에 의해 창작과 감상이 이루어지므로 대중문화를 의미한다. 통시적 관점에서 보자면 아雅는 '전통', 속俗은 '신생'과 '변화'를 뜻한다. 우리가 흔히 '우아優雅'와 '저속低俗'을 대별하는 근원은 바로 상아폄속의 아속관에서 비롯되었다.

고급문화와 대중문화는 아雅·속俗의 개념으로 대별할 수 있지만, 아속은 원래 상반되는 개념이 아니었다. 그러나 선진시기 이후 아속의 대치관계가 형성되면서 아속은 가치의 근거가 되는 개념으로 발전하였다. 대체로 아는 도덕적으로나 예술적으로 모범이 되는 이상적 표준이다. 이에 비하여 속은 평범하거나 저급하여 배척해야 하는 개념으로 인식되었다. 이러한 아속관념은 오랜 시간을 지속하였으나 실제로 아와 속은 서로 영향을 주고받으며 발전하였다.

아속의 문제는 곧 전통의 문제이다. 아속관은 '고古'를 숭상하고 '금今'

을 폄하하는 상고폄금尚古貶今의 고금의식과 상통하는데, 고금의식은 '전통'과 '변화'를 의미하는 구舊와 신新의 대립의 문제이기 때문이다. 아雅는 고古를 의미하며, 속俗은 금今과 신新을 가리킨다. 상아폄속의 관점에서 '고'는 법의 역할을 하였으며, 동아시아는 전통적으로 숭고를 지향하였다. 그러나 현재의 전통은 전통이 발생한 초기의 모습과는 다른데 이것은 전통이 당대 사회 환경과 조화하여 변화했음을 의미한다. 이것은 동양미학의 관점에서는 아속겸비의 산물이라고 볼 수 있다. 현재 우리가 바라보는 모든 문명은 전통의 이름 아래 대통합된 창조물이다. 모든 전통은 새롭게 발생한 창조물과 대치하거나 융합하여 거듭난다. 이러한 변화를 긍정적으로 바라보고 이러한 태도를 추구하고자 하는 것이 바로 '아속겸비의식'이다.

이 글은 아雅·속俗 이분법적 사고를 극복하고 아속을 통합하여 새로운 문화양식을 창조한 우리 문인들의 노력을 아속겸비적 심미의식으로 보고, 이러한 사유에 의해 창작된 조선후기의 문예를 대상으로 쓴 글이다. 아속관은 중국 고대문명에서 유래하였으므로 중국의 아속관도 함께 볼 것이다. 조선후기의 문예에는 아문화만으로는 설명할 수 없는 창조성과 역동성이 있다. 아속겸비정신은 열린 사유로 창조력을 배양해간 조선후기의 시대정신이다. 조선후기의 문예는 아문화를 재정립하고 창작의 발전을 위해 속문화의 장점을 겸비하고자 하는 문인들의 의식이 높았다. 아속융합이 자연발생적 융합을 의미한다면 아속겸비는 의도적인 목적성을 지닌다. 융합이 현대적 용어라면 겸비는 동아시아의 전통적 미학

용어이다.

아속겸비의 심미의식은 『시경』의 문예정신에서 출발한다. 『시경』은 풍·아·송을 통해 지배문학과 피지배문학을 통합하고 문학의 공리성을 표방하였다. 『시경』이 온유돈후를 바탕으로 한 아속겸비적 문예정신의 표준 모델이라면, 『초사』는 속문학을 토대로 남방의 낭만적 기풍을 예술적으로 승화한 아속겸비적 문예정신의 변화된 형태이다. 아속겸비적 심미의식은 이러한 『시경』과 『초사』의 문예정신을 계승하고, 속문화에 담긴 긍정성을 수용하여 정체된 아문화를 혁신하고자 하는 문예정신이며, 송대에는 '이속위아以俗爲雅'의 문예이론으로 제기되었고 이후 '아속공상雅俗共賞'으로 확대되었다.

아와 속의 융합이 가장 먼저 일어난 분야는 악樂이었다.[1] 아악雅樂은 예와 밀접하고 정치와도 연결되어 있다.[2] 주나라는 예악의 제정을 통해 왕공 중심의 아문화를 건립하였는데 아악은 신분에 따라 연주되므로 절도와 규범이 있다. 이에 비하여 속악俗樂은 민간에서 자연 발생한 음악이므로 인간의 감정이 솔직하게 담겨있으며 필요에 따라 자유롭게 변화하였다. 춘추말기 정치적 혼란은 예악의 혼란으로 이어져 궁중에서도 속악을 즐기게 되었다. 또한 국가 혼란으로 인해 궁중 악사들이 민간에 흩어지며 속악에 영향을 주어 아악과 속악은 융합하였다. 이러한 현상은 동아

---

1 張曼華, 『中國畵論中的雅俗觀研究』, 南京藝術學院, 박사학위논문 2005, p.10.
2 『禮記』 「樂記」: 是故治世之音安以樂 其政和 亂世之音怨以怒 其政乖 亡國之音哀以思 其民困 聲音之道 與政通矣.

시아 역사에 기록된 최초의 아속융합으로 아속은 이후에도 역사 발전을 거치며 서로 영향을 주고받았다. 이렇게 거듭된 아속융합은 원래의 개념과는 다른 의미로 전화하였는데 이것은 아속 개념의 경계를 모호하게 하였다. 따라서 아문화에는 속문화의 요소가 존재하며, 속문화에도 아문화의 영향력이 존재한다. 전통적으로 문인들은 속문화를 경계하고 아문화를 추구하였으나 실제적으로는 아속융합의 역사가 지속된 것이다.

그러므로 아와 속은 시간과 공간, 논자의 지향성에 따라 서로 다른 함의를 지닌다. 장엄하면서도 절제된 아름다움을 추구하는 유가儒家의 아雅와 공리적인 틀을 거부하고 자연적인 아름다움을 추구하는 도가道家의 아雅는 서로 충돌하였으며, 명대 이후 인간의 욕망과 감정을 드러내는 것을 아름다움으로 여기는 공안파의 심미관은 전통적인 아의 관념을 해체하고 새로운 아의 심미관을 제시하였다.

이러한 아속관은 우리나라에도 영향을 미쳤다. 조선후기는 이전과는 다른 역사적 함의가 있다. 주자학은 조선 땅에서 유학의 꽃을 피우며 조선성리학으로 심화하였다. 그러나 국난과 당쟁을 겪으며 주자학 일변도의 사유체계는 사회 개혁을 주도하지 못하였으며, 변화하는 시대를 감당하지 못한 채 한계를 드러냈다. 조선후기의 지식인들은 이러한 한계를 극복하기 위하여 현실적 대안을 모색하였다. 노론의 '인물성동이논변'에서 파생한 열린 사유는 '주자 절대주의'에서 깨어나게 하였고, 이것은 아와 속의 차등관계를 해체하는 계기가 되었다. 양명학과 실학은 생활철학으로 실존의 문제를 끌어안았다. 특히 실학은 성리학의 발전적 접근을 통해 리理 위주의 보편주의가 기氣 위주의 상황주의 지향으로 나아간 만큼 실학의 현실인식과 시대성에 대한 관심은 필연적인 것이었다.

문예 또한 시대 흐름과 동반하여 개혁 의지를 높였으며 이에 따라 새로운 문예사조가 출현하였다. 농암 김창협(1651~1708)의 천기론은 조선후기 문예 기저의 변화를 이끌었다. 이전의 천기론이 '성정지정性情之正'을 의미한다면, 김창협의 천기론은 '성정지진性情之眞'을 주장하며 창작의 '진眞'을 문예비평의 핵심으로 삼았다. 문인들에 의해 개창된 진경산수화와 풍속화, 인물화의 변화는 아속의 경계를 넘나들며 시대변화를 담은 혁신적 화풍을 일구었다.

이러한 문예의 변화는 아속겸비적 심미의식에서 비롯된다. 문인들은 언제나 아문화를 지향하지만 시대 변화를 받아들이기 위해서는 속의 현실을 수용하지 않을 수 없다. 특히 우리나라는 전통적으로 천인무간天人無間의 민족정신과 유·불·도가 혼재된 독특한 융합 정신이 민족 정서에 내포되어 있으므로[1] 아속의 융합정신 또한 민족 전통 사상에 내재되어 있다. 이러한 민족 정서는 만물일체의 상생의식이다.[2] 상생과 융합의 정신은 민족 내면에 잠재되어 문화의지로 발현된다. 새로운 사유의 출현 또한 기존 사상과 융합하여 시대정신으로 표출되었다. 특히 조선후기는

---

1   이기동, 「목은의 사상과 한국유학의 세 흐름」, 『한국사상과 문화』 제25집, 한국사상문화연구원, 2004, p.206.
2   이기동, 「목은 이색의 천인무간사상을 바탕으로 한 상생의 구조」, 『한국사상과 문화』 제54집, 한국사상문화연구원, 2010, p.392.

다변화의 시대였으므로 기존인식의 전환이 필요하였으며 상생과 융합의 민족정신이 더욱 요청되는 시기였다. 오랜 주자학적 체제 아래 고착화된 기존의 아속관 또한 새로운 가치관을 요구하던 사회의 흐름을 타고 변화의 기로에 있었던 것이다.

아속은 화이관華夷觀과도 관련되어 있다. 화이관은 중국이 자국의 질서 속에 주변 국가들을 편입시켜 국제 관계를 주도하려는 의도에서 혈연 및 종족 중심으로 형성되었는데 전국시대로 오면서 예禮로써 오랑캐를 동화시켜 포섭하려는 문화적 화이관으로 전환하였다.[1] 조선후기는 존주론적 화이론을 극복하고 '소중화사상'으로 진경문화를 창도하였지만 '소중화사상' 역시 화이관을 온전히 극복하지 못한 또 다른 중화사상의 변형이었다. 이러한 인식 끝에 홍대용은 '화이일야華夷一也'를 주장하며 중화론을 극복하고 피아彼我적 관점에서 사물을 인식하는 상대주의와 '물균物均'을 주장하였다. 이것은 아속 인식의 전환 없이는 불가능한 사유였다. 이러한 인식변화의 기저에는 아속겸비정신이 있다.

조선후기 문예를 관통하는 이론은 아직 없다. 현재까지 조선후기의 문예 비평은 주로 당파를 배경으로 하여 노론에서 펼쳐진 진경문화, 근기 남인과 소론 중심의 실학문화, 양명학의 영향을 받은 문화를 따로 다루는 것이 일반적인 비평 방식이었다. 이들 부류는 각기 다른 지향성을 보였으나 조선후기 문예사에 찬란한 업적을 남겼다. 이 글은 조선후기 문

---

1   김성기, 「동아시아 문명의 기원에 있어서 동이문화의 지위」, 『유교사상문화연구』 제60집, 성균관대학교 유교문화연구소, 2015, p.134.

예에 펼쳐진 이와 같은 각기 다른 지향성을 아속겸비적 심미의식으로 통합하고, 학파와 당파 너머에 있는 우리 문예의 상생과 통합의 문예의식을 살펴볼 것이다. 아와 속의 겸비는 각기 다른 이질성을 모두 포섭하여 새로운 가능성을 열 수 있는 대개념이기 때문이다.

제 2 장

아속의 개념과
아속 관계의 변천

제1절 | 상아폄속尚雅貶俗적 아속관

아雅는 유가 경전에서 '바름', '정통'을 의미한다. 이에 비하여 속俗은 포괄적인 개념으로, 풍속이나 풍토를 의미하며 나아가 '보통의', '일반적인' 의미로도 쓰인다. 또한 '비속한', '저속한', '천박한' 의미로도 자주 쓰여 인격이나 예술작품을 폄하할때 사용되며 주로 세인들의 욕망에 결부되어 부정적 의미로 쓰인다.

예술작품에 있어 아雅·속俗의 개념은 창작의 품격을 나타낸다. 아속 개념의 발생은 유가적 사유와 밀접하다. 대표적으로 공자가 "나는 자주 색이 주색을 빼앗는 것을 미워하며, 정나라의 음악이 아악雅樂을 어지럽히는 것을 미워하며, 말 잘하는 입이 나라를 전복시키는 것을 미워한다."[1]고 말한 것과 같이, 아는 예술작품이 추구해야 할 최고 덕목 중의 하나로 지속적인 그 지위를 누려왔으나, 속은 경계해야 하는 부정의 대상이었다.

아와 속은 오랫동안 배타적인 개념이었지만 때에 따라 서로에게 부족한 부분을 보충하는 관계이기도 하였다. 이에 따라 아속은 대치와 융합을 거듭하였고 시간과 공간에 따라 다른 함의를 내포하게 되었다.

1. 상아尚雅적 아雅의 개념과 규범성

동아시아는 전통적으로 유학의 영향 아래 문화 풍토가 세워졌다. 아雅는『시경』을 구성하는 체제인 풍風·아雅·송頌을 통해 그 내용을 볼 수 있다. 풍이란 '민속가요의 시'를 말하며, 아는 '조정지악가朝廷之樂歌', 송은 '종묘지악宗廟之樂'을 말한다. 아는「모시서」에서 "아란 천하의 일을 말하고, 사방의 풍을 나타낸 것을 아라고 한다. 아는 정正이며, 왕조가 흥하고 망함에 연유하여 말한 것이다."[2]라고 하였다. 그러므로 아는 '바름'을 의미하며 왕정과 관련된 개념이라고 할 수 있다.

아를 어원적으로 살펴보면 처음에는 가치 평가를 나타내는 개념이 아니었다. 『설문해자』를 보면 아는 어금니를 상징하는 아牙와 새의 옆모습

---

1   『論語』「陽貨」: 子曰 惡紫之奪朱也 惡鄭聲之亂雅樂也 惡利口之覆邦家者.
2   「毛詩序」: 言天下之事 形四方之風 謂之雅 雅者正也 言王政之所由廢興也.

을 의미하는 추佳가 합해진 형성자로 초나라의 까마귀를 의미하였다.[1]

아雅는 하夏나라와 관련된 개념이다. 주나라 사람들은 스스로를 '하나라 사람의 후예'라고 칭하였다.『서경』「강고」에는 "왕이 우리 하나라를 세우셨고, 우리와 연관이 있는 나라들을 세우셨다."[2]라고 하였으며,『서경』「군석」에 "문왕께서는 여전히 우리 하나라와 화목하게 지냈다."[3]라고 하여 주나라를 하나라와 연계하였는데, 아雅는 하夏와 같은 음가여서 고대에는 아와 하가 호용 되었으며 이로 인해서 서주 사람들의 시가와 언어는 아시雅詩와 아언雅言으로 불리기도 하였다.[4] 아와 하의 음과 의미가 서로 같다는 것에 대하여 양계초(1873~1929) 또한 "아는 하의 옛 글자인데 본래 통한다. 그러므로 풍아風雅의 아는 그 본래 글자가 마땅히 하인 것은 의심이 없다."[5]라고 하였다. 이러한 것을 볼 때 아와 하는 일정 기간 같은 의미로 통용되다가 아가 도덕과 심미개념으로 확장되면서 아와 하는 분리된 것으로 보인다.

아는 지배층의 특권의식과도 관계있다.『시경』에서 아라고 칭한 것은 당시 민간에서 성행하던 속요와 구분하고 하의 정통성을 강조하기 위해 아라고 한 것이며, 이것은 당시 지배층이 자존적 의도[6]를 편재하여 자신

---

1 『說文解字』: 雅 楚烏也 從佳牙聲.

2 『書經』「康誥」: 王用肇造我區夏 越我一二邦以修.

3 『書經』「君奭」: 惟文王尙克修和雅有夏.

4 김원중,「위진육조시기에 있어서의 아속지변 검토」,『중국어문논총』제23집, 중국어문연구회, 2002, p.59.

5 양계초,『梁啓超全集』「要籍解題」: 雅 夏古字本通 然則風雅之雅 其本字當作夏無疑.

6 심규호,「선진사인의 아속관에 관한 일 고찰」,『중국문학이론』, 한국중국문학이론학회, 2005, p.7.

들의 시가 표준임을 세상에 밝힌 것이다. 아란 천하와 관계된 것이며 사방에 정교를 베푸는 것이다. 다시 말하면 아란 지배층을 의미하며, 정교의 대상이 되는 피지배층에게 자신들의 이념을 교화할 모범을 말한다. 그런 의미에서 아는 속, 즉 피지배층을 폄하고 계도하려는 지배층의 배타적 용어이다.[1]

일국의 일을 노래한 것을 풍이라고 하고 천하의 일을 노래한 것을 아라고 하는 것은 제후는 봉토를 나누어 받아 영토가 나누어져서 풍속이 각기 달랐기 때문이다. 고로 당에는 요임금의 유풍이 남아있고 위에는 검약한 교화가 남아있어 풍속에 따라 교화하였기 때문에 풍이라고 하였다. 천자는 위엄이 사해에 가하여져서 만방을 바르게 하니 정교가 베풀어지는 곳은 모두 바르게 할 수 있으므로 이 시를 아라고 한 것이다.[2]

이와 같이 풍風이란 지방의 노래, 민중의 노래이며, 중앙 지배자의 정교 목적으로 지어진 노래는 아雅이다. 그러므로 아에는 지배 계급층의 특권의식이 담겨있다.

아는 하와 연계되어 '중국', 또는 '중심'의 의미를 지닌다. 언급하였듯

---

1   임명호, 『조선후기 한문학의 아속론 연구』, 부산대학교대학원 박사학위 논문, 2010, p.13.
2   공영달, 『毛詩正義』: 一國之事爲風 天下之事爲雅者 以諸侯列국樹彊 風俗各異 故唐有堯之 遺風 魏有儉約之化 由隨風設敎 故名之爲風 天子則威加四海 齊正萬方 政敎所施 皆能齊正 故名之爲雅.

이 아는 하와 관련되어 있고, 주나라 사람은 스스로를 하나라 사람이라고 칭하였으며 주나라 건국과 함께 만들어진 예악 전통은 주나라 왕실이 문화의 산실이자 중심이며 중원임을 표방한다. 당시 서주는 천하의 정치 중심이었으며 사방의 준칙이었다. 풍호는 서주의 도읍지로서 왕실을 중심으로 한 아언은 주나라의 표준어였다. 상고시대에 이夷와 은殷은 동이 계열에 속하고, 하와 주는 서이 계열에 속하였는데, 주나라가 하나라를 계승하면서 '천하의 중심'이란 의식을 드러낸 것이다. 이에 대하여 『서경』「필명」에는 주나라 왕실이 은나라 유민들에게 지속적인 아화雅化를 펼쳤음을 볼 수 있다.

오직 주공께서 선왕을 보좌하여 왕실을 안정시키고 은나라의 완악한 백성들을 징계하여 낙읍으로 옮겨 왕실에 가깝게 하시니, 그 모범에 교화되어 삼기가 지나자 세대가 변하고 풍속이 옮겨져서 사방에 근심이 없으므로 나 한 사람은 이로써 편안하다.[1]

주나라는 건국 후 통일국가로서의 체제를 갖추고 은나라의 유민을 주나라의 백성으로 교화시키기 위하여 지속적인 작업을 펼쳤는데 이것은 은 유민에 대한 아화의 과정이었다.[2] 그러므로 아는 은나라 유민을 비롯

---

1   『書經』「畢命」: 惟周公左右先王 綏定厥家 毖殷頑民遷于洛邑 密邇王室 式化厥訓 旣歷三紀 世變風移 四方無虞 予一人以寧.

2   李韜, 『中國古代藝術理論範疇研究』, 東南大學, 박사학위논문, 2015, p.316.

한 제후국을 상대로 한 중심으로서의 표준의식과 교화의 의미를 지닌다.

당시의 아는 언어적 의미를 지니기도 하였다. 주 왕실과 경기지역을 중심으로 한 언어는 아언이자 관방 언어이며, 제후국의 언어는 방언이었다. 서주 건립 당시에는 다양한 민족의 이합집산으로 방언이 난무하여 언어소통의 문제가 있었는데 서주의 건립과 함께 하언, 곧 아언은 공용어로서의 역할을 하였던 것이다. 맹소련 또한『백화소설생성사』에서 춘추시기 왕도의 말을 아언이라고 하였으며 종묘 등 중요한 곳에서는 아언을 사용하였는데,『시경』은 주나라의 구어 정황을 반영하며 금문은 주나라 아언의 서면어를 대표한다고 하였다.[1] 아언의 전통은 선진시기까지 이어졌으며 노나라 출신인 공자도 집례와 같이 중요한 일을 할 때나 강론은 모두 아언을 사용하였다. 이와 같은 것은『논어』「술이」편에서 볼 수 있는데 "공자께서 아언으로 읽은 것은『시경』과『서경』을 읽을 때와 예를 집행하실 때인데 모두 아언이었다."[2]라고 하였다. 이에 대해 유보남 (1791~1855)은『논어정의』에서 그 뜻을 밝혔다.

주왕실의 서쪽 도읍은 마땅히 서쪽 도읍의 음으로써 바른 것을 삼았다······ 공자께서 역과 시서를 읽고 예를 집행함에는 모두 아언을 사용하였는데 그러한 후에야 글의 뜻이 밝게 전달되었으므로 정현은 이 뜻이 온전하였다고 여겼다. 후세 사람들은 시를 지을 때 관운을 사용하였고, 또 관리로서 백성에 임

---

[1] 맹소련,『白話小說生成史』, 남개대학출판사, 2016, p.1.
[2] 『論語』「述而」: 子所雅言 詩書執禮 皆雅言也.

함에 반드시 관화로 말했으니 이것이 곧 아언이다.[1]

　서주시기의 왕도 지역은 정치와 문화의 중심이었으므로 이 지역 일대의 언어, 즉 아언은 천하의 표준어이면서 관화였던 것이다. 이러한 정치적 힘을 바탕으로 아언은 정언正言이 되었으며, 공자는 노나라 사람이었지만 특별한 경우에는 경전의 존숭과 전통의 유실을 방지하기 위하여 아언을 사용하였던 것이다.

　아雅의 의미에서 중요한 것은 아악에서 비롯된 개념이다. 아악이란 원래 순제와 문·무왕이 지은 음악을 아성雅聲이라고 하였는데 후에 이것이 아악으로 발전하였으며, 국가의 궁중의식과 제사에 주로 사용되었다.[2] 그러므로 아악은 성인의 음악이며 성인의 정신이 담겨있다. 주대에 성립된 예와 악은 사회, 정치, 문화적 질서를 통괄하는 핵심어[3]이므로 예악에 의한 아악은 천자의 권위를 지녔고, 아의 개념은 속과 대치하기 이전에 최고의 권위를 가진 개념이었다. 또한 아는 관방 통치의 이념을 나타냈으며 황제를 정점으로 한 지배계층은 아를 자신의 신분과 정체성에 대한 상징체로 삼았고, 문화권력과 헤게모니의 표상이 되어 때로는 지배층 간

1　유보남, 『論語正義』: 周室西都 當以西都音爲正…… 夫子凡讀易及詩書執禮 皆用雅言 然後辭義明達 故鄭以爲義全也 後世人作詩用官韻 又居官臨民 必說官話 卽雅言矣.

2　최준일, 『한국과 일본의 아악 비교 연구: '문묘제례악'과 '외래악무'를 중심으로』, 추계예술대학교 교육대학원 석사학위논문, 2010, p.6.

3　당시의 예는 오늘날의 제한적인 예의 개념과는 다르다. 주대의 예는 공동체 질서를 조직하는 기본 틀로서 전면적인 가치를 지닌다. 리빙하이, 신정근 역, 『동아시아미학』, 도서출판 동아시아, 2016, p.55.

의 권력투쟁이 아에 대한 정통성 쟁탈로 나타나기도 하였다.[1]

선진시기에는 아와 속이 대립하여 가치 평가를 나타내는 개념으로 확대되었다. 『순자』 「영욕」편에는 아로써 군자와 소인의 대별하였다.

그러므로 소인의 지능을 살펴 족히 그 여유 있음을 알고, 가히 군자가 할 수 있는 일을 하게 해야 하는 것이다. 비유하자면 월나라 사람은 월나라에 편안하고, 초나라 사람은 초나라에 편안하고, 군자는 아에 편안한 것처럼 이는 재성이 그러한 것이 아니라 습관과 풍속의 제한에 따라 다른 것이다.[2]

군자나 소인은 습관과 풍속에 의해 달라지는데 군자는 아에 편안하다고 하는 것은 아에 도덕적 개념이 내포되어 있음을 말한다.

용모, 태도, 나아가고 물러남, 빨리 가는 것에 있어서 예를 따르면 곧 아해지고, 예를 따르지 않으면 곧 오만하고 편벽되며 저속하여 뒤떨어지게 된다.[3]

군자는 아에 편안한데 아는 예에 의한 것이므로 군자와 '아'와 '예'는 병렬이 되었다. 그러므로 선진시대의 아는 군자의 인품과 품격을 의미하

---

1 이등연, 「中國文學史的雅俗議論」, 『국제중국학연구』 제8집, 한국중국학회, 2005, p.142.
2 『荀子』 「榮辱」: 故執察小人之知能 足以知其有餘 可以爲君子之所爲也 譬之越人安越 楚人安楚 君子安雅 是非知能材性然也 是注錯習俗之節異也.
3 『荀子』 「修身」: 容貌 態度 進退 趨行 由禮則雅 不由禮則夷固 僻違 庸衆而野.

였으며 도덕적 개념으로 확장하였다.

이상으로 볼 때 선진시기의 아는 언어적, 정치적, 사회적 중심을 의미하는 개념에서 도덕적 개념을 확보하였다. 아의 개념에는 선진 사인들의 자의식과 자아 수양을 통한 이상적인 인격 추구의식이 내포되어 있으며 교화의 임무와 권리를 수행해야 한다는 책임의식이 내재 되어있다. 그러나 이러한 자의식과 책임의식은 중국문화의 저변에 흐르는 아속 차별의 전통을 형성하는 가장 근본적인 토대가 되기도 하였다.[1]

아는 사상의 '정통성'과 문화의 '표준'을 의미한다.[2] 한대의 정현(127~200)은 아雅는 '정正'이며 '법法'이라고 하였다. 『주례』「춘관종백하」에는 "대사가 육시를 풍·부·비·흥·아·송으로 가르쳤는데 이것이 육덕의 기본이 되고 육율의 음이 되었다."[3]라고 하였다. 정현은 이에 대해 "아는 정正이다. 지금의 정이라는 것은 후세의 법으로 여기는 것이다."[4]라고 주석하여 아는 정으로써 규범이며 공동체가 지향하는 표준이자 후세에 법으로 삼을 만한 정통성임을 공표하였다. 이렇듯 아는 정正이면서 정政과 상통하게 되었고, 아언雅言은 정언正言이 되고 아성雅聲은 정음正音이 되었다.

한대의 왕충(27~97)은 아와 속을 인격의 기준이나 인간의 재성에 따

---

1 심규호,「선진 사인의 아속관에 관한 일 고찰」,『중국문학이론』 제5집, 한국중국문학이론학회, 2005, pp.31~34.
2 김원중,「선진 문학사 서술의 몇 가지 선행 조건」,『중국어문학』 제39집, 영남중국어문학회, 2002, p.11.
3 『周禮』「春官宗伯下」: 教六詩曰風曰賦曰比曰興曰雅曰頌 以六德爲之本 以六律爲之音.
4 정현,『禮記正義』: 雅正也 言今之正者 以爲後世法.

른 것으로 보아 아속의 개념을 확장하였다.

> 전영은 속부俗夫이고 전문은 아자雅子이다. 전영은 꺼리는 것만 믿고 실의
> 하지 않았으며, 전문은 명을 믿고 피해야 할 것을 피하지 않았는데, 아속의 재
> 질이 달라 거취도 다르게 하였다. 그러므로 전영은 이름이 희미해서 분명하
> 지 않고 전문은 명성이 빠르게 퍼져서 없어지지 않았다.[1]

특이한 점은 순자는 군자와 소인을 대비하여 아는 재성에 의한 것이
아니라 습속에 의한 것이라고 한 것에 비해 왕충은 재성에 의해 달라진
다고 본 것이다.

아가 권력계층의 상징성과 도덕성을 평가하는 도덕개념을 넘어서 심
미개념으로 드러난 것은 조비(187~226)의 『전론』에서 볼 수 있다. 조비
는 최초의 문학비평이라고 할 수 있는 『전론』을 통하여 문장의 아雅를 주
장하였다.

> 무릇 문장이란 근본은 같아도 끝은 다르다. 주의奏議는 마땅히 아해야 하고,
> 서론書論은 조리가 있어야 하며, 명뢰銘誄는 실을 추구해야 하며 시부詩賦는 아
> 름다워야 한다. 이 네 과목은 같지 않기 때문에 능히 글을 잘 짓는 사람도 한쪽

---

1   왕충 『論衡』 「四諱」: 夫田嬰俗夫 而田文雅子也 嬰信忌不實義 文信命不辟諱 雅俗異材 舉措
    殊操 故嬰名闇而不明 文聲馳而不滅.

에 치우쳐 있으니 오직 통재만이 이 문체들을 잘 지을 수 있다.[1]

조비는 문장의 덕목을 아雅·리理·실實·려麗로 밝히고 각 체재에 따라 문체를 다르게 지어야 한다고 하였다. 그는 문체를 분류하면서 아를 가장 먼저 선별하였다. 주奏란 정치의 실태나 법률제도에 대해 시비를 따져 잘못을 시정하기 위해 천자에게 올리는 글이고, 의議는 문제 삼을 일이나 사물을 정도나 진리에 의해 분석하고 해명하는 글이다.[2] 여기에 쓰이는 문장은 감정과 과장을 배제하고 반듯하게 진술해야 하는데 그는 이러한 문체를 '아'하다고 본 것이다.

그러므로 아는 조비의『전론』에 의해 심미범주로 진입하였다. 이때의 아는 바른 문장과 문체가 아의 심미범주라고 할 수 있다. 조비의『전론』이 문예의 창작과 비평에 대한 최초의 평론이었다면, 육기(261~303)는 조비의 비평 정신을 이어받아『문부』를 통하여 문학 창작의 문제를 본격적으로 체계화하였다. 그는『문부』에서 문학 최초로 아속의 문제를 심미 개념으로 대별하였다.

혹은 분방하여 삿된 글이 있으니 힘써 말만 많아지고 요사스러워진다. 한갓 눈에는 즐거우나 속되며, 소리는 높지만 바르지 않다. 깨닫고 보니 「방로」

---

1   조비,『典論』「論文」: 夫文体同而末異 蓋奏議宜雅 書論宜理 銘誄尚實 詩賦欲麗 此四科不同 故能之者偏也 唯通才能備其體.

2   정요일 외,『고전비평용어연구』, 태학사, 1998, pp.60~61.

와 「상간」은 매우 슬프기는 하지만 아하지는 않다. 혹은 청허하여 간략한 글
도 있으니 번다함을 제거하고 넘치는 말을 덜어낸 것이다. 대갱의 담담한 여
운이 없고 주현의 단조로운 곡조와 같으니 한 사람의 노래에 세 사람이 찬탄
할 만하다. 그러나 진실로 아하기는 하지만 아름답지는 않다.[1]

육기는 『문부』에서 문예 창작의 주제와 구성, 수식의 문제 등을 거론
하면서 분방奔放 · 해합諧合 · 조찬嘈囋 · 요야妖冶 등은 속의 심미범주로, 청
허清虛 · 완약婉約 · 제번除煩 · 거람去濫은 아의 범주로 규정하였다. 이후 육
기의 문예의식은 후대 문예인의 심미의식에 지대한 영향을 주었으며 아
는 유가의 굳건한 지지 속에 문인들이 지향해야 할 최고의 심미개념이
되었다.

2. 폄속貶俗적 속俗의 개념과 다양성

속俗은 민속 · 풍속 등 일반적 개념으로 쓰이기도 하지만 천속 · 저속 · 비
속 등 부정적 개념으로 쓰이기도 한다.
아속관이 등장한 것은 선진시기이다. 아와 대별할 때의 속은 신분적
의미에서는 일반 백성을 의미하지만, 도덕적 개념으로 구분할 때는 군자

---

1   육기『文賦』: 或奔放以諧合 務嘈囋而妖冶 徒悅目而偶俗 固高聲而曲下 寤防露與桑間 又雖
     悲而不雅 或清虛以婉約 每除煩而去濫 闕大羹之遺味 同朱弦之清氾 雖一唱而三歎 固旣雅
     而不艶.

에 대치되는 속인의 개념으로 폄하되었다. 불교가 들어온 이후로는 일반 세상을 의미하는 세속의 개념이 강화되었는데, 이와 같이 속은 신분적, 도덕적 개념과 함께 일반 대중을 의미하는 다의적 개념이며 인간 세상의 모든 활동을 포함하는 포괄적 개념이다.

『설문해자』에 나타난 속은 '익힘, 습관'을 의미한다. 『설문해자』에는 '속은 습習'이며 '습은 자주 나는 것'[1]이라고 하였는데 이것은 반복해서 익숙해짐을 의미한다. 한대에 나온 자전인 『석명』에는 "속은 바라는 것이니 세상 사람들이 바라는 바"[2]를 속俗이라고 하였다. 이것은 속에는 '세상 모두가 바라는 것'을 가리키는 긍정적인 의미도 있지만, 개인적 욕망을 드러내는 부정적 의미도 있으므로 한대의 속 개념 역시 다의적이라고 할 수 있다. 이러한 속의 다의성은 선진시대 이후로부터 현대에까지 다양한 의미를 내포하며 미학적으로 발전하였다. 『중국미학범주사전』에서 밝힌 속의 의미를 살펴보면 첫째는 풍속, 습관을 가리키고, 둘째, 민간에서 유행하는 것, 대중적인 것, 이해하기 쉬운 문예작품을 말하며, 셋째는 거침없고 명쾌하며 솔직하게 드러나는 미학풍격을 가리키고, 넷째는 저속하고 경박하며 보잘것없이 낮은 심미취미[3]를 의미한다.

속은 원래 부정적인 단어가 아니었다. 서주 명문에 근董(근謹) 시尸(이夷) 속俗이란 글자에서 보듯이 속은 남회 지방 시尸의 풍속을 의미였으며,

---

1   『說文解字』: 俗 習也 習者 數飛也.
2   『釋名』「釋言語」: 俗欲也 俗人所欲也.
3   成復旺 編, 『中國美學範疇辭典』, 중국인민대학출판사, 1995. p.334.

펌하의 의도가 아니라 주변 민족의 예법을 의미한다고 하였다.[1] 이렇듯 속은 원래 지방이나 주변 이민족을 뜻하는 개념으로 쓰이다가 중심으로서의 '아'에 의해 주변부인 '속'이 부정되기 시작하였고 이후 '속'의 부정적인 의미가 가속화되었다고 할 수 있다.

순자는 아를 속과 대별하여 상아폄속尚雅貶俗적 관념의 토대를 제공하였다.

그러므로 속인, 속유, 아유, 대유가 있다. 학문을 하지 않고 정의도 없고 부귀와 이익만을 숭상하는 자가 속인俗人이다…… 선왕을 내세우며 어리석은 자들을 속여 의식을 마련하고 창고에 쌓아 족히 입을 가릴만하면 의기양양해한다. 공경의 장자를 쫓아서 그 편벽된 것을 섬기고 그들의 상객이 되어서 억연히 마치 종신토록 포로가 된 것 같이 지내면서 감히 다른 뜻은 품어보지도 못하는 이런 자들이 속유俗儒이다…… 아는 것을 안다고 하고 모르는 것을 모른다고 하여 안으로는 스스로 속이지 않고 밖으로는 남을 속이지 않으며 이로써 존현외법하여 감히 태만하거나 오만하지 않는다. 이런 사람을 아유雅儒라고 한다.[2]

---

1 張贛生, 『民國通俗小說論考』, 중경출판사, 1991, 차태근, 「비평개념으로서의 아속과 그 이데 올로기」, 『중국어문논총』 제28집, 중국어문연구회, 2005, p.591. 재인용.

2 『荀子』「儒效」: 故有俗人者 有俗儒者 有雅儒者 有大儒者 不學問 無正義 以富利爲隆 是俗人者也…… 呼先王以欺愚者而求衣食焉 得委積足以揜其口 則揚揚如也 隨其長子 事其便辟 擧其上客 億然若終身之虜 而不敢有他志 是俗儒者也. 法後王 一制度 隆禮義而殺詩書 其言行已有大法矣 然而明不能齊法教之所不及 聞見之所未至 則知不能類也 知之曰知之 不知曰不知 內不自以誣 外不自以欺 以是尊賢畏法 而不敢怠傲 是雅儒者也.

그래서 순자는 "속인俗人을 쓰면 만승지국이라도 망하고, 아유雅儒를 쓰면 천승지국이라도 편안하게 된다."[1]라고 하여 도덕적으로 아속을 대별 하였으며, 속은 이풍역속以風易俗의 대상이 되었다. 눈여겨볼 것은 순자가 아속을 유자儒者에 대비하여 말함으로써 아속은 유가의 중요한 도덕적 개념으로 등장했다는 것이다.

맹자는 유속流俗이라는 말로써 속에 대한 부정적 의견을 나타낸 바 있다.

(향원을) 비난하려고 해도 들 것이 없고, 풍자하려고 하여도 풍자할 것이 없어 유속과 같이 하며 오염된 세상에 합해 충신한 듯하고 행함에 청렴하고 결백한 듯하여 무리들이 서로 기뻐하여 스스로 옳다고 여기지만 요순의 도에는 들어갈 수 없다. 그러므로 덕을 해친다고 말하는 것이다.[2]

맹자는 속俗에 유流를 결합하여 비판의식 없이 겉치레만 의식하여 덕을 포장한 행위를 유속이라고 비판하였지만, 속 자체를 부정한 것은 아니다. 오히려 맹자는 세속의 음악을 좋아하는 양혜왕을 포용하였다.

후일에 맹자가 왕을 만난 자리에서 왕에게 말하기를 '왕께서 일찍이 장포

---

1 『荀子』「儒效」: 故人主用俗人 則萬乘之國亡 用俗儒 則萬乘之國存 用雅儒 則千乘之國安.
2 『孟子』「盡心」下: 孟子曰 非之無擧也 刺之無刺也 同乎流俗 合乎汙世 居之似忠信 行之似廉潔 衆皆悅之 自以爲是而 不可與入堯舜之道 故曰德之賊也

에게 음악을 좋아한다고 말씀하셨다 하셨는데 그러한 일이 있습니까?'라고 하니, 왕은 안색이 변하여 말하기를 '선왕의 음악을 즐기는 정도는 못되고 다만 세속의 음악을 좋아할 뿐입니다.'라고 하였다. 맹자는 '왕께서 음악을 좋아하심이 지극하시다면 제나라는 분명히 잘 다스려질 것입니다. 지금의 음악이나 옛날 음악이나 같습니다.'라고 하였다.[1]

맹자는 세속의 음악을 좋아하는 양혜왕을 여민동락_{與民同樂}으로 받아들여 속을 긍정하였는데 여기에서 보듯이 속에는 '대중성', '유행'이란 의미도 담겨있다.

주대의 예악전통은 음악을 정교의 수단으로 삼았다. 특히 음악은 인간의 감정을 다스린다는 관점 아래 음악이 난립하는 것을 통제하였으며, 고악_{古樂}는 성정을 온유돈후하게 한다고 보아 적극 권장하였다. 그러나 주대의 정치 혼란은 음악의 혼란으로 이어졌는데, 음악이 신분 질서를 넘어서 연주되기도 하고 새로운 음악이 탄생하여 대중뿐만 아니라 왕공 귀족의 마음까지 사로잡았다.

새로운 음악은 속악에서 비롯되었으나 대중화를 거쳐 아악에도 영향을 미쳤다. 정위지음_{鄭衛之音}·상간복상지음_{桑間濮上之音}으로 대표되는 민간음악은 예술기교를 중시하고 촉급한 박자를 많이 사용하였으며 남녀 간의 이야기를 위주로 하였는데 이러한 음악을 신성_{新聲} 또는 신악_{新樂}으

---

1   『孟子』「梁惠王」下: 他日 見於王曰 王嘗語莊子以好樂 有諸 王變乎色曰 寡人非能好先王之樂也 直好世俗之樂耳 曰王之好樂甚 則齊其庶幾乎 今之樂猶古之樂也.

로 통칭하였다.[1] 당시 조정에서는 이렇게 변화된 아악이나 속악을 연회에서 연주하였는데 이 새로운 미감은 조정을 사로잡아 정사에 영향을 주기도 하였다. 제나라 경공은 밤새도록 신악에 빠져 다음날 조정에 서지 못하였다.

안자가 조회를 하러 가니 두경이 망연하게 조회를 기다리고 있었다. 안자가 말하기를 '임금께서는 어찌 아직 조회를 하지 않습니까?' 두경이 대답하였다. '임금께서는 밤을 새워서 조회를 할 수가 없습니다.' 안자가 말하였다. '어찌하여 그러합니까?' 두경이 말하였다. '양구거가 가인歌人 우虞를 보내서 노래를 부르도록 하였는데 그 음악은 제나라의 곡을 변화시킨 것입니다.' 이에 안자가 물러나와 종축으로 하여금 예를 갖추어 우를 잡아들이도록 하였다. 공이 이를 듣고 노하여 말하기를 '어떤 연유로 우를 구속하였습니까?'라고 하니 안자가 '신악으로 임금을 음란하게 하였기 때문입니다.'라고 말하였다.[2]

이와 같이 춘추시대에는 민간에서 발전한 새로운 음악이 아악을 능가하여 중국 전역에 유행하였다. 위나라 문후 또한 자하에게 고악보다는 신악인 '정위지음'을 좋아한다고 하였다.

1   김해명, 「중국 주대 아악의 성쇠와 『시경』의 관계」, 『중국어문학논집』 제26호, 중국어문학연구회, 2004, p.397.

2   『晏子春秋』: 晏子朝 杜扃望羊待于朝 晏子曰 君奚故不朝 對曰 君夜發不可以朝 晏子曰 何故 對曰 梁丘據扃入歌人虞 變齊音 晏子退朝 命宗祝修禮而拘虞 公聞之而怒曰 何故而拘虞 晏子曰 以新樂淫君.

나는 의관을 갖추고 고악을 들으면 잠을 자버릴까 걱정이나 정위지음을 들으면 싫증이 나지 않습니다. 감히 묻자오니 고악이 그런 것은 어째서이며 신악이 그런 것은 어째서입니까?[1]

정위지음이란 지금의 하남성 신정, 활현 일대의 민간의 노래를 말하는 것으로 진수溱水와 유수洧水에 남녀가 모여 놀면서 부른 노래이다.[2] 정위의 풍속은 남녀가 문란하여 노래로 서로를 유혹하였다고 알려져 있는데 그러한 만큼 고악에 비해 자극적이며 신선한 영감을 일으켰을 것이다. 아악은 주나라의 쇠퇴와 함께 그 내용이 갈수록 공허해지고 형해화되어 춘추시기에 오면 더 이상 사회의 수요에 기민하게 적응할 수 없게 되었는데 이때 새로운 음악이 흥기하여 아악을 밀어낸 것이 정위지음이다.[3] 고악古樂은 정악正樂이므로 쉽게 변화하지 못하는 단점이 있다. 이에 비하여 속악은 수요자의 욕구에 따라 쉽게 변화하는 특성이 있으므로 언제나 신선함을 창조한다. 그러므로 속俗은 신新의 개념을 내포한다.

속의 개념에는 각 유파에 따라 그 내용이 다르게 해석이 되는 경우가 있다. 아雅가 유가적 전통을 내포하는 개념임에 반하여, 속俗은 유가전통과 도가전통에서 그 개념이 서로 다를 뿐만 아니라 대치되기도 한다. 유

1   『禮記』「樂記」: 吾端冕而聽古樂 則唯恐臥 聽鄭衛之音 則不知倦 敢問古樂之如彼何也 新樂之如此何也 古樂 先王之正樂也.
2   이현우, 「난세, 망국지음론에 관한 고찰」, 『중국어문논총』 제25집, 중국어문연구회, 2003, p.136.
3   김해명, 「중국 주대 아악의 성쇠와 『시경』의 관계」, 『중국어문학논집』 제26호, 중국어문학연구회, 2004, p.393.

가가 교화의 대상으로 속을 바라보고 포용하려는 데에 비하여, 도가는 속을 경멸의 대상으로 보았다. 도가는 특히 유가의 예법과 현실참여적 입세入世와 정사政事를 부정하였는데, 도가는 이러한 유가의 지향성을 속된 것으로 파악하였다.

세속적인 학문으로 본성을 닦아 그 시초로 돌아가고자 하고, 세속적인 생각으로 욕망을 다스려 그 밝은 지혜에 이르고자 하는 것을 일러 어리석은 백성이라고 한다.[1]

예란 세속사람이 하는 것이다. 진眞은 하늘에서 받아 자연스러운 것이라서 바꿀 수가 없다. 그러므로 성인은 하늘을 본받고 진을 귀하여 여기며 세속에 구속되지 않는다.[2]

장자는 유가의 학문을 세속적인 학문으로 보고 예법을 세속적인 의례로 파악하여 인간의 참된 본성을 거스르는 것으로 보았다. 유가에게 현실참여를 위한 학문의 연마나 예악전통은 모두 아의 범주에 속하는 것이지만, 도가는 이러한 것은 오히려 출세지향의 속된 욕망일 뿐이며, 예법 또한 천성을 거스르는 억압이며 형식적인 절차이므로 속된 것으로 간

---

1 『莊子』「繕性」: 繕性於俗學 以求復其初 滑欲於俗思 以求致其明 謂之蔽蒙之民.
2 『莊子』「漁父」: 禮者 世俗之所爲也 眞者 所以受於天也 自然不可易也 故聖人 法天貴眞 不拘於俗.

주하였다. 다시 말하면 유가는 적극적으로 현실에 참여하고 유가적 문화 규범을 통해 아를 유지하려고 하였다면, 도가는 유가의 현실참여마저도 속으로 간주하여 현실 초월적인 아를 제창하고자 하였다.[1] 이와 같이 속의 개념은 지향성과 사유방식에 따라 서로 다른 내용으로 이해되었으며 때로는 상충하기도 하였다.

속俗은 그 자체 개념보다는 다른 단어와 결합하여 의미를 더욱 강하게 하는 특징이 있다. 속은 풍風과 결합하여 풍속, 풍습의 의미를 지니는데 한대의 응소(?~?)는 『풍속통의』에서 풍과 속의 뜻을 밝혔다.

『풍속통의』는 세간에 유행하는 잘못된 풍속을 통찰하여 의리에 맞게 일을 처리하는 것을 말한다. 풍이란 날씨에 따뜻함과 차가움이 있고 지세에 험준함과 평탄함이 있으며 샘에 수질 좋은 것과 나쁜 것이 있고 초목에 부드러운 것과 강한 것이 있는 것을 말한다. 속이란 혈기를 지닌 생명체 즉 사람이 만물을 본떠 살아가는 것이다. 따라서 말과 노랫소리가 다르고, 춤추고 노래 부르는 동작이 다르며, 혹자는 정직하고 혹자는 사악하며 혹자는 선하고 혹자는 음란한 것을 말한다. 이에 성인이 나와서 속을 바로잡으면 모두 바른 길로 돌아가지만, 성인이 사라지면 본래의 속으로 돌아간다.[2]

---

1   차태근, 「비평개념으로서의 아속과 그 이데올로기」, 『중국어문논총』제28집, 중국어문연구회, 2005, p.593.

2   응소, 이민숙 외역, 『풍속통의』(상), 소명출판, 2015, p.33.: 言通於流俗之過謬 而事該之於義理也 風者 天氣有寒煖 地形有驗異 水泉有美惡 草木有剛柔也 俗者 含血之類 像之而生 故言語歌 謳異聲 鼓舞動作殊形 或直或邪 或善或淫也 聖人作而均齊之 咸歸於正 聖人廢則還其本俗.

응소는 풍風이란 자연환경에 의한 것으로 파악하였고, 속俗은 인간 사회의 다양성과 선악의 공존이 있음을 시사하였다. 응소에 의하면 속이란 긍정과 부정의 양면성을 지니고 있으며 성인에 의해 교화되어야 하는 대상이자 삶의 공간이었다.

반고(32~92) 또한 『한서』 「지리지」에서 "무릇 백성에게는 오상五常의 성性이 있는데 그 강함과 부드러움, 완만함과 급함, 음성이 같지 않은 것은 물과 흙의 풍기에 따른 것이기 때문에 풍이라고 한다. 좋고 나쁨을 취사하고 움직임과 조용함에 일정함이 없는 것은 군주의 정욕에 따른 것이니 고로 속俗이라고 말한다."[1]고 하여 풍은 자연성을 의미하고 속은 인간에 의해 형성된 문명에 관련된 것으로 보았다. 그러므로 풍이란 어느 지역이나 어느 한 분야에 국한되는 자연환경을 의미하고, 속은 혈족의 특징에 따른 인문환경으로 백성들의 자연환경과 인문환경을 두루 포괄하는 함의이다.[2] 그런 의미에서 속은 도덕적인 측면에서는 부정적 의미로 쓰이기도 하지만 사회구조에 의해 형성된 관습과 다수를 의미하는 대중성을 의미하기도 한다.

속은 그 다의적 개념으로 인해 혼동을 초래하는 경우도 있다. 『모시정의』를 펴낸 공영달(574~648)은 「관저」의 서문에 "선왕이 시를 이용하여 부부를 다스리고 효도와 공경을 이루며 인륜을 도탑게 하고 교화를 따

---

1   반고, 『漢書』 「地理志」: 凡民含五常之性 而其剛柔緩急 音聲不同 繫水土之風氣 故謂之風 好惡取舍 動靜亡常 隨君上之情欲 故謂之俗.

2   임명호, 『조선후기 한문학의 이속론 연구』, 부산대학교대학원 박사학위 논문, 2010, pp.15~16.

르게 하며 풍속을 개선하였다."[1]는 구절의 소疏에서 '교화의 대상이 되는 속'과 '민족적 특성으로서의 속'을 구분하여 '바꾸어야 할 속'과 '보존해야 할 속'을 밝혔다.

「왕제」에 이르기를 넓은 계곡과 큰 내를 따라 제도를 다르게 하니, 그 사이에 사는 백성은 풍속이 다르므로 교화는 하되 풍속은 바꾸지 않는다고 하였는데, 서에서는 풍속을 바꾼다고 하고 『예기』 「왕제」에서는 바꾸지 않는다고 한 것은 『예기』는 오방의 백성들 중에 융이는 풍속이 다르고 언어가 통하지 않으며 기계의 제도가 다르므로 왕이 나아가 보살피되 그 기계를 다시 바꾸거나 그 언어를 같게 하지 않는다. 고로 풍속을 바꾸지 않는다고 한 것이니 이것과는 다르다.[2]

『예기』 「왕제」의 속은 민속을 보존함을 의미하고 『모시정의』의 속은 교화해야 할 습속을 의미한다. 이것으로 볼 때 선진시기 이전에도 속에 대한 긍정과 부정의 개념이 공존하였으며, 이러한 개념의 혼용은 이후에도 계속해서 사용되었으므로 이로 인한 혼란을 막기 위해 공영달은 소를 통해 긍정적 속과 부정적 속을 구분하여 밝혔다. 또한 「관저」 서문에도

---

1 「毛詩序」: 先王以是經夫婦 成孝敬 厚人倫 美敎化移風俗.
2 공영달, 『毛詩正義』: 案王制云廣谷大川異制 民生其間者異俗 脩其敎 不異其俗 此云異俗 彼言不異者 彼謂五方之民 戎夷殊俗 言語不通 器械異制 王者就而撫之 不復異其器械 同其言音 故言不異其俗 與此異也.

"세상사의 변화에 통달하여 구속舊俗을 그리워하였다."[1]라고 하여 속을 긍정하기도 하였다.『시경』의 서문에 대한 저자와 연대는 지금까지 명확히 밝혀진 바는 없으나 대체로 선진시기 이전으로 추정[2]하고 있으므로 속에 대한 이중적 의미의 연원은 오래되었고, 선진시기 이전부터 이미 긍정적 의미와 부정적 의미가 혼재하였음을 알 수 있다.

고대 중국은 다양한 민족과 제후국이 공존하였으며 각국과 민족의 풍속은 서로 달랐다. 통치자는 민족 고유의 민속이나 전통관습을 존중하면서도 나쁜 습속을 파악하여 교화하고자 하였는데, 이에 따라 교화가 이미 이루어진 풍속을 '성속成俗'이라고 하였다.『문선』「서경부」에는 "그러므로 제왕된 자는 천기와 토질에 근거하여 교화를 시행하고 만백성들은 군주의 교화를 받들어서 풍속을 이룬다."[3]고 하여 교화의 대상으로서의 속은 부정하였지만, 교화가 완성된 '성속'은 긍정하였다. 그러므로 속은 내용에 따라 긍정되기도 하고 부정되기도 한다.

또한 속은 천기와 토질의 변화에 따라 옮겨가는 특징이 있다.

풍속을 변화시키는 근본은 변화에 따라 옮겨가는 것이 있으니 어떻게 밝힐 것인가! 진나라는 옹주땅에 웅거하여 강해졌고 동주는 예주땅에 옮겨가서 쇠약해졌으며 한 고조는 서경에 도읍을 두어서 사치해졌고 광무제는 동경에 거

---

1   「毛詩序」: 達於事變而懷其舊俗者也.
2   박소동,『역주모시정의』, 전통문화연구회, 2017, p.26.
3   장평자,『文選』「西京賦」: 故帝者因天地以致化 兆人承上教以成俗.

하여서 검약해졌다. 정치의 흥성함과 쇠약함은 항상 이와 같은 조건으로 말미암아 생겼다.[1]

그러므로 속은 비하의 대상이기 이전에 자연환경과 인문환경의 영향을 받아 변화하는 가변적인 용어이다.

속俗은 의미부인 '인人'과 소리부인 '곡谷'이 합쳐진 글자인데, 이에 따라 파악된 속의 원래 의미는 계곡을 따라 형성된 마을과 그 안에서 살아가는 사람들로 이해될 수 있다. 또한 『설문해자』의 속의 의미인 '습習'과 연결하면 인간이 사회를 형성함에 따라 익숙해진 관습이나 습관 등을 속의 범주로 유추해 볼 수 있다. 『예기』「곡례상」에는 "나라에 들어갈 때는 그 풍속을 묻는다."[2]고 하였고, 또한 "예는 때에 따라 마땅한 바를 따르고, 남의 나라에 사자로 가서는 그 나라의 풍속을 따른다."[3]라고 하였는데 이 때의 '문속問俗'과 '종속從俗'이란 전통적 문화양식인 풍속을 말한다. 그러므로 원래 속의 의미는 문화 형성에 따른 풍습과 풍속을 의미였는데 점차 다양한 조건에서 파생된 부정적 시각에 의해 속을 비하하게 되었고 세속·풍속·탈속·유속·천속·종속·저속·민속 등 다양한 영역으로 확장되었다고 볼 수 있다.

---

1 장평자,『文選』「西京賦」: 化俗之本, 有與推移, 何以核诸 秦据雍而强, 周即豫而弱, 高祖都西而泰, 光武處東而約, 政之興衰, 恆由此作, 先生獨不見西京之事歟.

2 『禮記』「典禮上」: 入國而問俗.

3 『禮記』「典禮上」: 禮從宜 使從俗.

속에 대한 부정적 의미가 언제부터 시작되었는지는 분명하지 않다. 위에서 살펴본 바와 같이 속은 인간의 욕망과 관련되어 공동체의 이상理想에는 부정적으로 인식되었으며, 도의 입장에서 속을 본 노자나 도덕성을 중심으로 본 순자, 그리고 신분적으로는 피지배층인 백성을 의미하므로 지배계급의 계급적 질서의식에서 나온 속에 대한 상대적 비하 인식 등, 특별함을 벗어난 범속함이 속의 부정성을 배태하였다고 볼 수 있다. 속은 이러한 특성으로 인하여 오랜 역사를 거치면서 그 부정성이 더욱 강화되었다.

아속을 대별하여 속을 부정한 인식은 한대의 왕충(27~97)에게서도 볼 수 있다. 그러나 그의 속 개념은 이전과는 다르다. 그는 『논형』에서 당대 유학자들의 허위의식을 비판하고 논리적 사유에 의한 지식과 학문의 습득을 주장하였는데 그가 가장 중요하게 여긴 것은 비판적 사고를 통한 진실의 추구였다. 그는 세상사 이익만을 추구하는 사람이나 허위와 허구에 찌든 사람을 속인에 비유하였다.

속인의 본성은 벼슬에 나아간 자를 탐하고 물러난 자를 홀시하며, 성공한 자는 받아들이고 실패한 자는 버린다. 내가 발탁되어 관직에 있을 때에는 사람들이 개미떼와 같았지만 물러나와 궁함에 처하니 옛 친구들은 떠났다. 이에 속인들의 배은망덕을 기록하기 위하여 한거에 「기속」·「절의」 열두 편을 지었다.[1]

---

1   왕충 『論衡』 「自紀」: 俗性貪進忽退 收成棄敗 充昇擢在位之時 衆人蟻附廢退窮居舊故叛去志 俗人之寡恩. 故閑居作譏俗節義十二篇.

그가 말하는 속은 도덕성이나 양심과 관련되어 있다. 그는 비판의식 없는 답습과 편견, 허위의식 등을 포괄하여 규정한 '허虛'를 속俗의 개념으로 이해하였다.

왕충은 속을 경계하면서도 역설적으로 그는 저작을 통해 속된 언어를 많이 구사하였는데 그가 밝힌 이유를 보자.

속인들이 이 책을 보고 깨우치기를 바라기 때문에 글을 씀에 속언으로써 진실하게 드러냈다. 어떤 사람들은 문장이 천하다고 꾸짖으나 내가 답하겠다. 성인의 경전을 어린아이에게 보여주고 아언으로써 시골 사람에게 말한다면 그들은 깨닫지 못하여 받아들이지 않을 것이다……속인은 직접적인 말만을 이해하니 힘들여서 깊고 넓은 글을 쓰는 것은 신선의 약으로써 감기를 치료하며, 담비와 여우의 털로 만든 옷을 입고 땔감을 구하러 가는 것과 같다.[1]

왕충은 비록 속언과 아언을 대별하여 말함으로써 속을 부정하였지만, 속언의 장점 또한 놓치지 않았다. 그는 속언이 아언에 비해 진로함을 알았다. 그래서 상대에 맞는 화법으로, 때에 따라 속언을 써서 자신의 의견을 명확하게 피력하고 싶었던 것이다. 바꾸어 말하면 그는 속언의 대중성과 진정성이 가진 힘을 알고 있었다. 부화하게 둘러대며 말하지 않는

---

1   왕충,『論衡』「自紀」: 冀俗人觀書而自覺 故眞露其文集以俗言 或譴謂之淺答曰以聖典而示小雅以雅言而說丘野不得所曉無不逆者…… 俗曉露之言勉以深鴻之文猶和神仙之藥以治顫欬制貂狐之表以取薪萊也.

직설적 표현은 의미를 명확하게 전달하고 대중적 공감을 장악하는 힘이 있었다.

왕충은 속의 허위의식은 부정하였지만, 속언이 가진 소통성은 긍정하였다. 이에 비하여 순자의 '용속傭俗'은 속의 부정적 측면을 통해 그 긍정성을 조망하게 하였다.

> 비루한 자는 이와 반대로 그 실實만을 좋아하여 그 문식을 돌보지 않는다. 그리하여 그들은 종신토록 낮고 천한 용속에서 벗어나지 못한다.[1]

순자는 '용속'을 통하여 속을 부정하였지만 동시에 '실實'을 말함으로써 속의 실용적 장점을 역설적으로 드러냈다. 체면을 중시하는 문사들은 아한 예절에 관심을 두지만, 대중은 겉치레보다는 실질에 관심이 있다. 대개 이러한 실질을 노골적으로 드러내는 것은 속되다고 말하는데, 아의 문식文飾과 속의 실질이 대척하는 것은 아니지만 순자는 문식을 강조하기 위하여 속의 '실'을 부정하였고, 문식보다는 실질을 중시하는 속의 특성을 지적하였다.

중요한 것은 왕충이 가리키는 속의 의미와 순자가 말한 속의 의미가 서로 다르다는 것이다. 왕충은 진실을 추구하여 진실을 가리는 허위의식을 속된 것으로 규정한 반면, 순자는 실질만을 추구하여 문식을 무시하

---

1   『荀子』「非相」: 鄙夫反是 好其實 不恤其文 是以終身不免埤汚傭俗.

는 행위를 속된 것으로 규정하였다. 문식이 허위적인 것은 아니지만, 문식에만 치중하는 것은 허위의식이다. 왕충과 순자는 각각 속의 특성을 지적했지만, 그 의미는 상반된다. '문文'과 '질質'에 있어서 '문'에 중심을 두는 경우와 '질'에 중심을 두는 경우에 따라 속의 내용이 서로 달랐던 것이다.

아문화에 대한 위진 현학가들의 관점 또한 유가의 관점과는 달랐다. 그들에게 예교의 핵심으로서 명교名教는 아문화가 아니라 오히려 속문화였다. 그들은 예교에 얽매이지 않는 것이 고아함이고 반대로 이에 얽매이는 것은 속된 것으로 여겼는데 이것은 전통적 아속관의 전이와 전도였다.[1] 송대의 장계는 "세상 사람들은 두보의 시가 조속粗俗이 많다고 하지만 조속을 시에 쓰는 것은 가장 어려운 일임을 알지 못한 것이다. 두보의 시는 조속이 아니라 고고함의 극치"[2]라고 하였다. 이러한 견해 또한 관점에 따른 상대적 아속관을 보여준다.

이렇듯 아속은 논하는 자의 가치 지향성에 따라 아와 속으로 규정되는 특성이 있으므로 시대를 흐르면서 아속은 더욱 다양한 의미로 발전하게 되었다. 또한 아는 지배계층의 정체성과 상징성이었으므로 문화 권력의 표상이 되어 지식 계층간의 권력 투쟁에서 종종 아와 속에 대한 서로 다

1   심규호,「위진대 사인의 아속관 연구」,『중국학연구』제81집, 중국학연구회, 2017, p.12.
2   吳文治 編,『宋詩話全編』권3, 江蘇古籍出版社, p3236.「張戒詩話」歲寒堂詩話: 世徒見子美詩多粗俗 不知粗俗語在詩句中最難 非粗俗乃高古之極也.

른 해석, 즉 '아의 정통성'에 대한 쟁탈로 드러나기도 하는데[1] 이러한 사실 또한 아속관념의 임의성과 다양성을 보여준다.

아속 관념은 역사 과정상에서 성립되고 역사 발전과 함께 변화하였으므로 그 개념을 명확하게 규정하기는 어렵다. 아와 속은 문인 사대부와 평민, 대중성과 고상함의 측면에서는 그 경계가 명확하다고 할 수 있으나 세부적인 부분에서는 '아' 속에 '속'의 요소가, '속' 속에 '아'의 요소가 보이는 등 명확하게 경계를 구분하기는 매우 어렵다.[2] 또한 시대를 거치면서 새로운 개념들이 유입되고 논자의 취향에 따른 주관성이 있으므로 아와 속의 개념을 명확하게 규정하는 것은 논쟁적 요소가 있다. 그러나 아속관이 발생한 초기의 개념은 비교적 명확하다. 그것은 표준으로서의 아와 그 표준을 따라야 하는 속의 개념이다. 이것은 신분 질서를 의미하며 그 사이에는 '교화'가 있다.

1   차태근, 「비평개념으로서의 아속과 그 이데올로기」, 『중국어문논총』 제28집, 중국어문연구회 2005, p.592.
2   김대환, 『중국고대문학에서의 '아'와 '속'의 경계』, 『중국어문학지』 제41집. 중국어문학회, 2012, 참고.

1. 『시경』의 풍아風雅 전통과 『초사』의 변아變雅 전통

『시경』은 문학의 공리성을 가장 먼저 밝힌 경전이다. 『시경』은 풍風·아雅·송頌 세 부분으로 구성되어있다. 풍은 속요로 구성되었으며 이것을 풍이라고 하는 것은 시를 통한 교화를 의미하기 때문이다. 『시경』의 모본인 『모시』의 서문에는 "풍은 바람을 일으키는 것이고 가르치는 것이니 바람을 일으켜 움직이게 하고 가르쳐 변화하게 하는 것이다."[1]라고 하여 『시경』의 풍교風教 정신을 밝혔다. 공자 또한 "임금을 편안하게 하고 백성을 다스림에는 예보다 좋은 것이 없고, 풍風을 옮기고 속俗을 바꾸는 데에는 음악보다 좋은 것이 없다."[2]라고 하였다. 그러므로 속俗은 지배자에 의한 피지배를 뜻하며 교화의 대상이 되는 것을 의미한다. 그러나 공자는 속에 대한 비하를 언급한 바가 없으며, 아와 속을 중요한 미학적, 도덕적 개념으로 대별하지도 않았다. 다만 속인 대신 소인과 군자를 대별하거나 아악과 '정성鄭聲'을 대별하여, '정성'으로 대표되는 속악인 '신악新樂'에 대한 불편한 심경을 드러냈을 뿐이다.

『시경』은 아속겸비의 정신을 구현한 대표적인 경전이다. 전술하였듯이 『시경』의 「국풍」은 원래 민간의 가요에서 출발하였다. 정진탁은 1938

---

1 「毛詩序」: 風風也 教也 風以動之 教以化之.
2 『孝經』「廣要道章」: 安上治民 莫善於禮 移風易俗 莫善於樂.

년에『중국속문학사』를 저술하면서 「국풍」을 속문학사의 첫머리에 올렸다. 그는 "『시경』은 매우 복잡한 특성을 가지는데, 묘당지작廟堂之作에서부터 이항소민里巷小民의 노래까지 모두 다 갖추어져 있으며, 이항소민이 지은 작품이 더욱 많이 차지하고 있다."[1]라고 하였다.『시경』은 온유돈후한 덕으로 인간의 성정을 노래하여 예로부터 유가 경전의 최고 반열에 올라 있지만, 현재 대부분의 중국속문학사는『시경』의 「국풍」을 서두로 한다.[2] 「국풍」은 주로 남녀 간의 애정을 노래하거나 전쟁에 나간 남편을 그리는 시, 부역에 나가 고향을 그리워하는 시, 노동을 노래하는 시, 학정에 시달리며 원망하는 시 등 서민들의 애환이나 풍속이 드러나 있는 시편이며, 「주남」과 「소남」 등 모두 15편으로 구성되어 있다.『시경』은 기원전 12세기 서주시기부터 춘추 초기까지의 악가 모음집으로 원래 시詩라고 불렀으나 전국시대 말기부터 경經이란 말을 쓰게 되었고,『시경』이란 말이 일반적으로 쓰이게 된 것은 송대 이후이다.[3]『시경』중 「국풍」은 모두 160편으로, 제목만 남아있는 시 외에 실제로 시가 남아있는 시가 모두 305편임을 감안한다면, 「국풍」은『시경』의 절반 이상을 차지한다.

민간의 노래를 속요라고 하지 않고 「국풍」이라고 한 이유에 대해서는 다음과 같이 추정해 볼 수 있다. 먼저 「국풍」과 '아雅'에 대하여 「모시서」와『모시정의』는 다음과 같이 말하였다.

---

1   鄭振鐸,『中國俗文學史』, 東方出版社, 1996, pp.15~16.

2   김학주 외,『중국속문학개론』, 한국방송대학교출판부, 1997, p.15.

3   이기동 역,『시경강설』, 성균관대학교출판부, 2008, p.26.

「국풍」의 국은 15개국을 총괄하여 말한 것이며, 풍은 제후국의 시이다. 「관저」에서 「추우」까지 25편이니 이를 정풍正風이라 한다.[1]

「국풍」이라고 한 것은 국은 풍화의 경계이고, 시는 시가 지어진 나라로 구별하기 때문에 국풍이라 한 것이다. 아雅는 천자의 일로 정치와 교화가 천하에 모범이 되므로 국國이라고 해서는 안 된다.[2]

이 때문에 한 나라의 일이 한 사람의 근본에 달려있는 것을 풍이라고 하고, 천하의 일을 말하고 사방의 풍속을 형용한 것을 아雅라고 한다.[3]

이상에서 보는 바와 같이 국國은 제후국을 한정하는 단어이며, 아雅는 천자의 범위이다. 그러므로 '국'은 '아'에 비하여 지역적으로나 신분적으로나 하위개념이라고 할 수 있다. 다음은 풍風을 살펴보자. 풍은 「모시서」에서 "바람은 일으키는 것이고 가르치는 것이니, 바람을 일으켜 움직이게 하고 가르쳐 변화하게 하는 것"[4]이라고 하였다.

윗사람은 풍으로써 아랫사람을 교화시키고 아랫사람은 풍으로써 윗사람

---

1   정현, 『毛詩鄭箋』: 國風國者 總謂十五國 風者 諸侯之詩 從關雎至騶虞 二十五篇 謂之正風.
2   공영달, 『毛詩正義』: 言國風者 國是風化之界 詩以當國爲別 故謂之國風 其雅則天子之事 政教刑於四海 不須言國也.
3   「毛詩序」: 是以一國之事繫一人之本 謂之風 言天下之事 形四方之風 謂之雅.
4   「毛詩序」: 風風也 教也 風以動之 教以化之.

을 풍자하되 문文을 위주로 하여 은근히 꾸며서 간언하므로 말하는 사람은 죄가 없고 듣는 사람은 족히 경계로 삼을만하니 풍이라고 말하였다.[1]

이에 대하여 정현은 풍을 다음과 같이 설명하였다.

유씨는 물을 움직이는 것을 풍이라고 하고, 음에 가탁하는 것을 풍이라고 한다 하였고, 최씨는 풍을 이용하여 물건을 감화시키는 것을 풍이라고 한다고 말하고, 심씨는 위의 풍은 국풍이니 시경의 육의이고, 아래의 풍은 풍백이 고동하는 풍이다. 임금이 위에서 교화하여 만물을 변화하게 하는 것이니 바람이 지나가면 풀이 눕는 것과 같다고 하였다.[2]

이와 관련하여 공자 또한 "군자의 덕은 바람이요 소인의 덕은 풀이라, 풀은 바람이 지나가면 반드시 눕는다."[3]라고 하여 군자의 덕을 풍에 비유한 바 있다. 그러므로 풍은 아래로는 군자의 교화이고 위로는 풍자를 의미한다.

교화와 풍자를 통해 정교가 이루어지면 아雅가 되는 것이다. 『모시정의』 또한 "위에서 말한 풍풍야교야風風也教也는 아래를 향한 풍의 뜻을 밝

---

1   「毛詩序」: 上以風化下 下以風刺上 主文而譎諫 言之者無罪 聞之者足以戒 故曰風.
2   정현, 『毛詩鄭箋』: 劉氏云 動物曰風 託音曰諷 崔云用風感物則謂之諷 沈云 上風是國風卽詩之六義也 下風卽是風伯 鼓動之風 君上風教 能鼓動萬物 如風之偃草也.
3   『論語』「顏淵」: 君子之德 風也 小人之德 草也 草上之風 必偃.

혔고, 여기에서 말한 고왈풍故曰風은 위를 향한 것으로 그 글을 마무리하였으니, 시작과 끝이 서로 응하게 하여 풍의 뜻을 곡진하게 풀이한 것이다."¹라고 한 것으로 보아 풍이란 '상하를 관통하는' 개념으로 이해할 수 있을 것이다.

이와 같이 각 제후국에서 유행하던 속요를 풍이라고 한 것은 단순히 민속 가요의 의미를 넘어서 교화와 풍자를 의미하기 때문이다. 모든 속요를 풍이라고 말하지는 않는다. 풍교風教의 기능을 가진 시만이 풍이라고 할 수 있다. 위에서 보았듯이 풍은 교화와 풍자이며 『시경』에 수록된 시는 모두 편집자에 의해 풍교적 역할을 할 수 있는 온유돈후溫柔敦厚와 사무사思無邪한 시들로만 구성되었기 때문이다.

당시의 문자는 귀족과 사인들의 전유물이었고 민간은 스스로 그들의 노래를 기록할 방법이 없었다. 또한 당시의 왕들은 민심을 살피기 위해 채관을 통해 민간의 노래를 채집하는 전통이 있었다. 이러한 「국풍」의 시들은 처음에는 속가에서 발생하였지만, 채집과 편집과정을 통해 문인의 손에 의해 아화雅化를 거친 시들이다. 「국풍」뿐만 아니라 『시경』에 수록된 노래들은 모두 주대의 지배집단과 깊이 연관되어 있으며 「국풍」은 지배층의 문화로 흡수되었다. 이와 관련하여 서경호는 『중국문학의 발생과 그 변화의 궤적』에서 『시경』의 문화적 현상의 의미에 대해 다음과 같이 설명하였다.

---

1   공영달, 『毛詩正義』: 上言風 風也教也 向下以申風義 此云 故曰風 向上而結彼文 使首尾相應 解盡風義.

『시경』의 노래는 당시 문화적 현상의 상징적 압축이라고 설명될 수 있다. 그것은 여러 계층에서 존재하는 문화적 행위의 중요한 부분을 선택하여 상징화하는 작업이었다고 생각된다. 그것은 상향적 표준화 작업에 해당된다고 할 수 있다. 사람들이 부르는 노래는 모두 대등한 노래지만 그 속에는 특별한 의미가 있는 것도 있고 그렇지 못한 것도 있다. 『시경』은 그 특별한 노래를 모아 가사를 문자 기록으로 옮긴 것이다. 노래의 가사를 기록한다는 것에는 선별의 의미가 있었다. 그것을 통해서 지배층은 어떤 표준이 되는 문화적 상징을 창조하였다고 생각된다.[1]

원래 모든 중국문학은 민중 사이에서 발생한 속된 것이었으며, 사인들은 속문화를 통해 자신들의 문화를 재창조하였다. 민중들은 언제나 자기 나름의 속문학을 지니고 있었으며 사인문학이 고착화되어 생기를 잃으면 사인들은 속되지만 발랄하고 생기 있는 속문학을 통해 새로운 문학을 개발하였다.[2] 서경호에 의하면 『시경』은 지배집단의 문화 모델로서 선별적으로 구성되었고 반복적 재생산에 의해 역사적 전통을 형성하며 상부문화를 이루는 시발점이 되었다고 하였다. 다시 말하면 『시경』은 지방의 민간계층에서 성행하던 민가를 지배계급이 채집하였고, 이 과정에서 주대의 통치이념에 부합하는 내용이 사인들에 의해 편집되어 새로운 정체성으로 거듭나게 되었는데 이것이 바로 현존하는 『시경』의 모습이라는

1   서경호, 『중국문학의 발생과 그 변화의 궤적』, 문학과지성사, 2005, pp.148~149.
2   김학주, 『중국문학의 이해』, 신아사, 2008, p.42.

것이다.

　이렇게 정제된 시는 하층민뿐만 아니라 귀족들도 함께 향유하였으며, 『시경』은 신분 계급을 뛰어넘어 천하 사람들과 소통하고 정치와 외교의 수단으로도 쓰이는 중국의 대표적 문화전통이 되었다. 그러므로 『시경』은 민간의 노래를 지배층의 문화로 이끌어낸 대표적인 아속겸비의 산물이다.

　공자는 『시경』에 대해 자주 상찬을 하였다. 『논어』에는 "시 삼백을 한마디로 말하면 사무사"[1]라고 하였으며, 또한 『예기』에서는 "나라에 들어서면 그 교화를 알 수 있는데 그 사람의 됨됨이가 온유돈후한 것은 바로 시의 가르침"[2]이라고 하여 시교詩教를 강조하였다. 이러한 사무사와 온유돈후는 주대의 통치이념이자 아문화의 정신이며 공자에 의해 유가정신의 핵심으로 떠올랐다. 이렇게 교화된 사람은 감정의 표현에 과장과 거침이 없고 절제와 중화의 미덕을 실천하는 사람이다. 『시경』 「국풍·관저」의 '즐거워도 음란하지 않고 슬퍼도 사람을 상하게 하지 않는 락이불음樂而不淫 애이불상愛而不傷'[3]의 정신은 『시경』의 첫 편을 장식하며 사무사와 온유돈후의 유가정신을 드러낸 대표적인 시적 표현으로 거론된다. 공자의 시교는 여기에서 끝나지 않는다. 그는 시를 통하여 예술과 사회적 능력을 개발할 수 있으며 사회적 역할자로서의 기능도 갖추게 한다고 하였다.

1　『論語』 「爲政」: 子曰 詩三百 一言而蔽之 曰思無邪.
2　『禮記』 「經解」: 孔子曰 入其國 其教可知也 其爲人也溫柔敦厚 詩教也.
3　『論語』 「八佾」: 關雎樂而不淫 愛而不傷.

제자들아, 너희들은 어찌하여 시를 배우지 않는가! 시를 읽으면 흥할 수 있고, 관찰력을 높일 수 있으며, 다른 사람과 어울릴 수 있고, 풍자할 수 있다. 가깝게는 부모를 모실 수 있고, 멀게는 임금을 섬길 수 있을뿐만 아니라 새와 짐승, 풀과 나무들의 이름도 많이 알 수 있다.[1]

공자가 말하는 '흥관군원興觀群怨'은 개인과 집단의 예술적 표현과 사회적 능력이 통합된 인문인으로서의 총괄적 표현이다. 「국풍」은 비록 민간에서 발생하였지만, 그 영향력은 신분 계급을 뛰어넘었다. 공자는 "「주남」과 「소남」을 배우지 않으면 얼굴을 담장에 마주하고 서 있는 것과 같다."[2]고 하여 시의 이해력과 소통성을 권장하였고 자신과 공동체의 소통 능력을 증진할 수 있다고 믿었다.

문인들은 이러한 『시경』 전통으로 아雅의 정신을 함양하여 유자로서 최고의 이상을 실현하고자 하지만 그 근원은 속俗에 있었다. 그것은 바로 속俗에서 파생된 인문정신人文精神이다. 인문정신이란 인간의 존재의의를 드러내고 인간을 한 차원 높은 존재로 고양시키려는 정신사적 지향을 말한다.[3] 속문학은 원래 평민들 삶의 희로애락을 솔직하게 표현한 것이 그 내용을 이룬다. 또한 고대의 속문학은 구전이기 때문에 집단의식이

1　『論語』「陽貨」: 子曰 小子 何莫學夫詩 詩 可以興 可以觀 可以群 可以怨 邇之事父 遠之事君 多識於鳥獸草木之名.

2　『論語』「陽貨」: 人而不爲周南召南 其猶正牆面而立也與.

3　이승환,「동양의 학문과 인문정신」,『인문정신과 인문학』아카넷, 2007, p.40.

반영되어 있다. 『시경』의 「국풍」은 속문학의 모태로서 사랑하고 미워하거나, 노동의 기쁨과 고단함, 전쟁의 폐해 등을 솔직하게 말함으로써 자신을 회복하게 하는 기능이 있었으며, 집단 안에서 반복과 구전을 통하여 이러한 기능은 더욱 강화되었다.

이것은 법식의 규제를 받는 아문학이 갖지 못한 속 특유의 생명력이다. 정진탁은 아문학과 속문학의 특성에 대하여 다음과 같이 말하였다.

> 아문학은 문인들의 전유물로서 세련된 문체나 언행으로 지배 계급의 중심을 이루고, 고상한 내용과 아름다운 문체로 보수적인 색채가 강한 반면 속문학은 이름 없는 다수의 사람이 만들어낸 진술함과 집단적인 성격을 가지고 있으나 신선하면서도 거칠어 조탁을 하지 않는 문체로 구성되어 있다. 또한 아문학은 전통적인 사고와 관습에 따라 문이재도의 성격이 강하며 쉽게 변화할 수 없지만, 속문학은 자유로운 상상력을 동원하며 내용과 제재가 폭넓게 응용되어 새로운 사유와 방식을 자유롭게 나타낼 수 있는 특성이 있다.[1]

「국풍」은 비록 편집자에 의해 아화를 거치기는 하였지만 속문화의 진정성은 그대로 살아있으며, 아문화를 즐기는 지배층은 속문화의 진정성이 가진 생명력을 향유하면서도 확대재생산하는 역할을 하였다. 아속의 융합은 『시경』의 탄생 이후로도 지속적으로 이어왔으며, 이러한 융합으

---

1   鄭振鐸, 『中國俗文學史』, 東方出版社, 1996, pp.2~4.

로 인해 중국의 문예는 다양한 양상으로 변모하여 동아시아의 전통을 형성하였던 것이다. 문예의 도도한 흐름 속에는 아속의 융합을 긍정한 흔적들이 있는데 유협(465~521)은 『문심조룡』에서 아와 속 사이에서 통변通變을 주장하였다.

그러므로 청색과 진홍색을 추출하려면 반드시 남색과 꼭두서니에서 그 색을 얻어야하는 것이니, 잘못된 것을 바로잡고 천박의 병폐를 고치기 위해서는 근본으로 돌아가 경전으로 가르쳐야 한다. 질박함과 화려함을 적절히 균형 잡아 아와 속의 사이를 바로잡을 수 있을 때 전통과 창작을 함께 말할 수 있다.[1]

유협은 꾸밈과 꾸미지 않음, 과장과 절제 등 문文과 질質의 문제는 종경사상을 근본으로 하여 아와 속의 사이에서 적절하게 운용함이 전통과 창작의 문제를 해결할 수 있다고 보았다. 아문화는 주대 이래로 지배계층의 문화 전범이었고 오랜 역사적 과정을 거쳐 문화전통으로 자리 잡았다. 그러나 아는 법이었으므로 쉽게 변화하지 못하고 고착화되는 약점이 있었다.

아는 시대를 지나면서 고착화된 양식을 반복 생산하는 반면 속은 일정한 제약이 없으므로 자유롭게 변화하여 인간의 정서를 솔직하게 표현할 수 있었다. 일부 문인들은 이러한 속의 장점을 받아들여 온유돈후한 아

---

1 유협, 『文心雕龍』: 故練靑濯絳 必歸藍蒨 矯訛翻淺 還宗經誥 斯斟酌乎質文之間 而櫽括乎雅俗之際 可與言通變矣

미雅美에는 벗어나지만 뛰어난 감수성과 새로운 형식으로 신문화를 선도하기도 하였다. 대표적인 것이 『초사』이다.

『초사』는 『시경』의 정신을 이었지만 새롭게 변화하여 문화전범으로 인정받았다. 『시경』의 뒤를 이은 『초사』는 장대한 서사적 감성으로 새로운 시정신이 되었다.[1] 『초사』는 『시경』에 비해 내용과 형식 면에서 하나의 해방이요 진보이며, 서정시임에도 불구하고 방언과 전설, 신화 등 서사적인 소재로 운문화된 산문을 구사하여 사부辭賦와 변려문, 칠언시의 원조가 되었다.[2] 『초사』는 『시경』과 달리 개인의 생애가 서술되어 있으며 개인적 감정을 극대화하고 글쓰기가 이념을 벗어나 개인의 감정과 의견을 드러낸 특징이 있다.[3] 굴원은 「이소」에서 자신이 추구하는 이상향을 묘사하였지만, 끝내 무도한 세상을 탄식할 수밖에 없는 비극적 의식을 신화적 화법으로 드러냈다. 그의 「구가」는 원래 민간에서 제사 지낼 때 무의에 쓰인 노래인데 노래 가사가 너무 비속하여 굴원이 손질하여 아름다운 서정적 연작시로 재탄생한 시이다. 굴원의 『초사』는 온유돈후한 정서는 아니지만 민가의 신화와 무가를 바탕으로 인간의 솔직한 감정

1   『시경』은 민간의 창작이 많다면 『초사』는 문인이 창작하였으며, 『시경』은 4언구 위주의 단시, 단句, 첩첩자를 많이 사용하여 고정적인 구법 습관을 채택하였다면, 『초사』는 6언 위주의 장시 혜자와 장구 연어를 많이 사용하였으며 다양한 언어 습관을 응용하였고, 『시경』이 북방의 호방한 기질과 질박 웅건함의 집단적 호쾌한 기상을 표현하였다면 『초사』는 남방의 섬세하고 온화한 문인들의 기질과 개인적인 정감이 드러나 있다. 이국희, 『중국문학개론』, 현학사, 2005, p30 참고.
2   강창구 외, 『중국시가의 이해』, 한울출판사, 1999, pp.27~28.
3   서경호, 『중국 문학의 발생과 그 변화의 궤적』, 문학과 지성사, 2005, p.243-249.

을 서술하여 중국 문예전통의 새로운 흐름이 되었다.

그러므로 『시경』이 온유돈후한 유가문예의 정석이면서도 아속겸비 정신의 표준적 모델이라면, 『초사』는 속문학을 바탕으로 남방의 낭만적 기풍을 예술적으로 승화한 아속겸비정신의 변화된 형태이다. 굴원의 혁신적 창작정신은 후대문학에 많은 영향을 주었는데, 그것은 개성적 문학의 창작, 애국주의 문학의 형성과 발전의 촉진, 새로운 시체 창설, 중국 낭만주의 시가의 우수한 전통의 기초 마련, 분함을 드러내어 속마음을 떨쳐 보이는 발분이서정發憤以抒情의 비극적 이론의 제기[1] 등이라고 말할 수 있다.

『시경』의 「국풍」과 『초사』는 모두 속가에서 발생하였지만 『시경』은 한대의 오경五經에 올랐고 『초사』는 경전의 지위에 들지 못했다. 그것은 『시경』은 사인에 의해 문자로 채집되고 편집되는 과정에서 예악정신에 합당한 시가 선별되어 교화에 적합하기 때문이었고, 『초사』는 아름답기는 하지만 온유돈후에는 벗어나서 유가이념에는 적합하지 않았기 때문이다. 『시경』이 집단적 성격이 강하다면 『초사』는 개인적 성격이 강하다. 『시경』흥興·관觀·군群·원怨의 흥은 집단 흥기를 의미하며 함께 노래함으로써 구성원의 감정을 하나로 결합하여 집단의 질서를 유지하게 하는 기능이 있다.[2] 그러므로 『시경』은 무명의 다수에 의해 창작되어 집단적으로 향유되었다면, 『초사』는 비록 민가의 신화와 무가를 바탕으로 하였

---

1   주건충, 천금매 외역, 『초사고론』, 학고방, 2016, p.56.
2   溝口雄三 외, 김석근 외역, 『중국사상문화사전』, 민족문화문고, 2003, p.829.

지만 굴원 개인의 작품으로 남았다.

한대의 경학가들은『초사』의 징성입언微聖立言적 준칙을 두고 많은 논쟁을 하였으나 비정전적인 요소들로 인하여『초사』를 경전의 반열에 올리지 않았다.[1] 그렇다고『초사』의 가치가 무시된 것은 아니다.『초사』는 비록 경전의 지위에는 오르지 못했지만,『시경』과 함께 문예의 거대한 양축을 형성하여『시경』이 전통적인 전아典雅의 지위를 누린다면,『초사』는 변아變雅로서 새로운 문예 창조의 역사적 의미로 남았다. 변아란 시대적 상황에 의하여 아雅가 변한 것을 말한다.

> 왕도가 쇠퇴함에 이르러 예의가 무너지고 정교가 실추되었으며 집 집마다 풍속이 달라져 변풍과 변아가 지어진 것이다.[2]

변變이란 시대적 상황을 의미한다. 왕도가 쇠퇴하고 정교가 제 기능을 하지 못하면 변아가 생기는데, 이때는 제후국이나 개인의 상황에 따라 풍속이 달라지므로 풍아風雅가 정통을 벗어나 변하게 된다는 것이다. 그런 의미에서 유협은『문심조룡』에서「이소」를『시경』에 견주어 말하였다.

> 풍아가 잠잠해진 이후로부터 그치지 않고 전해지는 것이 없었는데 기이한 문장이 울기하게 되니 이것이「이소」이다. 이미『시경』시인의 시가 끊어지고

1   김원중,『중국문학이론의 세계』, 을유문화사, 2000, pp.204~210.
2   「毛詩序」: 至于王道衰 禮意廢 政敎失 國異政 家殊俗 而變風變雅作矣.

사부가들이 떨치기 이전인 것은 성인이 멀지 않았고 초나라 사람들의 재능이 많음이 아니겠는가![1]

옛날에 한무제는「이소」를 좋아해 회남왕에게 부를 짓게 했는데「국풍」은 색을 좋아했으나 음란하지 않았고,「소아」는 정치를 비난했으나 불란했는데,「이소」는 이 두 가지를 다 겸비했다고 여겼기 때문이다. 더럽고 흐린 것을 벗고 더러움 밖을 떠도니 그 깨끗함은 검은 물을 들여도 물들지 않는구나. 비록 일월과 더불어 다툴만하다.[2]

유협은「이소」가 비록 정경에 들지는 못했지만,『시경』전통을 이으면서도 풍부함을 갖추었기 때문에『시경』과 더불어 일월을 다툴만하다고 보았다. 그는『초사』의 비경전적 요소들이 새로운 문화유형을 창조한다고 보고, 경전을 기반으로 하되 신변新變을 통한 새로운 문예 창작의 모델로『초사』를 제시하였던 것이다.

만약 수레의 횡목에 기대듯이 아송雅頌에 의지하고 고비를 부리듯이『초사』를 부릴 수 있다면 기이함을 주면서도 그 진眞을 잃지 않을 것이며 화려함

---

1   유협,『文心雕龍』「辨騷」: 自風雅寢聲 莫或抽緒 奇文鬱起 其離騷哉 固已軒翥詩人之後 奮飛辭家之前 豈去聖之未遠 而楚人之多才乎.

2   유협,『文心雕龍』「辨騷」: 昔漢武愛騷 而淮南作傳 以為國風好色而不淫 小雅怨誹而不亂 若離騷者 可謂兼之 蟬蛻穢濁之中 浮遊塵埃之外 皭然涅而不緇 雖與日月爭光可也.

이 능란하면서도 그 실實을 떨어뜨리지 않을 것이다.[1]

유협은 전통이 조화롭게 변화하면 기奇·진眞·화華·실實의 작품을 창작할 수 있다고 하였다. 이러한 유협의 주장은 고금古今의 변증이면서도 아속雅俗의 변증을 강조한 아속겸비적 문학정신이다.『시경』이 아속겸비의 표준 모델이라면,『초사』는『시경』전통을 바탕으로 시대정신을 담은 새로운 풍아風雅의 창조였다.『초사』에 담겨있는 정감과 발분의 개성적 문예의식은『시경』의 온유돈후溫柔敦厚와 문이재도文以載道, 원이불로怨而不怒 등 문학이 정치와 윤리로부터 벗어나 자유정신을 지향함을 보여주었다.[2]『시경』과『초사』의 전통은 이후 문예의 아속겸비정신의 모범이 되었으며 정통과 변화의 조화를 추구하는 문예의 초석이 되었다.

2. 문질빈빈文質彬彬의 창조적 중화中和 정신

공자는 선진시대의 모든 문물을 통달하고 가장 이상적 아름다움의 경지를 문질빈빈文質彬彬으로 정의하였다. 문질빈빈이란 안과 밖, 형식과 내용의 조화를 목표로 하는 총체적 개념이다. '문文'이란 원래 색채나 선이 교차하면서 생겨난 무늬의 아름다움을 지칭하였으며 밖으로 드러난 형식 또는 문식文飾을 의미한다. 사회적 측면에서는 물질문명과 정신문

---

1   유협,『文心雕龍』「辨騷」: 若能憑軾以倚雅頌 懸轡以馭楚篇 酌奇而不失其眞 翫華而不墜其實.
2   이택후, 권호 역,『화하미학』, 동문선, 1990, p.197.

명을 내포하며 미학적으로는 사회의 물질문명과 정신문명 속에 보존된 각종 미적인 것을 말한다.[1] '질質'이란 근본, 바탕, 본성을 의미하여 인간의 본래적이고도 선한 내면의 품성을 의미한다. 빈빈彬彬이란 반반斑斑으로 사물이 서로 섞여 알맞고 고른 모양이다.[2] 그러므로 문이란 외면에 드러난 예절이나 학문을 지칭하고, 질이란 사람의 내적인 사상이나 인품을 말하며, 빈빈한 것은 이 두 요소가 서로 적당히 배합된 상태를 말한다.

문질빈빈은 원래 공자가 군자의 도덕 수양에 관해 거론한 것이었으나 후에 문예에까지 그 개념이 확산하였다.[3] 군자는 문질빈빈을 추구해야 한다.

> 질이 문을 이기면 거칠고 문이 질을 이기면 사치스러우니 문질이 어우러진 다음에야 군자이다.[4]

공자는 '문文'과 '질質'을 사史와 야野에 연관된 개념으로 보았다. 주자는 이에 대해 "야野는 야인이니 비루하고 소략한 것을 말하고, 사史는 문서를 담당하는 서리로서 들은 것은 많고 일은 익숙하지만 성誠이 부족하

---

1 조민환,『중국철학과 예술정신』, 예문서원, 2006, p.371.
2 『論語集註』「雍也」: 彬彬猶班班 物相雜而適均之貌.
3 최병규,「중국문학사에 나타난 문학이론 명제들」,『솔뫼어문논총』8집, 안동대학교어학원, 1998, p.16.
4 『論語』「雍也」: 質勝文則野 文勝質則史 文質彬彬 然後君子.

다."¹고 하였다. 문과 질이 반반하게 서로 섞여 적절하게 균형을 이루는 것은 덕의 완성이며 사물의 형식과 내용뿐만 아니라 인간의 품덕을 포괄하는 유가 인문의 이상이다. 동아시아는 전통적으로 문과 질의 조화를 통하여 정신과 도덕, 품격을 인간의 내용에 부여하였으며 고도의 심미와 문화 교양을 갖춰 인류 문명의 발전과 개체의 사회성과 연계하여 인간의 본질과 이상을 실현하고자 하였다.²

『논어』「안연」편에 드러난 극자성과 자공의 논쟁은 문명과 문화사에 있어 문과 질의 오랜 갈등의 일면을 보여준다. 극자성이 "군자는 질뿐이니 문은 어디에 쓰겠는가"라고 하자, 자공은 "문은 질과 같고 질은 문과 같으니, 호랑이와 표범의 가죽과 개와 양의 가죽에 털이 없다면 무엇으로 구분할 것인가?"³ 라고 하여 문과 질은 서로를 규정하는 동등한 가치라고 여겼는데 이 논쟁의 이면에는 문과 질이 끊임없이 갈등하고 있음을 보여준다.

문질에서 사물의 본本과 체體를 '질質'로 간주하고, 그 말末과 용用을 '문文'으로 보는 경우도 있는데, 이것은 내재적 본질은 반드시 그에 상응하는 현상이 있음을 의미한다.⁴ 그러므로 문과 질은 형식과 내용이긴 하지

---

1   『論語集註』「雍也」: 野 野人 言鄙略也 史 掌文書 多聞習事而誠或不足也 彬彬 猶班班 物相
    雜而適均之貌.
2   이택후, 『중국미학사』, 대한교과서주식회사, 1993, pp.163~164.
3   『論語』「顏淵」: 棘子成曰 君子質而已矣 何以文爲 子貢曰 惜乎 夫子之說 君子也 駟不及舌
    文猶質也 質猶文也 虎豹之鞹 猶犬羊之鞹.
4   김동수, 「선진유가의 심미경계」, 『유교사상연구』 제16집, 한국유교학회, 2002, p.146.

만 서로 대립하는 관계가 아니라 서로에게 기인하여 존재하는 대대對待의 관계이며 조화를 추구한다.

문질빈빈한 군자의 도리는 예禮를 통해 드러난다. 질은 인간의 자연스럽고 진실한 마음이며, 문은 형식이며 인간의 분별에 의한 사리판단과 사리에 맞는 행위의 절차와 순서와 같은 행동양식이다.[1] 주자는 '예禮란 리理의 절문節文'[2]이라고 하였으며 '제도품절制度品節'[3]이라고도 하였다. 그러므로 문은 사회적으로는 규범으로 드러나고 질은 규범 내용의 진실성을 말한다. 인仁한 마음의 본질이 예禮의 형식을 통하여 조화롭게 드러나는 것이 문질빈빈인 것이다.

형식 속에 정신을 담는 것은 공자가 추구하는 '진선진미盡善盡美'의 예술정신과도 같다. '진선'은 지극히 도덕적인 정신이며, '진미'는 예술성의 극치를 의미하므로 '진선진미'는 내면의 정신과 외면의 형식이 내외 없이 일체화한 문질빈빈의 모습이다. 그러나 현실에서 문과 질을 동시에 추구하기에는 어려움이 따른다. 그래서 공자는 형식보다는 내용을 더욱 중요하게 생각하기도 하였다.

삼베로 면류관을 만드는 것이 예이거늘 지금 사람은 생사로 만드니 검소하

---

1   이문주, 『중국 선진시대 유가의 예설에 대한 연구』, 성균관대학교 대학원, 박사학위논문, 1991. p.51. 참고.
2   『論語集註』「爲政」: 禮卽理之節文也.
3   『論語集註』「爲政」: 禮謂制度品節也.

다. 나는 (지금) 사람들을 따르겠다.[1]

   (지금 사람들이)선배들은 예악에 대해 촌스러운 사람들이라고 하고 후배들의 (예악)에 대해서는 군자라고 한다. 내가 만일 예악을 쓴다면 나는 선배들을 따르겠다. 당 아래에서 절하는 것이 예인데 지금은 위에서 절하니 교만하다. 나는 비록 (지금)사람들과 어긋나더라도 당 아래에서 절하는 것을 따르겠다.[2]

규범은 고정되어 있지만, 현실 상황은 늘 변화한다. 공자는 형식과 내용의 시대적 갈등, 고금의 문제에서 질에 우선을 두었다. 그러나 자칫 내용에만 치중하다 보면 덜 닦여지고 거칠게 밖으로 드러날 수 있다. 또한 외형에만 치중하다 보면 내면의 진실함이 무시되며 요란하게 되기 쉽다. 그러므로 본질은 내용을 세우게 하고 문식은 내용을 행하게 하여야 한다.[3] 문질은 서로를 규정하면서도 끊임없이 변화하는 상황에 대처해야만 한다. 문질이 조화를 이루기 위해서는 내용과 형식 간에 끊임없는 긴장성이 발생하기 때문이다. 문질은 이러한 긴장에서 나온 '시중時中의 창조력'으로 발휘될 때 빈빈하게 된다. 다시 말하면 문질빈빈이란 문과 질의 창조적 노력으로 내외가 유기체적으로 조화롭게 결합되어 '중화中和'

---

1   『論語』「子罕」: 子曰 麻冕禮也 今也純儉 吾從衆 拜下禮也 今拜乎上 泰也 雖違衆 吾從下.
2   『論語』「先進」: 子曰 先進於禮樂 野人也 後進於禮樂 君子也 如用之則吾從先進.
3   『禮記』「禮器」: 無本無立, 無文無行.

로 드러난 상태를 말하는 것이다.

　그러므로 문질빈빈은 고정된 개념이 아니라 상황에 맞게 최적을 찾아 '시중'을 구현하는 것이다. 공자는 "온화하시면서도 엄숙하시고, 위엄이 있으면서도 사납지 않으시고, 공손하시면서도 편안하셨다."[1]고 하여 상호 대립적인 개념이 조화롭게 중화로 드러난 모습이었다. 그러므로 문질빈빈은 전인적인 인격체를 뜻하기도 한다.

　　자로가 성인에 대해 묻자 공자께서 대답하시기를 만일 장무중의 지혜와 공작의 욕심내지 않음과 변장자의 용기와 염구의 예술적 재능에 예악으로 문채를 낸다면 성인이라고 할 수 있을 것이다.[2]

　공자는 문과 질의 조화를 통하여 정신과 도덕과 품격을 인간의 내용에 부여하고 고도의 심미와 문화 교양을 갖춰 인류 문명의 발전과 개체의 사회성에 연계한 인간의 본질과 이상을 실현하고자 하였다.[3] 『대학』에서는 마음이 성실하면 외면에 나타난다고 하였으며, 덕은 몸을 윤택하게 하니 덕으로 몸을 채우면 마음이 넓어지고 몸이 펴지는 심광체반心廣體胖[4]이 된다고 하였다. 본연적이고도 천연적인 내면의 인仁한 마음이 밖으로

1　『論語』「述而」: 子溫而厲 威而不猛 恭而安.

2　『論語』「憲問」: 路問成人 子曰若臧武仲之知 公綽之不欲 卞莊子之勇 冉求之藝 文之以禮樂 亦可以爲成人矣.

3　이택후,『중국미학사』, 대한교과서주식회사, 1993, pp.163~164.

4　『大學』6장: 此謂 誠於中 形於外……德潤身 心廣體胖.

형상화되면 덕이 고루 감발되어 천지를 조화롭게 하듯이 문질빈빈 또한 실천할 때 그 가치가 발현된다. 그래서 질은 고정된 내용이나 상태가 아니라 매번 상황성이 반영된 '시중'의 정신이 내면에 충실해야 하며, 문은 문식해 놓은 상태가 아니라 문식을 하려는 행위이므로 이 행위를 조화롭게 하려는 창조성과 역동성을 구비해야만 하는 것이다.

내용과 형식의 갈등은 문화사의 흐름을 결정하는 큰 요소로서, 모든 시기에는 늘 전시대의 반성으로 질에 대한 비중을 두고 새로운 문예 흐름을 형성하지만, 성숙기를 거쳐 시간이 흐른 뒤에는 고착화되어 다시 비판의 대상이 되는 것이 문의 폐단이었다.[1] 문질빈빈이란 이러한 문질의 폐단을 극복하고 서로 조화를 이루려는 창조적 노력으로 빈빈하게 거듭나는 것이다. 내면의 진정성이 외양으로 아름답게 되면 모든 갈등은 화해하여 중화의 미로 드러난다. 문예에서 문질빈빈이란 이러한 중화의 미가 구현된 상태를 말하며, 문질빈빈의 경지에서 작가와 감상자는 '유어예游於藝'를 체험할 수 있다.

3. 적자지심赤子之心의 회복

맹자는 공자의 인仁사상을 계승하고 발전시켜 인간에게 선험적 도덕성의 내재를 주창하여 성선설을 확립하였다. 맹자는 성선을 바탕으로 자

---

1   조문주, 「이이의 글에 보이는 우리 미학의 전통」, 『동양고전연구』 제5집, 동양고전학회, 1995, p.82.

발적 도덕의 실천과 왕도정치를 촉구하였다. 맹자의 성선性善은 본심本心을 말한다. 본심이란 인간이 본래부터 가지고 태어난 마음이다. 맹자는 이러한 본심을 어린아이의 마음에 빗대어 적자지심赤子之心이라고 하였다. 맹자는 '심心'을 특별히 강조하였는데 적자지심은 대인大人의 마음이라고도 하였다.

대인은 그 적자지심을 잃지 않은 사람이다.[1]

적자赤子란 얼굴이 붉은 아이, 즉 어린 아기를 말한다. 아기는 갓 태어나면 대부분 얼굴이 붉은빛을 띤다. 갓 태어난 어린 아기의 마음을 맹자는 인간의 본마음으로 보았다. 이러한 아기는 성장하면서 갖가지 외물과 접촉하게 되고 사욕이 생긴다. 인간의 본심이 선한 것은 맹자가 사단지심四端之心의 내재를 통하여 설명하였다.

측은지심은 인간이 모두 가지고 있으며 수오지심도 가지고 있고 공경지심 또한 인간이 가지고 있으며 시비지심도 인간이 모두 가지고 있는 것이다. 측은지심은 인이고 수오지심은 의이며 공경지심은 예이고 시비지심은 지이다. 인의예지仁義禮智는 밖에서 나에게 녹아든 것이 아니라 내게 고유하게 있는 것이

---

1   『孟子』「離婁」下: 孟子曰 大人者 不失其赤子之心者也.

며 생각하지 못한 것일 뿐이다. 그러므로 구하려 하면 얻고 버리면 곧 잃는다.[1]

맹자는 인간에게는 사단四端의 도덕 규범 원리가 선험적으로 내재 되어있다고 하였다. 맹자는 "인간이 배우지 않고도 할 수 있는 것이 양능良能이고, 인간이 사려 하지 않고도 알 수 있는 것이 양지良知이다. 어린아이라도 그 부모를 사랑함을 모르지 않고 성장하여 그 형을 공경하는 것을 모르지 않는다."[2]라고 하여 양지와 양능이 인간에게 본래적 도덕 능력으로 내재함을 강조하였다. 사단은 인간이 갓 태어났을 때는 온전하지만 성장하면서 사욕에 의해 그 본심을 잃게 된다. 그러나 대인은 다채로운 세상사 속에서도 그 본심을 잃지 않는다. 대인에 대해 맹자는 다음과 같이 말한다.

대인이란 말을 했다고 해서 꼭 지킬 것을 기필하지 않으며 행동에 반드시 그 결과를 기필하지 않는다. 오직 의만 따를 뿐이다.[3]

말과 행동은 반드시 지켜야 하지만 그보다 중요한 것은 의義를 지키는

---

1 『孟子』「告子」上: 惻隱之心 人皆有之 羞惡之心 人皆有之 恭敬之心 人皆有之 是非之心 人皆有之 惻隱之心 仁也 羞惡之心 義也 恭敬之心 禮也 是非之心 智也 仁義禮智 非由外鑠我也 我固有之也 弗思耳矣 故曰 求則得之 舍則失之 相倍蓰而無算者 不能盡其才者也.

2 『孟子』「盡心」上: 孟子曰 人之所不學而能者 其良能也 所不慮而知者 其良知也 孩提之童 無不知愛其親也 及其長也 無不知敬其兄也.

3 『孟子』「離婁」下: 孟子曰 大人者 言不必信 行不必果 惟義所在.

것이다. 말과 행동, 결과만으로 평가하는 것은 소인이 되기 쉽다. 『논어』 「자로」편에 "말에 신의가 있고 행동에 결과를 보려고 하는 자는 고지식한 소인"[1]이라는 말이 있다. 말과 행동의 결과에만 치중하는 것은 대의를 놓칠 수 있으며, 소인은 시비지심을 사사로이 적용하여 자기중심적인 판단을 고집할 수 있다. 대인은 의에 맞으면 그 말과 행동과 결과가 합치하지 않는다고 하더라도 그 의義의 부합을 알 수 있다. 그러므로 맹자는 오직 의를 따를 뿐이라고 하였던 것이다. 의는 하늘이 준 본심에 의거한다.

공도자가 물었다. 모두 같은 사람인데 어떤 자는 대인이 되고 어떤 자는 소인이 됩니까? 맹자가 답하였다. 그 대체大體를 따르면 대인이 되고 그 소체小體를 따르면 소인이 된다. 또 물었다. 모두 같은 사람인데 어떤 자는 대체를 따르고 어떤 자는 소체를 따르는 것은 무슨 이유입니까? 맹자가 답하였다. 이목지관은 사유할 수 없기 때문에 물에 가려지게 된다. 물物과 물物이 만나면 그것에 끌려갈 뿐이다. 심지관은 사유할 수 있고, 사유하면 곧 그것을 얻게 되니 사유하지 않으면 얻지 못한다. 이는 하늘이 나에게 준 바이니 먼저 그 큰 것을 세우면 작은 것이 빼앗지 못하니 이런 자가 대인일 뿐이다.[2]

---

1 『論語』「子路」: 言必信 行必果 硜硜然小人哉.
2 『孟子』「告子」上: 公都子問曰 鈞是人也 或爲大人 或爲小人 何也 孟子曰 從其大體爲大人 從其小體爲小人 曰鈞是人也 或從其大體 或從其小體 何也 曰耳目之官 不思而蔽於物 物交物 則引之而已矣 心之官則思 思則得之 不思則不得也 此天之所與我者 先立乎其大者 則其小者不能奪也 此爲大人而已矣.

맹자는 이목지관 耳目之官과 심지관心之官을 분리하였다. 이목지관은 육체의 감각만을 파악한다. 그러나 심지관은 도덕주체로서 양지양능 할 수 있다. 이목지관은 물교물物交物로 인해 끌려갈 뿐이지만 심지관은 사유를 통해 본심을 회복할 수 있다. 맹자에 의하면 소인은 이목지관에 의해 외물에 끌려다니는 자이며, 대인은 대체大體, 즉 하늘이 준 본심을 따르는 자이며 적자지심을 잃지 않은 자인 것이다. 인간은 어릴 때는 본심을 보존하지만, 외물을 접하면서 적자지심을 잃어간다. 그러나 대인은 항상 사려를 통해 적자지심을 잃지 않는다. 맹자의 사思는 성인의 모방을 통해 실천적 사려의 기준을 마련하고 지속적으로 이러한 행위를 축적함으로써 모든 상황에 즉각적인 행위를 이끌어낼 수 있는 실천적 사려를 촉구한다.[1] 주자는 대인과 적자지심에 대해 다음과 같이 말하였다.

대인의 마음은 만 가지 변화에 통달하고 적자의 마음은 순일무위할 뿐이다. 그러나 대인이 대인 될 수 있는 것은 바로 그 물의 유혹을 받지 아니하여 그 순일무위한 본연을 온전히 보전함이 있다. 그 때문에 넓혀 채우게 되면 알지 못하는 바가 없고 능히 해내지 못할 바가 없어 그 큼을 지극히 할 수 있다.[2]

1   김도일, 「맹자의 감정 모형: 측은지심은 왜 겸애와 다른가?」, 『동아문화』 제41집, 서울대학교인문대학동아문화연구소, 2003, pp.107~108.
2   『孟子集註』「離婁」下: 大人之心 通達萬變 赤子之心 則純一無僞而已 然大人之所以爲大人 正以其不爲物誘 而有以全其純一無僞之本然 是以擴而充之 則無所不知 無所不能 而極其大也.

주자는 적자지심과 대인지심을 구별하여 적자지심은 순일무위純一無
爲할 뿐이지만 대인지심을 가진 자는 적자지심을 잃지 않으면서도 만 가
지 변화에 통달하여 알지 못하는 것이 없고 능하지 못함이 없는 자라고
하였다. 적자지심이 순수한 마음 자체라면, 대인지심은 순수한 마음 바
탕 위에 천지의 모든 것을 통달한 마음이라는 것이다.『주역』에서는 대
인을 다음과 같이 말하였다.

> 대인은 천지의 덕에 합하며 일월과 더불어 그 밝음에 합하고 사시와 더불어
> 그 순서에 합하며 귀신과 길흉에 합한다.[1]

대인은 천지의 덕에 합한 자이므로 천지만물일체를 이루며, 사시四時
의 순서와 귀신과 길흉과 합하여 모든 변화에 통달하면서도 적자지심을
잃지 않은 자이다. 북송의 여대림(1046~1092)은 적자지심은 성인의 마
음이며 미발未發의 '중中'이자 천지지심으로 발하여 천하와 더불어 화和
한다고 하였다.

> 중中이라는 것은 과불급이 없는 것을 말합니다. 그러면 무엇을 준칙으로 과불
> 급을 알 수 있겠습니까? 이 마음에서 구할 따름입니다. 마음의 움직임은 출입
> 에 때가 없으니 무엇에 의해 지킬 수 있겠습니까? 희로애락이 미발일 때에 구

---

1   『周易』「乾卦」: 夫大人者 與天地合其德 與日月合其明 與四時合其序 與鬼神合其吉凶.

할 따름입니다. 이러한 때의 마음이 곧 적자지심이며 순일무위하며 천지지심, 신명불측인 것입니다……이 마음이 발한 것은 순수한 의리이며 천하의 사람들과 함께 하는 것입니다. 그러니 어찌 화하지 않겠습니까? 전날에 감히 적자지심을 중이라고 한 것은 이러한 말씀과 같습니다.[1]

여대림은 성인의 학문은 '중'을 대본大本으로 하며, 성인은 천하를 물려줄 때 윤집궐중允執厥中이라고 하였으므로 성인의 '중'은 적자지심과 같다고 보았다. 여대림이 적자지심을 미발의 '중'으로 본 것은 희로애락의 미발에서 '중'을 구하는 수양을 강조하는 것이며, 본래적 마음을 현상적 마음과 구별하기 위해서였다. 다시 말하면 마음을 모두 이발已發이라고 한다면 적자지심이나 성인의 마음 또한 이발已發이며, 본래적 마음은 현상적 마음의 다양한 현상 중의 하나일 수밖에 없게 되기 때문이다.[2]

후한의 조기(108?~201)는 『맹자장구』에서 대인과 적자지심을 임금과 백성의 마음으로 보았다.

1 『二程集』上,「與呂大臨論中書」中華書局, 2004, p.608.: 中者 無過不及之謂 何所準則而知過 不及乎 求之此心而已 此心之動 出入無時 何從而守之乎 求之於喜怒哀樂未發之際而已 當 是時也 此心卽赤子之心 純一無僞 卽天地之心 神明不測 卽孔子之絶四 四者有一物存乎其 間 卽不得其中 卽孟子所謂 物皆然 心爲甚 心無偏倚 卽至明至平 其察物甚於權度之審 卽易 所謂 寂然不動 感而遂通天下之故 此心所發 純是義理 與天下之所同然 安得不和 大臨前日 敢指赤子之心爲中者 其說如此.
2 이현선,「정이의 '중(中)'과 '미발(未發)'개념 연구」,『철학연구』, 제82집, 철학연구회, 2008. pp.51~52.

대인은 임금을 말한다. 임금은 백성을 보기를 마땅히 적자와 같이 보아 그 백성의 마음을 잃지 않음을 말한다. 일설에 적자는 영아라고 하였다. 어릴 때 작은 마음은 전일하여 아직 변화하지 않고 사람이 그 적자 때의 마음을 잃어버리지 않으면 정정貞正 대인이 된다. 이 장이 가리키는 말은 사람이 사랑하는 바는 적자에 불과하며 그렇게 백성을 바라보면 백성이 임금을 품는다는 뜻이다. 대인의 행함은 이것에 불과하다.[1]

조기는 대인을 임금으로 보고, 적자지심을 백성들의 마음으로 보았으며, 임금이 백성을 적자처럼 여겨 그 처음의 마음을 잃지 않아야 한다고 강조하였다. 조기의 해석은 일반적인 해석과는 다르나 비교적 이른 시기의 『맹자』의 해석이라는 점에서 주목할 만하다. 맹자 또한 "백성은 하늘이 낳았다."[2]라고 하였고, 『서경』「태서」의 말을 인용하여 "하늘이 보는 것과 듣는 것은 백성이 보는 것과 듣는 것으로부터 나온다."[3]라고 하여 민심을 천심으로 보았다. 이러한 연유에서 본다면 조기가 대인을 임금으로, 적자지심을 백성의 마음으로 보고, 임금은 백성의 마음을 잃지 않아야 한다고 하는 주장은 일견 타당하다고 할 수 있다.

대인지심은 적자지심이기는 하지만 적자지심이 순수한 초기의 마음

---

1   조기, 『孟子章句』「離婁」下: 大人謂君國 君視民當如赤子 不失其民心之謂也 一說曰赤子嬰兒也 少小之心 專一未變化 人能不失其赤子時心 則爲貞正大人也 章指言 人之所愛 莫過赤子視民則然民懷之矣 大人之行 不過是也.

2   『孟子』「萬章上」: 天之生此民也.

3   『孟子』「萬章上」: 太誓曰天視自我民視 天聽自我民聽 此之謂也.

임에 비하여 대인지심은 각종 굴절을 경험한 이후에 다시 본래의 상태로 회귀한 마음이다.[1] 대인은 적자지심을 잃지 않음으로써 대인이 된다. 적자지심은 순수한 마음의 본체로서 이러한 마음을 가지고 있으면 천지와 조화를 이룬다. 대인은 적자지심의 회복을 통하여 천지와 동류하고 만가지 변화의 주체로서 서게 되는 것이다.

제3절 | 이속위아以俗爲雅에서 공상共賞적 아속겸비관

위진시대 현학의 성행은 인간 개인의 기질이나 자유의지를 중요한 사유대상으로 삼았으며 이에 따라 철학과 사상은 해방기를 맞이하여 문·사·철은 각각 독립하였다. 이러한 시대적 분위기에 힘입어 문예 또한 자각기를 맞이하였다. 서진시대의 육기(260~303)는 문예의 자각과 해방의 분위기 속에서 문예 최초로 아속겸비를 주장하였다.[2] 그는 비록 직접적으로 아속雅俗을 말하지는 않았지만 「하리」와 「백설」의 대비를 통해 아와 속을 은유하였으며[3] 뛰어난 문장은 평범한 문장과의 조화를 통하여 더욱 예술성을 발휘할 수 있다는 예술창작의 기교적 측면에서 아속의 겸

---

1   왕방웅 외, 황갑연 역, 『맹자 철학』, 서광사, 2005, p.86.
2   성복왕 편, 『中國美學範疇辭典』, 中國人民大學出版社, 1995, p.336.
3   육기, 『文賦』: 石韞玉而山輝 水懷珠而川媚 彼榛楛之勿翦 亦蒙榮於集翠 綴下里於白雪 吾亦濟夫所偉.

비를 주장하였다.

당조에 오면 속俗은 아雅의 배타성에도 불구하고 미적 범주에 진입하였는데 속문화의 발전은 중국 서족庶族 문인들의 등장과 관련이 있다. 특히 백거이는 서족 출신으로 악부시를 통해 '속의 아화'를 이끌어 중당시대 문학의 특징이 되었다.[1] 그의 시는 민중의 자각의식을 일깨웠고 민중의식에 담긴 실實과 속俗을 숭상하여[2] 통속적이면서도 절제 있는 풍격으로 대중들에게 확산하였다.

송조는 중앙집권적 문신관료제를 채택하고 유교적 정치이념을 표방하여 문치주의 체제를 더욱 공고히 하였다. 송조에는 문벌귀족이 소멸하고 과거제의 발달로 인한 문인 배출이 더욱 증가하여 문인예술이 활발하게 펼쳐졌다. 이러한 분위기 속에 송대의 시인들은 아속의 논의를 더욱 활발하게 전개하였다.[3] 그들이 제시한 '이속위아以俗爲雅'는 아속관의 놀라운 전환이었다. 과거에 실패한 문인의 증가는 아류 문인예술을 발생시켰는데 이러한 점 또한 아속융합을 가속화하였다. 송대의 과거제는 과도한 과거 후보자를 발생시켰으며 이러한 문인 중심의 사회는 중간지식인

1　김학주, 『중국문학사』, 신아사, 2007, p.229.

2　罗宗强, 『隋唐五代文学思想史』, 中华书局, 2016, pp.277~293.

3　이치수, 「송대 시학에서 아속론의 배경과 특색 연구」, 『중국어문학』 제77집, 영남중국어문학회, 2018, p.59.

을 양산하여 지방의 문화를 발전시키는 요인이 되었고[1] 서민문화 역시 도시를 중심으로 꽃을 피워 문화예술이 활발하게 전개되었다.

송조에는 상공업의 발달로 경제가 발전하여 귀족을 기반으로 하는 아문화뿐만 아니라 속문화도 유례없이 발전하였다. 특히 송대 초기에는 사회 경제가 획기적으로 발전하였다. 상업과 화폐경제의 발달로 인하여 재정은 매우 증가하였고, 시장경제의 발달은 속문화의 고급화를 이끌었다. 송대 상업의 발전은 상업혁명이라고 불릴 만큼 비약적이었는데 이러한 시각을 바탕으로 송대 이후를 중국사회의 근세사의 분기점으로 보려는 시각도 생겨났다.[2]

송조에는 속문학이 정통문학의 지위에 오르게 되었다. 특히 당조에 발생한 사詞는 속요를 바탕으로 발전하였으며 송조에는 문인들에게도 사랑받는 장르로 발전하여 마침내 아화의 길을 걷게 되었다. 북송시기의

---

1   송대의 과거 합격률을 살펴보면 1046년에는 정규과거 출신자가 57%를 점유하지만 1191년은 31, 1213년에는 31%이며 경쟁률 또한 1023년에는 2 대 1에서 1093년에는 10 대 1, 1275년에는 200 대 1이 되어 갈수록 합격률이 낮아져 관직으로 가는 길은 막혀 있었다. 이러한 상황 아래서 지역의 지도자를 필요로 하는 농촌의 시장공동체가 성장하자 사대부들은 자신의 고향으로 관심을 돌리게 되었고 남송대의 사대부들은 가족성원의 관직 취임보다는 지방에서의 부와 권력, 명성에 점점 의존하게 되었다. 과거합격자의 수가 늘어남에 따라 관료의 수도 점점 늘어났다. 11세기 초에 1만 명이었던 관료가 11세기 중반에는 2만 명이 넘었고 영종 때에는 2만4천으로 증가했다. 신성곤 외, 『중국사』, 서해문집, 2009, pp.206~213 참고. 이러한 현상은 송대 지방문화의 발달을 촉진시켜 문화예술이 저변화되었고 하급관리의 상향적 문화 창작 의지는 아속의 융합을 촉진시켰다. 그러나 한편으로 송대의 유교문화의 부흥과 문치주의는 사대부의 이념을 더욱 공고화하여 속문화에 대한 아문화의 배타성은 더욱 강화되었고, 아속의 융합이 활발한 가운데에도 아문화와 속문화의 간극은 더욱 심화되었다.
2   신채식, 『송대정치경제사연구』, 한국학술정보(주), 2008, p.324.

사는 고정된 명칭조차 없을 정도로 문인들의 천시를 받았으나[1] 소식은 '이시위사以詩爲詞'의 관점에서 사의 풍격을 아화하였다. 소식이 특히 사를 좋아한 이유는 개인적인 감정을 토로할 수 있기 때문인데[2] 그는 사를 통하여 연정과 우정, 인생무상의 초탈함과 일상의 정을 녹여 이전의 연정 위주의 사를 혁신하고 청려하면서도 호방한 소식의 시적 세계를 유감없이 드러냈다.

송조의 문학은 유학이 내면 수양으로 발전하면서 우국적 발분보다는 초탈한 풍격이 추구되었다. 문인들은 거창한 정치적 견해를 펼치고 치국평천하의 이념을 실천한다고 하더라도 그들의 참된 취향은 사실상 이념을 떠나 마음의 평온과 자적을 중요하게 여겼는데 송대 예술과 미학의 주제가 되었던 것은 진취가 아니라 은둔과 도피였다.[3] 이렇게 송대 문인들은 도학적 의지와 초탈의 이중적 문화의식을 보이는 가운데 새로운 문예이론을 제시하였는데 그것은 '이속위아론以俗爲雅論'[4]이다. 송대의 신진관료들은 도학자로서의 책임감도 있지만, 이전의 생활 바탕이 되었던 세속적 정서를 버릴 수 없었다. 이러한 현실적 고민 속에 나온 것이 바로

---

1   민택, 유병례 외역,『중국문학이론비평사』송금원시기편, 성신여자대학교 출판부, 2013, p.25.
2   류종목,『소식사연구』, 중문출판사, 1993, p.88.
3   이택후,『미의 역정』, 동문선, 2003, pp.384~385.
4   소식은 '시는 유위有爲로 짓는 것이다. 용사는 옛것을 가지고 새롭게 해야 하고 속된 것을 가지고 아하게 해야 한다. 기이한 것을 좋아하고 새로운 것에 힘쓰는 것은 시의 병폐이다. 詩須要有爲而作 用事當以故爲新 以俗爲雅 好奇務新 乃詩之病.「題柳子厚詩二首」'라고 하였다. 이러한 소식의 의견을 이어받은 황정견은 '속된 것을 아하게 하고 옛것을 새롭게 하는 것은 백전백승하기가 마치 손·오의 병법과 같다. 以俗爲雅 以故爲新 百戰百勝 如孫吳之兵.「再次韻楊明叔幷引」'라고 하여 속된 시어를 회피하지 말고 진부한 것은 정련하여 새롭게 해야 한다고 하였다.

‘이속위아’, ‘이고위신以古爲新’의 이론이었다.[1] ‘이속위아’는 소식에 의해
개진되었지만, 황정견(1045~1105)은 이를 확대하여 문학의 창신 이론으
로 확립하였다. 소식과 황정견의 ‘이속위아’ 이론은 이후 아와 속을 함께
감상한다는 ‘아속공상雅俗共賞’의 정신으로 발전하여 문예 창작과 감상의
새로운 지평을 열었다. 송대 문인들은 통속의 언어를 자기들의 방식으로
아화하여 새롭게 활용하는 ‘이속위아’를 통하여, 속화된 언어의 샘에서
시어의 물을 길어 정수하였는데 이것이 바로 아속이 하나의 접점에서 만
나는 ‘아속공상’의 표출방식이었다.[2]

　　주자청은 「논아속공상」에서 "공상共賞의 어원은 알 수 없지만, ‘공共’
은 속의 관점에서 보는 것을 말하고, ‘상賞’은 상식적·구체적·현실적이
란 의미이다. 아속은 서로 변증하여 속俗의 아화雅化와 아雅의 속화俗化가
반복하는 사이 아인들은 어쩔 수 없이 그들의 취미를 재배치하여 전통의
변화를 일으켰는데, 문화가 대중화된 시기에는 아속의 구분이 없는 지점
에 도달하여 마침내 ‘공상共賞’의 상황만 있다."[3]라고 하였다. 문화가 대중
화된 시기에는 모든 것에 아속이 겸비되어 있다는 말이다. ‘이속위아’는
아화와 속화의 양방향의 작용면에서 언뜻 상반적으로 보이지만 실질적
운동의 속성 면에서는 모두 아화를 지향한다는 점에서 같은 방향성을 가

1　　오태석, 「대아지당과 아속공상」, 『중국어문학지』 제10집, 중국어문학회, 2001, p.310.
2　　송용준 외, 『송시사』, 도서출판 역락, 2004, p.333.
3　　朱自淸, 「論雅俗共賞」 『經典常談論雅俗共賞』, 中州古籍出版社, 2016, pp.123~129.

지고 있다.[1] 또한 '아속공상'이라고 하더라도 아문화의 건립 이래 문인의 아문화 숭상 전통은 변함이 없으며, 문예는 속의 장점들을 아화하는 방향으로 발전하였다.

1. 제재의 일상성 중시

송대의 문학은 다양한 방면으로 확장하였다. 시는 문인의 의론성을 벗어나 일상적 정감을 표현하는 수단이 되었고 문학은 통속화되었다. 송대 정치·경제 발전으로 인한 사회의 통속화와 상업화는 송대의 심미관을 변화시켰다. 송대 사詞의 흥성은 문인들의 통속적 경향을 드러냈고, 백화소설의 흥기는 문학의 저변화를 이끌었다. 특히 당대의 전기를 이어받은 송대의 백화소설의 흥기는 중국속문학사의 거대한 서막을 알렸다. 이러한 문학적 토양 위에 송시 또한 이전의 시와는 다른 풍격으로 전환하였다.

송시의 가장 큰 특징은 시의 배경이 일상생활이라는 것이다. 당시가 시의 웅혼한 기상을 드러냈다면, 송시는 사변적인 시가 많으며 일상의 모든 제재들이 시의 대상이 되었다. 또한 전대에는 없던 속자俗字들이 송시에는 대량 사용되었고, 사회가 발전함에 따라 다양해진 상황과 사물의 묘사에 새로운 동사와 형용사를 사용하여 대중이 사용하는 언어 영역이

---

1   오태석,「대아지당과 아속공상」,『중국어문학지』제10집, 중국어문학회, 2001, p.333.

시로 진입하였다.[1] 흔히 '문필진한 시필성당文必秦漢 詩必盛唐'이라고 하여 시는 성당시대를 전범으로 여기지만 송시는 성당과는 다른 방면에서 그 성과를 이루었다. 시에 있어서 일상성의 확보는 송시의 특징이면서 송시가 이룬 성취였다.

송시는 우국충정과 풍유적 특성뿐만 아니라 생활 주변의 모든 대상, 즉 사회와 자연, 개인 문제의 사소함까지 모두 시의 대상으로 삼았다. 원래 문인이 개인적 감정을 드러내는 것은 국가적인 일일 뿐이며『시경』의 집단적 감정과는 다르다.[2] 그러나 송대의 시인들은 이전의 시인과는 달리 개인의 생활 정감을 시세계에 구축하였는데 이러한 시 제재의 다양성은 중국문학의 외연을 확장하였다. 상광일은『송대문화시장여문학심미속취』에서 송시의 심미속취에 대하여 '첫째는 일상사물의 묘사가 뚜렷하게 증가한 것, 둘째는 생활 풍경의 묘사가 선명하게 증가한 것, 셋째는 솔직한 정황 표현이 늘어난 점, 넷째는 속어와 구어적 정황 표현이 증가한 점'[3] 등을 들었다. 이러한 점들은 시의 세속화 경향을 뚜렷하게 말해준다.

시는『시경』전통 이래로 '흥·관·군·원'의 정교적 효용성이 시의 정통이었으며 온유돈후한 정서로 입의해야 했다. 송대의 도학자들은 이러한 시의 기능적 측면을 중시하여 문이재도적 문예 관점을 표출했다. 그러나

---

1   정상홍,「당송시에서의 구어사 사용과 시의 아속문제 관한 연구」,『중국문학연구』제19호, 한국 중문학회, 1999, p.247.

2   서경호,『중국 문학의 발생과 그 변화의 궤적』, 문학과 지성사, 2005, p.276.

3   常光一,『宋代文化市場與文學審美俗趣』, 中國書籍出版社, 2015, pp.147~170.

이러한 이면에 시의 정서적인 기능을 중시한 시인들은 눈에 보이는 모든 것을 대상화하여 시의 영역을 개인 생활의 영역으로 확장하였다. 매요신 (1002~1060)과 소순흠(1008~1048)과 같은 시인들은 우국충정의 입언보다는 개인 생활의 감성으로 우화하였고, 이전과 같이 대자연의 절대성을 노래하기보다는 생활 주변의 자연을 노래하여 인간 본연의 서정들을 노래하였다.[1] 이것은 송시가 깨달은 일상성의 긍정이다. 당시가 웅혼한 기상을 드러냈다면 송시는 개인의 정서와 일상이 섬세하게 드러나는 시로써 시사詩史에 새로운 내용과 감성을 부여하였다.

특히 구양수를 비롯한 매요신과 소순흠 등은 자신의 생활을 바탕으로 풍유시를 지었다. 이들은 일상생활에서 느끼는 사회의 모순이나 민중의 생활상이 곧 풍자와 직결된다고 보았다. 그러므로 이들의 시는 두보나 백거이에게서 보이는 사회시와는 다른 풍격의 풍교風敎적 특성을 보이는데, 그들은 일상에서 포착된 사회적 관심을 풍아風雅의 전통으로 이어가고자 하였다.

매요신은 제재의 다양성을 확보한 시인이면서도 풍자의 시정신 또한 놓치지 않았다. 그는 『시경』과 『초사』에 담긴 시정신을 가장 이상적인 모범으로 여겼으나[2] 제재의 생소함으로 송시의 새로운 미감을 창출하였다. 다음은 그의 이(蝨)를 제재로 한 시이다.

1   김학주, 『중국문학사』, 신아사, 2011, p.281.
2   차주환, 『중국시론』, 서울대학교출판부, p.2003, p.176.

가난뱅이 옷이라 쉽게 헤지고 때에 찌드는구나. 貧衣弊易垢

때가 쉽게 찌들면 이가 적기 어려우니 易垢少虱難

허리춤에 떼 지어 살면서 群處裳帶中

이리저리 옷깃에 기어 오르네. 旅升裘領端

흔적을 감추면 찾기도 어려우니 藏跡詎可索

피를 빨아 편안히 살아가는구나. 食血以自安

인간의 삶도 한번 구부렸다 펴는 것과 같거늘 人世猶俯仰

네 삶 족히 볼만한 게 무엇이 있으랴! 爾生何足觀.[1]

매요신은 인사인물因事因物의 현실성을 바탕으로[2] 시제를 비속하고 열악한 것을 채택하여 시의 새로운 경계를 개척하고 취부臭腐한 것을 새롭고도 기이하게 변화시켰다.[3] 그의 시는 일상의 사소함을 제재로 하였지만 담긴 내용의 의미는 크다. 그는 이(蝨)를 통해 남의 수고에 기생하여 살아가는 인간 군상의 비루함을 폭로하였다. 이(蝨)와 같은 낯선 시의 제재는 당시 새로우면서도 괴이한 느낌을 주었다. 그러면서도 그의 시에는 일상의 담담함이 존재한다. 그의 시에는 평담과 괴리怪異가 동시에 담겨 있는데 이것은 파격적이면서도 신선한 충격을 주었다. 명대의 호응린은

---

1   매요신, 「師厚云蝨古未有詩邀予賦之」: 貧衣弊易垢 易垢少虱難 群處裳帶中 旅升裘領端 藏跡詎可索 食血以自安 人世猶俯仰 爾生何足觀.

2   임종욱, 『중국의 문예인식』, 이회문화사, 2001, p.249.

3   이현주, 『매요신시 연구』, 한국외국어대학교 대학원, 석사학위논문, 1984, p.53.

"매요신의 시는 화평하면서도 간단하고 심원하다. 담담하면서도 메마르지 않고, 아름다우면서도 법칙이 있어 실로 송인 가운데 으뜸이다."[1]라고 하여 그의 시에 드러나는 이중적 이미지를 평가한 바 있다. 이렇듯 매요신은 세속적인 제재로 아雅의 풍격을 갖추어 송시 발전의 방향성을 제시하였는데, 매요신의 시풍 혁신은 중국 시사에서 백거이에 이은 유가적 시전통의 계승자[2]로 자리매김하게 하였다.

송대 경제력의 향상은 대중문화를 꽃피웠는데 이에 따른 문화적 양상도 다양화되고 통속화되었다. 문화의 통속화에 대해 송대의 문인들은 수용과 반발적 변용, 두 가지 모습을 보이는데 백화체의 용어와 산문구 및 속어 등을 시문에서 그대로 드러내어 문화의 통속화는 사회 전반적인 부분에서 진행되었다.[3]

글쓰기 방식 또한 이전의 시 형식을 넘어서 문인들 간에 교유를 목적으로 하는 차운·화답시가 시의 새로운 양식으로 발전하였다. 송대의 문인들은 일상생활의 동인을 시로 연결하였으며, 교유시의 동인들은 각종 예술품과 기념물을 매개로 하여 생활의 거의 모든 일들이 교유시의 촉발 요인이 되었다.[4] 시는 전통적으로 문인들의 전유물로서 아문화의 정점에 있는 예술이다. 그러나 송시는 일상성의 확대와 함께 유희적 도구로

1   호응린,『詩藪』外編 권5: 梅詩和平簡遠 淡而不枯 麗而有則 實爲宋人之冠.
2   문명숙,『백거이가 송시에 끼친 영향에 대한 고찰』,『중국문학』제49집, 한국중국어문학회, 2006, p.44.
3   송용준 외,『송시사』, 역락출판사, 2004, 서문 참고.
4   오태석,『중국문학의 인식과 지평』, 역락출판사, 2001, p.360.

쓰이게 되었던 것이다.

이것은 시정신의 세속화를 의미한다. 교우시는 매요신, 구양수와 소식 등 송대의 시인들뿐만 아니라 신유학을 건립한 주자(1130~1200) 또한 교유시를 많이 남겼다. 특히 주자의 시는 모두 731제 1230수이며 그중 교우시는 415제 655수에 달하여 교우시가 매우 큰 비중을 차지함을 볼 수 있는데, 주로 지인, 문도들과 어울려 유람하며 창수唱酬한 시이거나 논학시論學詩가 많다.[1] 그는 장남헌, 임택지 등과 함께 형산을 유람하며 『남악창수집』을 남겼다. 교유시는 당조에는 짓는 이가 매우 적었다가 송조에 와서 대대적으로 지어지기 시작하였는데 이것은 당조와는 다른 도시 중심의 사회관계의 변화, 경물에서 일상생활로의 시적 대상의 이동, 시사의 결성, 사변적 경향 등에서 기인한다.[2] 이러한 교유시의 유행에 대하여 주동윤은 '송대 이래로 화시和詩와 의운시依韻詩가 많아서 성정을 음영하여 문학을 유희의 길로 더욱 몰고 갔다. 이것은 일종의 악습인데 몰락한 사대부 계급들은 그 길로 달려가면서 잘못되었다는 것을 깨닫지 못했다.'[3]라고 지적한 바 있다.

소철(1039~1112) 또한 체험적 창작의 중요성을 강조하여 전적에 의지하기보다는 다방면의 경험으로 학문과 예술창작을 해야 할 것을 주장하

---

1   신미자, 「주자의 교유시 연구」, 『중국문학』 22호, 한국중국어문학회, 1994, pp.194~199.
2   오태석, 『중국문학의 인식과 지평』, 역락출판사, 2001, p.525.
3   문명숙, 「매요신시 연구」, 『논문집』 21호, 성신여자대학교, 1989, p.65. 재인용, 주동윤, 『매요신집 편년교주』.

였다. 그는 「상추밀한태위서」를 통해 세상 유람과 문유文遊의 뜻을 밝혔다.

　　사마천은 천하를 다니며 사해의 명산대천을 두루 구경하고, 연조의 호걸들
　　과 교유함으로써 그 문장이 트여있고 광대하여 자못 기이한 기세가 있었습니
　　다…… 저는 이제 나이 열아홉 살이 되었습니다. 그동안 집에 있으며 함께 교
　　우한 자들은 이웃들과 향당의 사람들에 불과하고 제가 본 것도 수백 리 간에
　　불과했습니다. 높은 산이나 큰 들이 있지 않아 오르고 유람하며 스스로를 넓
　　힐 수 있는 것이 없었습니다. 백가의 책들은 비록 다 읽었지만, 대개는 옛사람
　　들의 발자취에 지나지 않아 기운을 높이고 뜻을 펴기에는 부족하였습니다.
　　마침내 그것이 사라질까 두려워서 결연히 고향을 버리고 천하에 소문난 기이
　　한 장관을 찾아서 천지의 광대함을 알게 되었습니다.[1]

　　소철의 글은 당시 문인들의 교유와 유람에 대한 의지와 동경을 말해
준다. 이러한 경험주의의 추구는 정신의 해방과 기호의 해소를 실현하는
속문화적 특성이다. 경험주의의 추구에 따른 '유遊'의 정신은 소철뿐만
아니라 소식을 비롯한 송대 문인들의 공통적인 사유였다. 송대의 문인
들은 공리주의와 경세 책임가로서 역할 뿐만 아니라 개인적 삶의 욕구와

1　소철, 『蘇轍集』 二册 「欒城集」 권22 上樞密韓太尉書: 太史公行天下 周覽四海名山大川 與燕
　　趙間豪俊交游 故其文疏蕩 頗有奇氣 然皆古人之陳迹不足以激發其志氣轍生十有九年矣 其
　　居家所與游者 不過其鄰里鄉黨之人 所見不過數百里之間 無高山大野 可登覽以自廣 百氏之
　　書雖無所 然皆古人之陳迹 不足以激發其志氣 恐遂汨 故決然捨 求天下奇聞壯 以知天地
　　之廣大.

실현 또한 중요하게 여겼던 것이다.

'유遊'는 『설문해자』에는 '유遊'자 대신 '유游'자가 있는데, "유游란 정기旌旗가 유동함"[1]이라고 하였다. '유游'자의 단옥재 주석에는 "송간본의 류流와 같으며, 기旗가 유동하는 모습이 물이 흘러가는 모습과 같아서 류流라고 한다…… 속俗은 유游를 짓는다."[2]라고 하였다. 이렇게 볼 때 '유遊'는 즐겁게 노는 것을 의미하며 속俗과 관련된 글자이다. '유遊'는 중국 고대문학 이론에서 자아와 세계와의 관계를 설명하는 개념이며, 자아와 세계의 동일성을 추구하여 '물화物化'를 이루는 것으로, 자연과 인간의 화해자로서 작가가 창작적 대상을 더 효과적으로 받아들일 수 있게 한다.[3] '유'는 내적인 경험과 외적 실재의 결합이기 때문에 외부세계로의 경험주의를 유발한다. 당조의 개방주의와 송조의 경제 발전에 힘입은 통속적 사유는 문인들을 주람문유周覽文游의 문예 풍조로 이끌었다. 이러한 '유'를 통한 내적 경험과 외적 세계의 두 국면에 대한 인식은 '정경교융설情景交融說'로 나아가 청대 왕국유(1877~1927)의 경계설로 발전하였다.[4]

'유遊'란 자유로움을 의미한다. 이 자유로움은 외재적으로는 인류 관계와 인간 관심으로부터 인성의 자각을 발견하는 것이며, 내재적으로는 인격 배양과 인성 완성의 심리본체를 지향한다.[5] 또한 '유'는 한정된 세

---

1 『說文解字』: 旌旗之流也.
2 단옥재, 『說文解字』: 流宋刊本皆同… 旗之游如水之流, 故得俌流也… 嬉遊, 俗作游.
3 김원중 『중국문학이론의 세계』, 을유문화사, 2000, p.126.
4 김원중 『중국문학이론의 세계』, 을유문화사, 2000, p.129.
5 이택후, 권호 역, 『화하미학』, 동문선, 1990, p.77.

계에서 다른 세계로의 이동을 의미하는 경계적 사유이다. 그러므로 '유'
에는 아문화와 속문화의 경계적 사유가 담겨있다. 송대의 문인들은 시의
일상화를 통해 인간 본위와 현실 생활을 노래하였고, 유학의 공리적 이
념과 다변화된 현실 세계와의 고민 속에서 '유'로써 그들 내면의 심미경
계를 표출하였다.

2. 감계鑑戒에서 번영과 욕망을 추구한 궁중회화

유가미학의 관점에서 회화의 예술성에 대한 관심은 비교적 후대에 발
생했다. 회화는 인류문명의 발생과 기원을 같이 하지만 아문화의 관점에
서 회화는 예술적 관심보다는 감계鑑戒와 교화의 기능을 중요하게 여겼
기 때문에 회화의 예술성과 감상에 대한 인식은 예술의 자각의식이 대두
하게 된 위진시대 이후라고 할 수 있다.

엄밀하게 말하면 고대의 회화는 장인들의 전유물이었으므로 예악의
범주에 들어가지 않았으며, 『주례』「고공기」를 통해 미술의 범주에 들어
가는 기물 제작에 관한 기록들을 볼 수 있는 정도였다. 선진시기의 회화
는 사인들의 수양 덕목인 육예六藝에도 들어가지 않았다. 그러므로 아문
화의 주역인 왕공이나 사인들이 남겨놓은 회화에 관한 논의는 문예가 발
달한 이후에야 발생하게 된다.

그러나 송대에 문인화가 등장한 이후, 회화는 후대로 갈수록 더욱 문인
들의 사랑을 받는 예술 장르가 되었다. 문기文氣와 서권기書卷氣를 앞세운

문인화의 등장은 장인들의 그림인 화원화를 저속한 그림으로 치부하며 아속의 대치를 더욱 첨예하게 하였다. 화원은 원래 궁정의 요구에 의하여 교화적 회화를 담당하는 아雅한 그림의 산실이다. 전통적으로 화원은 정교적 목적에 의하여 성현이나 왕의 초상, 미담을 비롯한 고사와 역사적 사실 등을 회화로 제작하여 기록을 담당하고, 문자를 모르는 백성들에게 그림을 통하여 교훈의 메시지를 전달하였다. 그러므로 화원은 정교적 회화를 충실히 실현하는 그림 집단이었고, 화원화는 아한 그림의 전형이라고 할 수 있다. 그러나 회화에 있어 아의 개념은 후대로 오면서 정교적 내용보다는 문인의 의취를 상징하였고, 높은 인품과 초탈함이 그 내용을 이루었다. 아속雅俗의 논평 또한 모호하면서도 주관적인 경향을 드러냈으며 때로는 개인적인 취향을 비판적 내용 없이 단순하게 아속으로 포폄하기도 하였다. 그러나 우리는 『논어』를 통해 회화에 관한 유가미학적 관점을 볼 수 있는데, 이를 통해 아문화의 회화 관점을 유추해 볼 수 있다.

자하가 공자에게 물었다 "곱게 웃는 얼굴이 예쁘고 아름다운 눈이 맑으며 흰 분이 눈부시구나라는 말은 무엇을 말하는 것입니까?" 공자께서 말씀하셨다. "그림 그리는 일은 흰 바탕이 이루어진 뒤에 함을 말한다." 자하가 말하였다. "예禮가 뒤입니까?" 공자께서 말씀하셨다. "나를 일으키는 자는 상이로구나, 비로소 더불어 시를 말할 수 있겠구나."[1]

---

1   『論語』「八佾」: 子夏問 巧笑倩兮 美目盼兮 素以爲絢兮 何謂也 子曰 繪事後素 曰禮後乎 子曰 起予者 商也 始可與言詩已矣.

본바탕인 '소素는 그림 그리는 일보다 앞선다'라는 공자의 '회사후소繪
事後素'는 예술의 완성도보다는 인품의 완성을 먼저 요구한다. 유가미학
의 문예관은 모든 예술품은 도덕성이 전제될 때 의미가 있으며 도덕의
바탕 위에 예술적 상상을 자유롭게 할 수 있다. 공자의 '회사후소'는 이후
유가미학의 기본 명제가 되었다. 이러한 점에서 볼 때 아문화적 회화 관
점은 예술의 완성도보다는 작가의 인품이 중요하며 정교와 법으로서의
구심 역할을 해야 한다. 그러므로 예술을 통해 교화의 목적을 이루려는
감계론적 회화효용론은 아문화의 성립 이후 회화에 대한 기본 인식이 되
었다. 이러한 회화관은 『공자가어』에서도 볼 수 있다.

> 공자가 명당을 참관하여 네 문의 담장을 보니 요임금과 순임금의 얼굴과 걸
> 왕과 주왕의 모습이 있었는데 각각 선악의 모습과 흥망의 경계가 있었다.[1]

이러한 회화의 효용론은 한대에도 계승되었으며 고사와 인물화를 통
한 교훈적 회화는 국가적 차원에서 제작되었다. 조식은 「화찬서」에서 감
계적 기능이 회화의 핵심임을 밝혔다.

> 그림을 보는 자가 삼황오제를 보면 우러르지 않는 자가 없을 것이며, 세 왕
> 조의 폭군을 보면 슬퍼하고 한탄하지 않는 자가 없을 것이며, 찬탈한 신하와

---

1   『孔子家語』「觀周」: 孔子观乎明堂 睹四门墉有尧舜之容 桀纣之象 而各有善惡之状 兴废之
    诫焉.

후사를 도적질한 것을 보면 분하여 이를 갈지 않는 자가 없을 것이며, 높은 절개와 재능을 가진 선비를 보면 식음을 잊지 않는 자가 없을 것이며, 충실한 신하가 죽음을 면하지 못하는 것을 보면 항거하지 않는 자가 없을 것이며, 신하와 피붙이가 쫓겨나는 것을 보면 탄식하지 않는 자가 없을 것이며, 음란한 지아비와 질투하는 지어미를 보면 눈을 흘기지 않는 자가 없을 것이며, 아름다운 왕비와 순종하는 왕후를 보면 아름답고 귀하게 여기지 않는 자가 없을 것이다. 이로써 감계를 보존하는 것이 그림이라는 것을 알 수 있다.[1]

회화의 인품론과 감계효용론은 이후 전통으로 이어져 동양회화를 이해하는 방식이 되었으며, 회화는 정교에 이바지하고 인품을 고양시키는 방편으로 여기게 되었다. 이러한 회화효능론에 기초한 초기 회화의 주된 장르는 초상화였다. 한대에는 유가사상을 기반으로 요, 순, 문, 무, 주공, 공자 및 충신, 효자, 의사, 열녀 등의 초상화가 유행하였는데[2], 최초의 회화이론서인 「논화」를 쓴 고개지(346?-407?)의 '전신이론'은 초상화를 염두에 둔 이론이었다. '전신傳神'이란 대상이 가지고 있는 본질인 '신神'을 형상화하는 것으로, 고개지의 '전신이론'은 회화의 도덕적 실천성과 정치적 실용성을 탈피하고, 형상미의 취미감상을 표방하여 예술적 자율성

1   조식, 「畵贊序」: 觀畵者見三皇五帝 莫不仰戴 見三季異主 莫不悲 見簒臣賊嗣 莫不切齒 見高節妙士 莫不忘食 見忠節死難 莫不抗節 見放臣逐子 莫不嘆息 見淫夫妬婦 莫不側面 見令妃順后 莫不嘉貴 是知存乎鑒戒者 圖畵也.

2   갈로, 강관식 역, 『중국회화이론사』, 돌베개, 2013, p.48.

그림 1. 전고개지, 〈여사잠도〉, 견본채색, 동진 4-5세기, (당모본)

을 추구한다.[1] 이전의 회화가 종교와 철학, 정치에 종속되어 그 내용을 설명하는 도구로 쓰였다면 동진시대에는 회화가 이러한 관계에서 벗어나 독립성과 자율성을 추구하게 되었다.[2] '전신이론'은 이후 산수화와 화조화 등 모든 장르에 적용되어 회화의 가장 기본이자 핵심적인 개념이 되었으며 아속의 기준이 되기도 하였다. 예를 들면 배휘는 '하상서는 정신이 맑고 뛰어나다'라고 하였으며, 유도계는 대안도의 그림이 '정신이 매우 속되다'[3]라고 하였다.

인물화에 탁월하다고 알려진 고개지는 인물 표현에 정신의 올바름이 중요하다고 보고 외적 형태에 내적 정신을 반영할 것을 주장하였다.[4] 그

1   서복관, 권덕주 외역, 『중국예술정신』, 동문선, 1990, pp.187~188.
2   조송식, 『중국 옛 그림 산책』, 현실문화, 2011, p.242.
3   서복관, 권덕주 외역, 『중국예술정신』, 동문선, 1990, p.186. 재인용.
4   장준석, 『중국 회화사론』, 학연문화사, 2002, p.43.

그림 2. 전고개지, 〈낙신부도〉, 견본채색, 동진 4-5세기, (송모본), 북경고궁박물관

러나 고개지가 그린 성현도는 현존하지 않고「열녀전도」·「여사잠도」(그림1)·「낙신부도」(그림2) 등 세 점이 전하는데,「낙신부도」는 감계적 기능이 아닌 예술적 아름다움을 추구하고자 하는 작가의 본질적 내면이 드러난 작품이다.「낙신부도」는 조식의「낙신부」를 바탕으로 낙수 여신과의 사랑과 이별을 그린 그림으로 낙수 여신의 아름다운 자태와 등장인물, 산수의 배경이 신화적으로 묘사되어있다. 이러한 신화와 여신을 바탕으로 한 화면의 낭만적 미감은 고졸하면서도 환상적 욕망을 가진 귀족의 세속적 취향을 엿보게 한다.

왕헌지(344~386) 또한「낙신부」를 서예로 남김으로써「낙신부」는 문사들 사이에서 문예 전범이 되었으며 끊임없는 창작 소재가 되었다. 원대의 위구정의「낙신도」는 이전의 통속적 전기를 바탕으로 한 화풍에서 탈피하여 고개지본의 아양 떠는 여신의 모습을 없애고 고요하고 순결한 여신의 모습으로 묘사하여 탈속적으로 전환하였는데 이것은 시대에 따라 다른「낙신도」의 미감을 보여주는 것이었다.[1] 또한 위구정의「낙신도」에는 문인화의 선구로 알려진 예찬(1301~1374)이 화제를 남겨 눈길을 끌기도 하였는데 귀족과 여신의 사랑이라는 통속적이지만 통속을 뛰어넘는「낙신도」의 기환奇幻적 이미지는 문인들의 지속적인 관심을 받았다.

사혁(500?~535?)의 '육법이론' 또한 초상화를 바탕으로 한 이론이었다. 그는 '육법六法'을 통하여 기운생동을 제창했는데 사혁이 활동하던 시대의 회화 또한 초상화와 같은 고사인물화가 주류였기 때문에 기운의 본의는 인물의 정신적인 기질을 가리키는 것이었다.[2] 이후 인물화의 성행은 당조까지 이어졌다.[3] 당조의 장언원(815~879)은 체계적인 회화비평서인『역대명화기』를 쓰면서 회화의 가장 큰 역할은 교화임을 밝혔다.

그림이라는 것은 교화를 이루고 인륜을 도우며 신변을 궁구하여 깊고 미미한 것을 추측하는 것이라. 육적과 공을 같이 하고 사시와 더불어 운행하는 것이니 천연으로 발하는 것이지 술작에 말미암는 것은 아니다.[4]

---

1   석수겸, 문정희 역,「낙신부도: 전통의 형소와 발전」,『미술사논단』제26호, 성강문화재단, 2008, p.260.
2   갈로, 강관식 역,『중국회화이론사』, 돌베개, 2013, p.87.
3   주경현,『唐朝名畵錄』: 夫畵者 以人物 居先 禽獸次之.
4   장언원,『歷代名畵記』: 夫畵者 成教化助人倫 窮神變測幽微 與六籍同功 四時並運 發於天然 非絲書畫譜由 下同述作.

장언원은 그림을 육경과 견주었는데 그 근간은 교화와 인륜을 돕고 나아가 우주의 신비를 밝히는 것에 있다는 것이었다. 이러한 장언원의 회화관은 회화를 문인의 영역으로 인정하지 않던 초기 회화인식에 비하면 놀라운 발전이며 회화의 도덕적, 철학적 기반을 제공하였다.

당조는 경제적 번영과 함께 세속적 취향의 서족들이 정치에 대거 참여하였으며 국제화된 정치와 경제적인 생활 배경 또한 예술의 세속화를 이끌었다. 이에 따라 회화는 제재와 내용이 확대되고 형식과 풍격이 다양화되었으며, 성현의 인물화뿐만 아니라 세속적인 생활도 그리기 시작하여 부녀자들의 기마, 가무 또는 약간의 노동 장면이 묘사되기 시작하였고 이민족의 모습까지 묘사하는 등 밝은 시대 감각과 건강한 심미관을 보였다.[1]

당조의 회화는 사실상 인물화가 가장 성숙했다고 할 수 있다.[2] 인물화의 배경은 당시의 생활환경을 알 수 있는 귀한 자료가 되며 후대 풍속화로 발전하게 되었다. 당조의 경제적 번영은 궁정의 아름다움을 회화의 대상으로 삼게 하였다. 그중에는 여인들의 아름다움을 감상하는 미인도 혹은 사녀도가 많았다.

장훤과 주방은 궁정화가로 귀족 여인들의 궁정 생활을 그린 것으로 유명하다.[3] 그들의 진적은 남아있지 않으나 그 중 장훤이 그린 것을 송 휘종 (1101~1125)이 모사했다고 알려진 「도련도」(그림3)를 통해 당대 궁중 여

---

1   갈로, 강관식 역, 『중국회화이론사』, 돌베개, 2013, p.117.
2   온조동, 강관식 역, 『중국회화비평사』, 미진사, 1994, p.131.
3   마이클 설리번, 한정희 역, 『중국미술사』, 예경, 2011, p.130.

그림 3. 장훤, 〈도련도〉, 견본채색, 당8세기, (송 휘종 모본)

인들의 생활상을 볼 수 있다. 「도련도」의 비단을 다루고 다림질하는 화면은 노동을 다루는 풍속적 내용이면서도 궁중 여인들의 아름다운 자태가 우아하게 그려져 아속이 함께 어우러진 회화라고 할 수 있다.[1]

　주방의 그림 또한 궁중 여인들의 건강한 육체미와 풍만한 자태를 잘 표현하여 그의 미인도는 화단에서 '농려풍비 穠麗豐肥'라는 평을 받았으며, 당 이래 가장 풍만한 육체미를 잘 표현한 화가로 알려졌다.[2] 궁정화의 거장이라고 알려진 장훤과 주방의 그림은 궁정 여인들의 일과 오락 등 다루는 주제에서는 같다고 할 수 있으며, 이들의 그림에 등장하는 인물들은 심오한 지성이나 개성은 없으나 특수한 장면 속의 한순간에 대한 강렬한 인식, 감각적인 존재의 본질을 드러내는 중국 미술의 공통성을 보여준다.[3] 장훤과 주방과 같은 궁정의 화가들은 궁정 생활의 사교적이

1　J. 캐힐은 『중국회화사』에서 이러한 그림을 세속화라고 하였다. J. 캐힐, 조선미 역, 『중국회화사』, 열화당, 1995, p.43. 궁정화는 신분적인 면에서 아문화의 주역이다. 궁정화는 화원의 그림이라 하더라도 화원은 통치계급의 취향과 규범에 의해 그림을 그린다. 그러므로 논자는 이러한 그림은 아속이 겸비된 그림이라고 본다. 후대에 발생한 문인화와 원체화의 갈등으로 인한 아속의 개념을 이 시기에 적용할 수는 없다.

2　김종태, 『동양화론』, 일지사, 2004, p.255.

3　J. 캐힐, 조선미 역, 『중국회화사』, 열화당, 1995, pp.42~43.

거나 역사적, 문화적 행사들을 묘사하면서 감상적 유미주의적인 화풍으로 섬세하게 화면을 채워나가 전형적인 화원 화풍을 일구었다.

유미적이면서도 세속적 화풍은 정치적 목적에 의해 궁정의 달밤의 연회를 그린 고굉중(910~980)의 「한희재야연도」에서도 볼 수 있다. 남당 시대에 그려진 이 그림은 정치적 목적에 의해 제작되었는데 품위 있으면서도 은근하게 그렸으나 그 내용은 귀족의 방탕한 생활이었다.[1] 회화란 통치자의 취미와 관심사에 영향을 많이 받는 분야인데[2] 선진시기 교화와 감계적 회화 이후 그 정신은 변함없이 강조되었으나 당조 이후 실제적으로 궁정의 회화는 세속적 요구에 의해 많이 제작되었다. 회화의 발전과 함께 궁정의 세속적 욕구도 증가하였으며 이에 따라 감상과 실용을 목적으로 하는 아속겸비적 회화 또한 확산하였다.

섬세한 선과 밝은 채색으로 귀족의 화려한 생활을 보여준 궁정화의 발전은 송조에 오면서 경제적 발전과 함께 도시의 찬란한 번영을 그리는 회화로 이어졌다. 특히 북송은 시·사·부의 문학과 서·화·도자기 등의 미술이 중국 역사상 가장 발달한 시기였다.[3] 방직업의 발달로 인한 독립적인 견직물 공방의 출현은 황실과 귀족의 소비를 만족시켰으며 조선업이 발달하여 해외무역이 성행하게 되었다. 북송의 수도 변경의 거리에는 도처에 상점과 여관, 주루 반관이 즐비했으며 야시夜市가 등장하여 북송의

---

1 한정희 외, 『동양미술사』, 미진사, 2014, p.138.
2 김종태, 『동양화론』, 일지사, 2004, p.90.
3 허영환, 『중국화론』, 서문당, 2001, p.61.

도시들은 주간과 야간의 구분없이 언제라도 교역이 가능하였다.[1]

『동경몽화록』에서 본 변경은 종합적 도시로서의 기능을 갖춘 도시로 묘사되었으며[2] 장택단(1085~1145)의 「청명상하도」(그림4)와 함께 송대의 번영을 생생하게 볼 수 있는 자료로 남아있다. 『동경몽화록』을 보면 당시 변경의 인구가 얼마나 많고 번화하였는지 "십만 명이 늘었다 해도 많아진 것을 느낄 수 없고 십만 명이 줄어들었다 해도 느낄 수가 없다."[3] 라고 할 정도로 도시는 활기차고 번성하였다.

이러한 도시의 흥성함을 시각적으로 남긴 것이 장택단의 「청명상하도」이다. 「청명상하도」는 북송 휘종 선화연간의 태평성세의 모습을 그린 그림으로, 원·명·청대를 거쳐 잠시 민간에 흘러간 적은 있으나 모두 황실 수장품으로 기록되었다.[4] 장택단은 한림도화원의 화원으로 최고 직위인 대조待詔를 지냈다. 휘종은 '화학畵學'을 설립하여 화원의 교육뿐만 아니라 당시 문인사대부들이 추구했던 예술적 안목까지 화원들에게

---

1   전백찬, 심경호 역, 『중국사강요』, 오대십국부터 근대까지편, 중앙북스, 2015, pp.57~59.

2   『동경몽화록』은 송대의 맹원노(1103~?)가 북송 멸망 이후 남송으로 내려와 북송의 수도 변경을 그리워하며 당시의 변경을 회상하며 지은 글이다. 모두 10권으로 이루어져 있으며 당시 변경의 모습이 상세하게 묘사되어 있다. 권1에는 황성의 구조와 관청을 열거하고 있으며 권2에는 선덕루에서 뻗은 어가와 선덕루 앞의 궁전, 술집, 식당, 기생집 등이 묘사되어 있고, 주작문 밖의 국자감과 도관, 사당이 묘사 등도 있으며, 주교야시와 동각루의 거리, 와자에서 펼쳐지는 다양한 공연 등이 기록되었다. 이 밖에 민속, 정월, 청명절 등의 세시풍속과 동지에 황제가 교단에서 예를 올리는 상황도 묘사되어 있다. 『동경몽화록』에는 궁궐과 국가 기구, 당시 동경의 거리 상황, 민속, 잡희, 의식, 서민들의 생활상 등 당시 시대상을 볼 수 있는 다양한 내용들이 담겨 있다. 맹원노, 김민호 역, 『동경몽화록』, 소명출판, 2011, 참고.

3   맹원노, 『東京夢華錄』 권5: 以其人煙浩穰 添十萬衆不加多, 減之不覺少.

4   이주현, 「명청대 소주편 청명상하도 연구」, 『미술사학』 제26호, 한국미술사교육학회, 2012, 참고.

그림 4. 구영, 〈청명상하도〉, 견본채색, 16세기, 요녕성박물관

독려하였다.[1] 역대의 제왕들은 회화를 통하여 자신들의 정치 공적을 선양하였는데 주로 화려하고 웅장한 궁전의 모습이나 안전하고 편안한 민간생활이 주된 내용이었다.[2] 이러한 송대 통치계급의 회화관은 북송이 멸망하기 전 마지막으로 찬란한 태평성대의 모습을 「청명상하도」로 남겼는데, 「청명상하도」는 통치자의 정치적 이념과 민간의 풍속이 이상적으로 결합되었다는 점에서 아속겸비적 회화작품이라고 할 수 있다.

　「청명상하도」에는 청명절을 맞은 변경의 모습이 변하汴河를 따라 성 안팎의 번화한 모습과 상점과 약방, 찻집, 주루 등이 홍교를 중심으로 펼쳐진다. 홍교 위에는 노점과 사람들로 가득하고, 국수 그릇을 배달하는 소년의 모습과 아랍의 상인, 귀족들이 탄 가마와 수레로 붐비는 황도의 모습은 안정감과 활기로 가득 차며 국제도시로서의 번영을 보여준다. 「청명상하도」의 이상적 도시 모습은 안정적 국가 체제와 영속적 번영의

1　이정미, 『선화화보의 예술사상』, 성균관대학교 대학원, 박사학위논문, 2011, p.72.
2　나정, 『송대 계화의 기법 연구』, 고려대학교 대학원, 석사학위논문, 2016, p.19.

이미지를 보여주었는데 이것은 회화의 정교와 풍아의 예술정신이다. 이러한 제작 정신으로 인하여 「청명상하도」는 역대 황실의 수장품으로 간직되었으며 후대에 「청명상하도」란 이름 아래 다른 시대와 다른 도시의 경관을 그린 화권도 재차 등장하게 되었다.

대개 예술작품은 감상자와 시대적 요구를 수용하며 발전하는데 이러한 과정에서 발생하는 아속융합은 자연스러운 현상이다. 공자는 명당의 벽화에서 요·순과 걸·주의 모습을 보고 흥함과 망함의 경계警戒를 말하였다. 감계와 경계에서 비롯된 아문화의 효용적 회화관은 시대를 거치며 감상주의적인 회회관으로 발전하였다. 이후 회화는 아속이 대치하는 상황에서도 융합의 창조성을 발휘하였으며, 청대에는 '양주팔괴揚州八怪'와 같은 상업성을 갖춘 문인화의 경계로 이어지게 되었다.

3. 욕망긍정의 성정지진性情之眞

명조의 문예는 복고주의와 반복고주의가 갈등하면서 아속겸비적 문예정신은 새로운 국면을 맞았다. 명조는 한족 중심의 국가를 다시 회복하고 강력한 중앙집권체제를 표방하였다. 건국 초기에는 유학을 장려하고 중원의 옛 제도를 복구하는 등 전대 이민족의 풍습을 일소[1]하고자 하였고 이 과정에서 복고주의가 흥기하였다. 그러나 유학의 흥기와 복고주

---

1   신성곤 외,『중국사』, 서해문집, 2009, p.242.

의는 옛 전통을 되살리는 것처럼 보였지만 시대미감은 이미 전대와는 다른 새로운 미의식이 발생하였다. 명조의 문인들은 각자 취향에 따라 복고의 모델을 진·한 또는 당·송에서 찾았다. 그러나 그 과정에서 옛 작품의 모방과 표절이 만연하였다. 그들은 이러한 과정에서 모방을 변호하는 이론을 내놓았는데 그 핵심은 바로 법 혹은 법식의 강조였다.[1] 복고주의의 강력한 옹호론자는 이몽양(1472~1529)이었다. 그는 창작은 규구規矩를 따라야 하며 법고는 자연스러운 사물의 법칙이라고 하였다.

문장에는 반드시 법식이 있어야 하는데 그런 가운데 음률을 도度에 맞춘다. 방원이 규구에서 나오는 것과 같이, 고인이 이것을 사용할 때 스스로 지은 것이 아니라 하늘이 생기게 한 것이다. 요즘 사람이 고인을 법식 삼는 것은 고인을 법식 삼는 것이 아니라 실제로는 물物의 자연스러운 법칙인 것이다.[2]

이러한 '고법의식', '정법定法의식'은 중국 문인들의 전통적인 문화기반이면서도 안전장치였다. 고古와 법은 전통적으로 아문화의 상징이다. 명대의 문인들은 법식의 허울 아래 전대의 창작을 모방함으로써 문예의 퇴조 현상을 보였다. 그러나 명조 중기에는 복고주의에 반기를 든 새로운 인물들이 출현하였다. 그들은 양명학의 세례를 받은 새로운 사상가

---

1   민택, 유병례 외역, 『중국문학이론비평사』 명대편, 성신여자대학교 출판부, 2016, p.99.
2   이몽양, 『空同集』 「答周子書」: 文必有法式 然後中諧音度 如方圓之於規矩 古人用之 非自作之 實天 生之也 今人法式古人 非法式古人也 實物之自則也.

들이었다. 이택후는『미의 역정』에서 선진시대를 제외한 중국 고대사회의 큰 전환점이 되는 시대를 지목하였는데, 위진시대·중당시대·명대 중기가 바로 그러한 전환점이며, 시대의 전환이라는 것은 문학예술 영역과 미의식이 포함된 의식구조 전반의 변화를 의미한다고 하였다.[1] 명대 중기는 자본주의적인 요소가 점차 발달하였고,[2] 특히 동남지역에서는 해운업과 수송업이 발달하여 시민계층이 형성되었으며, 활발한 해외무역과 자본의 축적은 자유로운 사상을 받아들이기에 충분하였다.[3] 이 시기의 양명학은 새로운 사회조건 아래서 사상적 해방성을 갖추었으며 이성의 자득과 독단을 제창하여 정주이학의 교조주의적 속박을 타파하고 초기 계몽사조의 신세계를 열었다.[4] 도시의 번영과 향락도 새로운 사상을 열어주는 통로가 되었으며 이에 따라 전통적인 아문화의 심미의식 또한 변화하였다. 명조의 문예는 한편에서는 보수주의가 존고尊古를 주장하여 구법舊法을 원칙으로 삼았고, 다른 한편에서는 양명학과 개방적 사회

---

1 이택후, 윤수영 역,『미의 역정』, 동문선, 2003, p.307.

2 주훈초, 중국학연구회 역,『중국문학비평사』, 이론과실천, 1994, p.221.

3 명대 중기는 농업과 수공업의 생산수준이 크게 향상되면서 농민들은 자신들이 생산한 식량을 조세를 납부한 후 자급용을 제외한 나머지를 시장에 내다 팔 수 있었는데, 상품의 수량이 많아지면서 상업 자본이 확충되었고 상품경제의 발전은 항주, 송강, 광동 남해 등 상공업 도시를 출현시켰다. 특히 강남 소주 등지의 사직업이나 장염업에 종사하는 이들 중에는 농업이나 생산수단에서 완전히 벗어나 비교적 자유롭게 자신의 노동력을 상품으로 내파는 수공업기술자들이 출현했는데, 이러한 상황은 이전 역사에서는 전혀 볼 수 없는 것이었다. 명대의 상품경제는 아직까지 자연경제의 부속 지위이긴 하지만 강남 일부 지역의 경우는 상품경제가 확연하게 발전하면서 서서히 자본주의 맹아를 위한 조건을 준비하고 있었다. 전백찬, 심경호역,『중국사강요』, 오대십국부터 근대까지편, 중앙북스, 2015, pp.322~334.

4 윈행패 외, 김상일 역,『중화문명사』, 동국대학교출판부, 2017, p.111.

풍조에 힘입은 반보수주의가 등장하여 존아尊我를 주장하며 자득自得을 문예의 법으로 삼았던 것이다.

자득이란 전통과 공동체적 질서가 구심이 되는 것이 아닌, 개별적이고 주관적인 관점이 핵심이므로 속俗의 범주에 속한다. 법고法古는 주대 예악이 제정된 이래로 오랫동안 문인 예술정신으로 작용하였다. 그러나 양명학의 등장과 초기 자본주의의 발현은 예악과 정교사상을 무너뜨렸으며, 양명학의 인간 본연에 대한 관심은 자기의지와 체험을 존중하는 개성적 문예풍에 주목하였다. 이러한 분위기 속에서 청대에는 문예 전반에서 자득이 새로운 심미표준이 되었다. 법고法古도 결국은 창신創新을 위한 기반이며, 창신은 자득에서 출발하기 때문이라는 문예인식이 팽배하였기 때문이다.

양명의 '심즉리心卽理'는 철학적 관심이 물物 자체에 있는 것이 아니라 나의 의식이 지향하고 있는 사물에 있으며, 리理란 객관적이고 형식적인 도덕법칙으로 존재하는 것이 아니라, 주관적 준칙인 양지의 창조적인 도덕 판단 및 작용에 의해 다양한 사물의 이치가 시의적절하게 구현되는 것이다.[1] '심즉리'는 모든 가치가 나의 마음에서 출발하므로 '천天'에 대한 관심보다는 '인人'에 대한 관심으로 전환하였으며 이것은 인간의 개성과 몸에 대한 긍정으로 이어졌다. 이에 나아가 양명좌파인 태주학파의 창립자 왕간(1483~1541)은 초월적 세계가 아닌 우리가 살아가고 있는

---

1   박연수,『양명학의 이해』, 집문당, 1999, p.62.

세계에서 도를 찾을 것을 주장하였으며 백성들의 삶이 곧 도라고 하였다.[1] 그는 '회남격물설淮南格物說'을 통하여 "자신과 천지만물은 하나이며 신身은 본체이고 천지만물은 사소한 것이니 자신으로써 천지만물을 연결하는 고리로 삼는다."[2]라고 하였다. 자신이 사유의 기준이 되는 왕간의 사유는 개별 주체의 자각을 이끌어 공동체를 중심으로 사유하는 전통 유가사상에 큰 충격을 주었다. 일상을 도道로 삼는 주장과 주체성의 자각은 개인의 욕망과 개체를 긍정하는 의식을 낳았으며 이에 따라 유학은 점차 세속화되었다. 사상과 학문에서는 실학의 흥기와 함께 실체實體·실천實踐·실행實行·실공實功·실사實事·실심實心·실념實念·실언實言·실재實才·실정實政·실풍實風의 숭실치용崇實致用의 정신이 추구되었고[3] 문예에서는 자득을 통한 개성 창출이 문인들의 관심사가 되어 아속겸비적 심미의식은 시대적 문예정신이 되었다.

이러한 전환기적 시대의 대표적인 인물은 탁오 이지(1527~1602)이다. 그는 해외무역이 활발한 복건성 출신이자 회족 출신으로 양명좌파의 한사람이었다. 그는 유학이 예악禮樂과 형정刑政으로 인간을 구속하는 것을 반대하고 최초의 동심으로 돌아가 허구적 견문도리를 격파하고 본래

1 윈행패 외, 김상일 역, 『중화문명사』, 동국대학교출판부, 2017, p.113.
2 왕간, 「答問補遺」, 安身者 立天下之大本也 本治而末治 正己而物正也 大人之學也 是故身也者 天地萬物之本也 天地萬物末也 知身之為本 是以明明德而亲民也 身未安 本不立也 本乱而末治者 否矣 其本乱 治未愈乱也. 시마다 겐지, 김석근 외역, 『주자학과 양명학』, 까치글방, 2008, p.185. 재인용.
3 조길혜 외, 김동휘 역, 『중국유학사』, 신원문화사, 1997, p.258.

적 심성을 회복할 것을 주장하였다. 그는 유학자의 허위의식을 극도로 싫어하였으며 '존천리멸인욕存天理滅人欲'의 금욕주의를 부정하고 일반 백성들의 먹고 입는 일상생활에 요구되는 것이 곧 선善이라고 하였다. 그는 이것을 '가까운 말', 이언邇言이라고 하였다.

무릇 이언을 선한 것으로 여기면 비이非邇는 반드시 불선不善이다. 어째서 인가? 백성들에게 맞지 않거나 백성들의 정이 바라지 않기 때문이다. 그 때문에 불선이라고 하는 것이며, 그 때문에 악하다고 하는 것이다.[1]

이언이란 지금 세상의 이야기로서 일반 백성들이 생활 속에서 옷 입고 밥 먹는 일을 이야기할 때 쓰는 일상어와 속언으로, 이지는 이언을 통해 일상의 윤리와 물리뿐만 아니라 민간문학을 긍정하는 문학 관점을 표출했다.[2] 이언은 일반 백성들의 삶이 그대로 드러나는 말로써, 가식이나 허위가 없는 실정의 말이자 개성과 개인의 욕망을 드러난 말인데, 그는 이언이야말로 도를 드러내는 말이라고 본 것이다. 이지는 백성들의 정情을 선善으로 여겼으며 나아가 개인의 욕망 또한 물정物情으로 보아 긍정하였다. 그는 "무릇 천하는 지극히 크고 만민은 지극히 많다. 물은 고르지

---

1   이지, 『明燈道古錄』卷下: 夫唯以邇言爲善 則凡非邇言者必不善 何者 以其非民之中 非民情
     之所欲 故以爲不善 故以爲惡耳.
2   최락민, 『이탁오의 문학이론 연구』, 부산대학교 대학원, 석사학위논문, 1993, pp.41~42.

않으니 또한 물의 정이다."[1]라고 하였는데 이것은 맹자의 말을 인용[2]하여 물정 개개정황의 다른 것을 긍정한 것이었다. 그러므로 이지의 정과 욕망, 개체에 대한 긍정은 개성에 대한 긍정으로 이어진다. 개인의 욕망을 긍정하는 것은 개체의 특수성을 인정하고 다양성을 강조하는 것[3]이며 속문화를 긍정하는 것이다. 이지는 정교와 종경에 의한 도리는 인간을 구속하고 억압한다고 주장함으로써 종래의 아문화를 부정하였다. 그는 아문화의 건립 이후 오랫동안 문인들을 지배하였던 문화적 복고주의를 부정하고, 성인과 경전의 절대성을 부정하였다.

그러나 이지는 공동체를 부정한 것은 아니었다. 이지는 과도한 자기 욕망을 제어하는 기준으로 '직直'을 제시하였으며, 천하 공공의 이치와 공적인 옳음에 부합하면서도 개체의 물질적 삶을 보장하는 사적 욕망과 공동체의식 간에 조화 또한 중요하게 여겼다.[4] '사私'를 강조하는 이지의 사유는 명대 중엽 이후 개성해방에 대한 요구가 높아지고 서민의 정감과 개인 욕망의 반영이 중시되었음을 시사한다.[5] 이러한 속문화를 긍정하는 문예인식은 점차 아문화에 유입되어 개성을 강조하는 문예의식으로 발전하였으며 청대에는 자득을 통한 독창성이 시대미감을 대변하는 문

---

1   이지, 『明燈道古錄』 卷上: 夫天下至大也 萬民至衆也 物之不齊 又物之情也.
2   『孟子』 「滕文公」 上: 夫物之不齊 物之情也.
3   김세서리아, 「양명좌파와 이탁오 사상에서의 개별 주체와 공동체 주체」, 『오늘의 동양사상』 통권16호, 예문동양사상연구원, 2006. p.101.
4   김세서리아, 「양명좌파와 이탁오 사상에서의 개별 주체와 공동체 주체」, 『오늘의 동양사상』 통권16호, 예문동양사상연구원, 2006. p.99.
5   유위림, 심규호 역, 『중국문예심리학사』, 동문선, 1999. p.421.

예미학사조로 등장하였다.

　이지를 추숭한 초횡(1540~1620)은 창작에서 '실實'의 정신을 강조하였다. 그는 한비자와 관자, 안자 등의 예를 들며 '실'의 문학을 할 것을 주장하였다. 그는 이들의 문장이 "모두 마음에 새기고 몸소 밟아 조금도 의혹되는 바가 없는 것을 말하였으므로 주머니를 뒤집어 물건을 보여주고 책을 빌려 손으로 쓰는 것과 같이하여 천하의 지극한 문장이 된 것은 '실'이 빼어났기 때문"[1]이라고 하였다. 이것은 그가 도덕과 성명을 문장의 기준으로 삼지 않고 세상을 다스리고 구제하는데 실질적으로 도움이 되는 것을 원칙으로 삼았기 때문이다.[2] 그는 예술창작에도 '실'을 강조하여 공소한 전고의 남발을 부정하고 독창적 작품을 창출할 것을 주장하였으며 표절을 일삼는 복고주의자들에게 "옛날에는 도적질이라고 여긴 것을 지금은 법칙이라고 여긴다."[3]고 일침을 가하기도 하였다.

　서위(1521~1593) 또한 유가의 예교禮敎를 부정하고 복고주의자의 모방에 반대하였다. 그는 격식을 핑계로 모방을 일삼는 것은 옛사람의 말을 훔치는 것과 같다고 하였다.

　　지금 시를 짓는 자들은 무엇이 이와 다른가! 자기에게서 나온 자득이 아니

1　초횡, 「與友人論文書」: 皆心之所契 身之所履 无丝粟之疑 而其为立也 如倒囊出物 借书于手 而天下之至文在焉 其实胜也.

2　민택, 유병례 외역, 『중국문학이론비평사』 명대편, 성신여자대학교 출판부, 2016, p.180.

3　초횡, 「與友人論文書」: 夫古以爲賊 今以爲程.

기 때문이다. (그들은) 한갓 사람들이 이미 했던 말을 훔치고서 '모편은 모체이고, 모편은 아니다. 모구는 모인과 닮았는데 모구는 아니다'라고 말한다. 이는 비록 지극히 공교롭고 핍진하다고 하더라도 새가 사람의 말을 하는 것과 같음을 면치 못한다.[1]

서위와 이지의 미학정신을 이어받은 원굉도(1568~1610)는 문예 창작에서 성령性靈을 강조하며 낭만주의적인 문풍의 공안파문학을 개창하였다. 성령이란 외계 사물에 대한 작가 개인의 독특한 체득에 따라 진실한 감정과 개성을 표출하는 것을 말한다.[2] 성령은 순수하고 자연스러운 시정신과 시상의 직접적인 유로를 추구하며 이지의 '동심설'과 상통한다.[3] 원굉도는 모방과 표절에 의지하는 문인들의 안일한 창작 태도를 질타하고, 격식에 얽매여 생명력을 잃은 문풍을 성령으로써 새로 일으키고자 하였다.

시문 또한 이로 인하여 날마다 나아졌다. 대체로 모두 독자적으로 성령을 펴고 격투에 얽매이지 않았으며 자기 가슴에서 흘러나온 것으로, 만족하지 않으면 쓰지를 않았다. 어떤 때는 정情과 경境이 합하여 잠깐 사이에 천언이

1   서위, 「葉子肅詩序」: 今之爲詩者 何以異於是 不出於己之所自得 而徒竊於人之所嘗言 曰某篇是某體 某篇則否 某句似某人 某句則否 此雖極工逼肖 而已不免於鳥之爲人言矣.

2   주훈초, 중국학연구회 역, 『중국문학비평사』, 이론과실천, 1994, p.224.

3   차주환, 『중국시론』, 서울대학교출판부, 2003, p.317.

나오는데, 물이 동쪽으로 흘러가는 것 같이 사람으로 하여금 매혹되게 하였다. 그중에는 좋은 것도 있고 또 흠이 있는 곳도 있음은 말할 필요도 없지만, 흠이 있다 하더라도 또한 본색이 많아 독자적으로 조어하였다. 그러나 나는 이런 흠 있는 곳을 매우 좋아한다.[1]

원굉도는 성령으로 개성이 드러나는 것을 본색本色이라고 하였다. 그는 본색이 경전에 의거한 전아함보다 예술성이 높다고 보았다. 이러한 그의 문학이론은 원매(1716~1797)에 의해 계승되어 '성령설'은 청대의 대표적인 문예창작이론이자 문예사조가 되었다.

성령은 '견종기출見從己出', 즉 자득을 기반으로 한다. 원굉도는 노자와 공자 등 성인들의 의견은 모두 자신에게서 나온 것이며 옛사람들을 의지하지 않았음[2]을 강조하여 자득을 통한 진정眞情과 진취眞趣의 문학을 추구하였다. 문학에서의 진眞은 원래 왕약허(1174~1243)에 의해 강조되었다. 그는 백거이와 소식의 문학에 담긴 '진의 정신'을 추앙하였다.[3] 원굉도는 이러한 왕약허의 예술정신을 이어받아 자득의 문학이론을 정립하고 진眞과 취趣의 예술미를 최상의 예술경계로 삼고자 하였다. 그의 진은

---

1 원굉도, 『袁中郎全集』 「敍小修詩」: 而詩文亦因之以日進 大都獨抒性靈 不拘格套 非從自己 胸臆流出 不肯下筆 有時情與境會 頃刻千言 如水東注 令人奪魂 其間有佳處 亦有疵處 佳處 自不必言 即疵處亦多本色獨造語 然予則極喜其疵處.
2 원굉도, 『袁中郎全集』 「與張幼于」: 昔老子欲死聖人 莊生譏毁孔子 然至今其書不廢 荀卿言 性惡 亦得與孟子同傳 何者 見從己出 不曾依停半個古人 所以他頂天立地.
3 왕약허, 『滹南詩話』: 郊寒白俗 詩人類鄙薄之 然鄭厚評詩 荊公蘇黃輩曾不比數 而云樂天如 柳陰春鶯 東野如草根秋蟲 皆造化中一妙 何哉 哀樂之眞 發乎情性 此詩之正理也.

114

독창성을 내포한다.

　대저 물物이 진이면 귀하다. 진짜인즉 내 얼굴이 그대의 얼굴과 같을 수가 없다.[1]

　시를 짓는데 즐겁거나 고통스럽거나 하는 다름은 있지만 성정을 묘사하는 데 진眞이어야함은 같은 것이며, 문을 짓는데 아雅와 박朴의 다름은 있지만 부화하거나 쓸데없는 말을 많이 해서는 안 되는 것은 매한가지다.[2]

　원굉도는 '진'이란 남과 같은 것이 아니라 다른 것이며, 독창적인 것이라고 하였다. 또한 부화하거나 꾸밈이 없이 그대로 드러나야만 비록 추하다고 하더라도 진정한 아름다움이며 진짜이므로 귀한 것이 된다고 하였다. 그는 "세상에 행해지는 것은 반드시 진이어야 하며, 세속에 기쁨을 주는 것은 반드시 아름다워야 한다. 진이 오래되면 반드시 드러나고, 아름다움이 오래되면 반드시 싫증이 나는 것은 자연의 이치이다."[3]라고 하여 가식적인 예술을 지양하고 진에서 나온 독창성과 공감을 강조하였다. 그는 "세상 사람들이 얻기 어려운 것은 오직 취趣다. 마음으로 터득한 자

1　원굉도, 『袁中郎全集』 「與邱長孺尺牘」: 大抵物眞則貴 眞則我面不能同君面.
2　원굉도, 『袁中郎全集』 「敍曾太師集」: 其爲詩異甘苦 其直寫性情則一 其爲文異雅樸 其不爲浮詞濫語則一.
3　원굉도, 『袁中郎全集』 「行素園存稿引」: 行世者必眞 悅俗者必媚 眞久必見 媚久必厭 自然之理也.

만이 이것을 알 수 있으며 자연에서 터득한 것은 깊고 학문에서 터득한 것은 얕다."[1]라고 하였다. 이러한 것을 볼 때 취란 마음에서 자연스럽게 우러나오는 주관적 미감이며 취趣는 진眞이 표현된 경계라고 할 수 있다. 그러므로 원굉도의 진과 취는 예술작품이 갖추어야 할 예술 창작 규율에 부합하면서도 독특한 성격을 띠고 있는 예술경계이다.[2] 그는 아雅와 박朴 등 기존에 추구된 예술관념을 진과 취의 예술경계로 전환하려고 하였다.

그러나 진과 취는 본래의 아 개념과는 거리가 있다. 진과 취의 경계는 이미 속의 개념인 개성적 미감이 핵심이 되기 때문이다. 이러한 점에서 원굉도가 주장한 진과 취는 아속이 겸비된 개념이다. 다시 말하면 그는 개성과 독창성의 문화의지를 독려하고 '아의 개념'을 '진의 개념'으로 대체하여 예술관념의 전환을 일으키고자 하였다.

법은 본질적으로 지배자를 옹호한다. 문예에 있어서 법이란 문인들이 속문화의 장르를 받아들여 발전시키는 과정에서 모종의 법칙들을 발견하고 규범화하되 그 규범을 보다 복잡하고 난해하게 만듦으로써 창작을 어렵게 만드는 역할을 하여 민중들이 문인들의 영역에 접근할 수 없도록 하는 역할을 한다.[3] 법의 강조는 문예의 세속화와도 관련이 있다. 특히 명대 이후에는 소설과 희곡의 열풍이 불면서 문학의 세속화가 급속도로 이

1   원굉도, 『袁中郎全集』「敍陳正甫回心集」: 世人所難得者唯趣 趣如山上之色 水中之味 花中之光 女中之態 雖善說者不能下一語 唯會心者知之…… 夫趣得之自然者深, 得之學問者淺.

2   유위림, 심규호 역 『중국문예심리학사』, 동문선, 1999, p.437.

3   팽철호, 『중국문학통론』, 신아사, 2010, pp.210~212.

루어졌으며 서민들도 활발하게 문학 활동에 참여하였다. 문인들 또한 통속문학에 가세하여 문학의 저변이 넓혀졌으며 문인과 서민 사이에 문학을 공유하는 문학 대중화가 일어났다.[1] 『삼국지연의』와 『수호전』은 아와 속을 넘나들면서도 심오한 뜻을 담아 대중 속으로 파고들었으며, 조설근(1715?~1763)은 청대초기 명문가의 후손으로 국자감에서 공부한 문인이었으나 『홍루몽』을 지어 통속소설로써 중국 문학의 위상을 높였다.

이러한 상황은 문인들에게 상대적인 박탈감과 긴장감을 일으켰는데, 문인들은 이러한 위기감을 문예법을 강조하는 것으로써 속문화에 배타적으로 대응하여 아문화의 권위를 강화하려고 하였다. 그러나 이미 아속이 교호하는 개방적 시대 흐름은 아문화의 폐쇄성을 유지하기 어려웠다. 자유로움을 추구하는 문인들은 아문화의 규범성을 거부하고 자연성과 독창성을 추구하는 경향으로 나아갔다. 이러한 사유에 근간한 문인들은 천기와 성령, 자득을 창신의 비결로 삼고 이들에 의해 천기·성령·자득은 청대 이후 본격적인 문예사조로 등장하였다.

특히 원매는 구법을 아의 비평척도로 삼는 문예 풍토를 거부하고, 성령을 통한 진정의 발산을 시의 규범으로 삼았다. 그는 "『시경』 삼 백편의 절반은 수고하는 사람과 생각하는 부녀자가 정에 따라 말한 것인데 누가 그 격을 만들고 누가 그 율을 만들었겠는가!"[2]라고 하며, "삼 백편에서 지금에 이르기까지 무릇 시로 전해지는 것은 모두 성령이고 전고를 쌓아

---

1   신성곤 외, 『중국사』, 서해문집, 2009, p.272.
2   원매, 『随园诗话』 권1: 三百篇半是劳人思妇 率意言情之事 谁为之格 谁为之律.

올리는 일과는 관계없다."[1]고 주장함으로써 율격과 전고가 창작의 모범이 되는 것을 거부하였다. 뿐만 아니라 그는 『시경』의 온유돈후함을 부정하였고 성령을 창작의 원천으로 삼을 것을 주장하면서 공안파의 '성령설'을 완결하였다.

원매 이후 청대의 문예는 고법 대신 자득이 문예 규범이 되었고, 문인들에게는 새로운 미감의 창조가 예술 목표가 되었다. 그들은 이제 아속을 대립의 시각에서 바라보는 것이 아니라 아속의 경계를 넘어 새롭고 독창적인 미감을 찾아 동분서주하게 되었던 것이다.

---

1   원매, 『随园诗话』 권5: 自三百篇至今日 凡詩之傳者 都是性靈 不關堆垛.

제 3 장

조선후기 문예사조의
아속겸비적 심미의식의 특징

조선후기는 정치, 사회, 경제의 변화로 인하여 새로운 사상이 요구되는 시대였다. 주자학은 사칠논변과 호락논쟁을 통해 조선성리학으로 심화하였으나 점차 경직되었고, 양명학의 유입과 실학의 등장은 문인 내면의 변화를 일으켰다. 정옥자는 조선후기 지식인의 시대 극복을 위한 모색을 다음 세 가지로 정리하였다. "첫째, 실세한 남인 학자를 중심으로 성리학의 말폐 현상을 극복하고 유학 본연의 자세로 돌아가 생활철학을 실천하고자 하는 실학운동, 둘째, 체제유지의 현실긍정 아래 알맹이 없는 북벌론을 지양하고 성숙한 조종문화를 수용하여 조선의 낙후성을 벗어나고자 노론이 주동이 된 북학운동, 셋째, 사행과 기타 통로도 유입된 천주교와 서양문물을 통칭한 서학을 배우려는 서학운동"[1] 등이다. 가치관

1　정옥자, 「조선후기의 「문풍」과 위항문학」, 『한국사론』 제4호, 서울대학교 인문대학사학과, 1978,
　　p.266.

의 변화는 문예인식에도 변화를 주어 문풍 또한 변화를 모색하여 조선후기의 문예는 이전과는 다른 토양 위에 다양한 문예사조가 형성되었다.

이러한 문예변화의 근저에는 아속의 융합의식이 작용한다. 주자학은 분기하여 아문화의 구심점은 약해졌으며, 실학과 양명학의 배경에는 속문화에 대한 긍정과 관심이 자리 잡고 있다. 서학의 영향 또한 속의 범주이다. 정조의 문체반정은 당시 문풍의 변화가 얼마나 대단했는지를 역설적으로 보여주는 일대의 사건이었다. 문체반정은 속문화의 위협으로부터 아문화를 지키려는 정조의 자구책이었다. 그러나 문화가 대중화되는 시기에는 아속융합이 필연적으로 발생하며, 조선후기는 사회·경제적 발전으로 인해 새로운 시대정신이 요구되는 때였으므로 문예인식의 전환에 따른 자유로운 창작 욕구 또한 날로 높아졌다.

제1절 | 조선후기 문예사조의 아속겸비적 심미의식의 한국 철학적 배경

조선시대는 고려말에 유입된 유학을 국교로 하여 주자학적 이상국가의 건설을 국가이념으로 세웠다. 이후 주자학은 퇴계 이황(1501~1570)과 율곡 이이(1536~1584)를 거치며 조선성리학으로 거듭나고 국가이념체제는 더욱 공고히 되었다. 그러나 조선중기 양난의 발생으로 인한 사회적 혼란은 주자학에 대한 회의로 이어졌고, 명·청의 국가 교체 또한 주자학적 지배질서에 대한 의문을 품게 하였다. 이러한 의문은 점차 조선 유학자들에게 번지면서 사문난적의 파동이 일어났고 이미 발생한 문제 의식은 잠재워지지 않았다.

조선후기는 전통을 재정리하는 가운데 새로운 기준을 요구하고 있었 고 학문과 문학·예술은 각기 새로운 경향을 모색하였다.[1] 조선의 지배층 은 명·청의 교체로 인한 주체 상실의 위기를 새로운 화이관으로 극복하 였고 '존주의식'과 '소중화사상'을 통해 국가 정체성을 재확립하였다. 반 면에 사회적으로는 농업과 상업의 발달로 인해 부를 형성한 신흥 계층이 서울을 중심으로 성장하여 도시적 양상으로 발전해 나가 이들을 신분제 사회 속에 포용해야 하는 새로운 체계가 요구되었다. 조선후기는 조선중 기의 혼란을 성리학의 강화로 극복하려는 권력층의 의지와 새로운 질서 정립을 요구하는 사상의 갈등 속에 놓여 있었던 것이다.

경제력과 정치력을 바탕으로 한 경화사족의 탄생 또한 새로운 정치· 문화세력을 형성하였다. 그들은 변화된 생활관과 물질문화의 긍정성을 새롭게 정립해야 했다. 상업의 발달과 함께 물질의 풍요로움을 경험한 경화사족들은 성리학적 이념만으로는 변화해가는 세계질서를 해명하 기 어렵다는 것을 깨달았다. 상업의 발달로 인해 부를 축적한 여항인의 증가와 집권세력으로서 연행의 기회를 가진 문인들의 인식변화는 서울 의 지식인을 중심으로 새로운 질서 정립을 요구하였고, 노론의 경화사족

---

1   유봉학, 『개혁과 갈등의 시대』, 신구문화사, 2009, p.60.

은 이에 맞춰 '인물성동론'을 지지하였다. 호락논쟁은 서울과 지방간의 인식 차이를 드러내며 경京·향鄕으로 분기하였다. 호론이 성리설과 의리론의 일치, 학문과 정치의 일치를 견지하고자 하였다면, 낙론은 이념의 효력이 다해가는 조선의 상황과 조응하여 학술 전반을 탄력적으로 바라보았고, 성리설과 의리론을 분리하여 학문과 정치의 분리를 추구하고 학문의 사회적 의미를 생각하게 하였다.[1] 지방의 유림은 정통 주자주의를 더욱 굳건하게 고수하려고 한 반면에 서울 중심의 문인들은 변화해가는 세계를 인식하고 이에 부합하는 사상으로 조선성리학을 정립하고자 하였던 것이다.

이러한 상황 속에 조선성리학은 새로운 전환점을 맞았다. 실학에 대한 문제는 유학전통 안에서 언제나 제기되었지만 조선후기의 실학은 일반론적 실학이 아닌 현실의 구체성을 요구하였다. 양명학적 사유 또한 암암리에 유입되어 개성과 자유의지를 고취시켰다. 이와 함께 정치권력에서 소외된 지식인은 사회 현실의 저변에 놓인 문제에 관심을 가졌으며 조선후기의 사상계는 점차 주자학 일변도에서 벗어나 사상의 다변화가 일어났다.[2] 이러한 사상의 다변화는 아속겸비적 문예의식을 추동하여 문예 또한 다변화로 나아갔다.

---

1   이경구, 『조선후기 사상사의 미래를 위하여』, 푸른역사, 2013, pp.48~49.
2   유승국, 『한국유학사』, 성균관대학교 동아시아학술원, 2011, p.265.

1. 천인무간天人無間의 원융圓融적 사유

고려말 안향(1243~1306)에 의해 국내에 들어온 주자학은 목은 이색 (1328~1396)에 의해 정착하였다. 주자학은 고려 후반에 성장하기 시작한 신진사대부를 중심으로 급속히 확산하였는데, 목은은 한국 고유 사상에 원대의 주자학을 수용하여 조선성리학의 기틀을 마련하였다. 목은의 철학은 삼교원융三敎圓融의 특징을 보이는데 이것은 단순한 과도기적 현상이 아니라 한국사상 전통에 내재된 융합과 창신의 정신을 이어받은 것이다.[1] 목은 사상의 핵심은 천인무간天人無間 사상으로 그의 천인무간 사상에는 지눌의 인불일체人佛一體, 원효의 일심一心사상, 단군설화에 나타난 우리 민족 고유의 천신사상 등이 내재되어 있다.[2] 중국 성리학의 천인합일사상이 수양을 통해 도달한 결과라면, 목은의 천인무간사상은 인간이 수양 이전에 이미 선험적으로 하늘과 하나임을 전제한 것이다.[3] 목은의 천인무간사상은 본원과 현상계가 매개체가 없이 곧바로 동일함을 말한다. 주자학의 천인합일은 이기론의 이해를 통해 성性을 인식하고 수양을 통해 천天과 합일을 이루는 과정이 필요한데, 목은은 이러한 인식론적 과정이 없이 천天과 인人을 일체화하였다.

---

1   윤사순, 「목은 이색의 사상사적 위상」, 『목은 이색의 생애와 사상』, 목은연구회. 1996, pp.115~116.

2   이기동, 『이색』, 성균관대학교 출판부, 2005, p.79.

3   이기동, 「목은의 사상과 한국유학의 세 흐름」, 『한국사상과문화』 제25집, 한국사상문화학회 2004, p.205.

하늘과 사람 사이에는 간격이 없는 만큼 서로 어긋남이 없이 감응하기 마련이다. 그러기 때문에 이륜이 베풀어지고 정교가 밝아지면 일월이 궤도를 따라 순행하고 풍우가 제때에 맞으며 경성과 경운과 예천과 주초 등의 상서가 이르게 마련이다. 반면에 이륜이 무너지고 정교가 폐해지면 일월이 흉조를 고하고 풍우가 재앙을 일으키며 혜패가 날아다니는가 하면 산이 무너지고 물이 마르는 등의 변고가 일어나게 마련인 것이다. 그렇다면 치란의 기틀은 인사를 살펴보면 알 수가 있고 치란의 조짐은 풍월을 통해 충분히 예견할 수가 있다.[1]

목은은 천과 인은 간극이 없으므로 모든 '인사人事'가 천과 동류한다고 보았다. 천은 자연계와 연결되어 윤리와 정교, 정치 등 모든 인간의 일을 반영한다. 천인감응은 치란을 통해 드러난다는 것이다. 이러한 점에서 목은의 천인무간은 천 중심주의보다는 천의天意가 인사를 따르는 인 중심의 현실적 사유를 내함 한다.[2] 그러나 주재로서의 천은 절대적 존재이며 만물을 생성하여 기르는 일에 쉼이 없다.

하늘의 명은 심원하여 그치는 때가 없다. 따라서 하늘의 일은 소리도 없고

---

1   이색, 이상현 역,『국역 목은집』10, 민족문화추진회, 2001, p.18.『목은문고』권1「西京風月樓記」: 天人無間 感應不惑 故彝倫敍而政敎明 則日月順軌 風雨以時 而景星慶雲醴泉朱草之瑞至焉 彝倫斁而政敎廢 則日月告凶 風雨爲災 而彗孛飛流山崩水渴之變作焉 然則理亂之機 審之人事而可見 理亂之象 求之風月而足矣.

2   이기동,『동양삼국의 주자학』, 성균관대학교 출판부, 2010, p.201.

냄새도 없다고 할지라도 항상 운행을 하면서 쉬는 일이 없고 광대하게 보살피면서 하나도 빠뜨리는 일이 없고 보면, 거기에 어찌 주재하는 것이 없다고 할 수 있겠는가. 일월과 성신으로 천상을 드리워 보여주고, 풍우와 상로로 가르침을 내려 줌에 있어 언제 눈 깜박하는 사이라도 어긋나게 한 적이 있었던가. 비록 위에서 꾸짖는 뜻을 보여주고 아래에서 재앙이 일어나게 하는 일이 있다고 하더라도 그것은 역시 잠깐의 일일 뿐이다. 그리하여 생성하고 함육하는 그 조화가 지금에 이르기까지 마치 하루처럼 변함이 없고 보면, 그것이 그치는 일이 없이 순수하기만 하다는 것을 알 수 있다 하겠다.[1]

목은은 항상恒常의 천을 신뢰하여 천도는 일정함이 있다고 보았으며 천명의 주재성은 자연 질서와 인간의 질서에 직접 연결되어 현상계에 모두 드러난다고 보았다. 목은의 천天·인人·물物은 혼연일체하며 천리는 인과 물에 성性으로 존재한다.

천즉리를 안 연후에라야 사람들이 비로소 인사가 모두 천이 아닌 것이 없음을 안다. 성이란 인과 물에 존재하는 것으로 인과 물에 이름으로 붙인 것이다. 인과 물을 가리켜서 인이요 물이라고 이름을 붙인 것은 그 모양과 자취만을

---

1   이색, 이상현 역, 『국역 목은집』 10, 민족문화추진회, 2001, pp.286~287. 『목은문고』 권10 「純仲說」: 惟天之命 於穆不已 雖曰無聲無臭 然所以運而不息 大而不遺 豈曰無所主宰乎 日月星辰之垂衆 風兩霜露之爲教 曷嘗頃刻之有違也哉 雖其謫見于上 災興于下 亦暫焉而已 其所以生成涵育之化 至于今如一日 則其不已也純也 可知矣.

취한 것일 따름이다. 만약 소이연을 추구하여 본다면 인 속에 있는 것도 성이고 물 속에 있는 것 또한 성이다. 이처럼 동일한 성이므로 동일한 천이다.[1]

목은은 성과 리 등 주자학적 개념들을 융합하여 주자학적 '천인합일' 대신 '천인무간'을 말했다. 그는 사람의 양심과 사물의 법칙이 모두 하늘에서 나온 것으로 그 전체가 바로 천이라고 하여 '천즉리天則理'를 제시하였으며 인과 물에 존재하는 성은 곧바로 천과 동일한 것이며 리이고 도라고 보았다. 그는 "따뜻하면 기운이 퍼지고 추우면 기운이 움츠러드는 것은 우리 몸뿐만 아니라 천지에 두루 통하는 도리인데 그 천지 사이에서 지극한 도리가 작용하는 곳이 마음이다. 이 마음은 지극한 도가 들어있는 곳이다."[2]이라고 하여 천지만물일체의 바탕을 심心에 두었다. 천과 인사의 연결은 심을 통하여 천지만물과 연결된다는 것이다.

마음은 그 용用이 지극히 크다. 천지를 경륜하고도 여력이 있어서 털끝만큼이라도 마음 밖으로 빠져나가는 것이 있지 않으니 이렇게 본다면 천지도 마음의 역량을 다 포용할 수가 없는 것이다. 이 마음을 잘 활용한 사람이 바로 요순과 하의 우왕, 상의 탕왕과 주 문왕이요, 이 마음을 잘 보전한 사람이 바로 공자

---

1 이색, 이상현 역, 『국역 목은집』10, 민족문화추진회, 2001, p.252. 『목은문고』 권10 「直說三篇」: 天則理也 然後人始知人事之無非天矣 夫性也在人物 指人物而名之曰人也物也 是跡也 求其所以然而辯之 則在人者性也 在物者亦性也 同一性也 則同一天也.
2 『牧隱文藁』 권6 「負暄堂記」: 暄氣舒 寒氣縮 非獨吾身也 天地之道也 而其至理存乎其間 心焉而已矣 心之微雖曰方寸 至道之所在也 故不以寒熱故有小變.

와 안자와 자사와 맹자라고 할 것이다. 이 마음을 가지고서 정사를 행하고 이 마음을 가지고서 문장을 서술하는 것이니 그러고 보면 그 용用이 얼마나 광대하다 하겠는가. 그런데 은미해서 볼 수가 없다고 하는 마음의 체體 역시 요명하고 혼묵한 경지가 아니라 일월보다도 밝고 귀신보다도 성대한 것으로서, 이 또한 우리의 방촌 사이에서 구하기만 하면 될 뿐이다.[1]

목은은 주자학을 수용하면서 천지만물일체의 근거를 성性이 아닌 심心으로 보았으며 심을 통해 수양 이전의 선험적 선을 전제하여 실천론적 당위성을 이끌어냈다.[2] 그는 '심'으로 천지만물일체를 구현할 수 있다고 보았다. 목은은 "천지의 마음이 곧 사람의 마음"[3]인 천인무간의 체용일원적 사유체계를 바탕으로 중화中和의 실천의식을 강조하였다.

어버이를 잘 모시는 것을 효라고 이름하고, 그것을 임금에게 옮겨 적용하는 것을 충이라고 하니, 이름은 비록 다르다고 할지라도 이치는 하나라고 할 것이다. 이치가 하나라고 하는 것은 곧 이른바 중中을 의미하는데 그렇게 말하는 이유는 무엇이겠는가. 사람은 태어날 때부터 건순과 오상의 덕을 이미

1 　이색, 이상현 역, 『국역 목은집』 10, 민족문화추진회, 2001, p.253. 『목은문고』 권10 「直說三篇」: 心之用大矣 經綸天地而有餘力 無絲毫之或漏於其外也 是天地亦不能包其量矣 善用者 二帝三王是已 善保者 孔顔思孟是已 行之以政事 述之以文章 於是乎其用也費矣 其隱而不可見者 又非窈冥昏默之地也 昭乎日月也 盛乎鬼神也 其亦求之方寸間而已矣.

2 　이기동, 『이색』, 성균관대학교 출판부, 2005, pp.91~93.

3 　『牧隱文藁』 권10 「子復說」: 天地之心 卽人之心也.

갖추고 있다. 이것을 이른바 성性이라고 하는데 이 성 속에 어찌 일찍이 충이니 효니 하는 이름이 따로 있었겠는가. 고요히 움직이지 않는 것과 거울처럼 텅 비고 저울처럼 공평한 것이 바로 성의 체라고 할 것이니 그 이름을 중이라 하고 감응하여 마침내 통하는 것과 구름처럼 떠가고 물처럼 흘러가는 것이 바로 성의 용이니 그 이름을 화和라고 한다.

따라서 중의 체가 제대로 섬으로써 천지가 제자리를 잡고 화의 용이 제대로 행해짐으로써 만물이 육성되는 것인데 여기에 또 성인이 천지의 화육에 참여하여 찬조한 묘용 덕분에 덕성이 높아지고 인륜이 펼쳐지게 된 것이다. 그리하여 천서와 천질이 찬연히 빛나면서 환히 드러나게 되었으니 충효나 중화라고 하는 것을 어찌 두 갈래로 나누어서 볼 수가 있겠는가.[1]

목은은 현상과 본질은 무간하다는 체용일원體用一原의 사유체계를 기반으로 천인무간, 천지만물일체의 중화정신을 한국 성리학의 단초로 삼았다. 그러므로 목은의 철학적 사유구조는 "모든 사상을 두 가지로 나누어 보는 것이 아니라 하나로 융화시키는 중화사상과 중정의식이 근간을 이루며, 목은의 의리실천은 상도常道와 권도權道의 총체적 통일"[2]이라고

---

1   이색, 이상현 역, 『국역 목은집』 10, 민족문화추진회, 2001, pp.279-280. 『목은문고』 권10 「伯中說贈李狀元別」: 善事父母 其名曰孝 移之於君 其名曰忠 名雖殊而理則一 理之一 卽所謂中也 何也 夫人之生也 具健順五常之德 所謂性也 曷嘗有忠與孝哉 寂然不動 鑑空衡平 性之體也 其名曰中 感而遂通 雲行水流 性之用也 其名曰和 中之體立 則天地位 和之用行 則萬物育 聖人參贊之妙 德性尊 人倫敍 天敍天秩 粲然明白 曰忠曰孝曰中曰和 夫豈異致哉.

2   박경심, 『목은 이색의 철학적 인간학』, 문사철, 2009, pp.195~210.

할 수 있다. 목은의 체용일원과 중화의 정신은 문예에도 발휘하였으며 문장의 도는 자득이라고 보았다.

또 무엇을 스승 삼아야 하는지 묻자 "스승은 사람에게 있지 않고 책에도 있지 않으니 자득해야 할 뿐이다. 자득이라는 것은 요순 이래로 바뀐 적이 없다."라고 하였다.[1]

목은은 문장 또한 '심'을 근원으로 하므로 자신을 거울삼아 주체적 글쓰기를 할 것을 강조하였다. 조선후기 자득의 문예이론을 강조한 농암 김창협(1651~1708)은 "동국의 문장에서 한 사람을 들긴 어렵지만 문장으로는 마땅히 목은을 들어야 한다. 목은은 문장의 대가이다."[2]라고 하였다. 조선후기에 펼쳐진 자득의 문예이론에 앞서 목은은 우리나라 자득의 문예이론을 선구적으로 펼쳤으며, 그의 천인무간의 유학정신과 자득의 문예정신은 조선시대 학예의 바탕이 되었다.

목은의 의리정신과 도학정신은 조선성리학의 토착화에 공헌하였다.[3] 목은의 '심'을 바탕으로 한 일원적 사유체계는 조선성리학의 전통으로 이어오며 중화의 융합정신으로 작용하였다. 목은의 유학정신을 이어받

---

1   『牧隱文藁』 권12 「答問」: 又問宜何師 曰 師不在人也 不在書也 自得而已矣 自得也者 堯舜以來 未之或改也.

2   김창협, 『農巖集』 권34 「雜識」: 論文章於東國 固難以一人斷爲冠首 然文則當推牧隱爲大家 詩則當推挹翠爲絶調 牧隱不獨文爲大家.

3   윤사순, 『한국유학사상론』, 예문서원, 1997, p.67.

은 양촌 권근(1352~1409)은 『천인심성합일지도』에서 천天, 명命, 리지원理之源, 성性을 하나의 심心에 연결하여 하늘과 사람은 동일한 리를 가지고 있다는 성리학적 천인합일의 기본 원리를 충실하게 보여주었다. 그는 천을 밖에서 찾기보다는 내면적인 계신戒愼과 경敬에서 찾았는데 이것은 후일 '경'을 위주로 한 한국 성리학의 특성이 되었다.[1]

'심'을 통한 천리의 성찰은 회재 이언적(1491~1553)의 '심본론心本論'으로 이어졌다. 그는 "도란 마음을 근본으로 한 것으로 천하고금의 모든 일은 거기에서 나온다."[2]라고 하였다. 또한 "옛 성인은 스스로를 하늘이라고 여겼기 때문에 자기에게 있는 하늘을 구하였을 뿐 하늘에서 하늘을 구하지 않았다."[3]고 하여 천과 자신을 직접 연결하였다. 이러한 회재의 사유는 목은에서 비롯된 '천인무간'의 일반론적 천인 관계가 퇴계의 '천아무간天我無間'의 직접적 관계로 나아가는 가교역할을 하였다.

그의 '심본론'은 실천을 위한 마음바탕을 마련하는데 있었다. 그것은 유학의 현실인식과 실천정신이다. 그는 천리란 '지극히 가깝고 지극히 구체적인 것'에서 찾아야 하며, 아래에서 사람의 일을 배우면 자연히 위로 하늘의 이치에 통달하게 된다고 하였다.

천리는 인사人事와 분리된 것이 아니므로 아래로 사람의 일을 배우면 자연

---

1 송하경 등저, 『한국인물유학사』, 한길사, p.288.
2 이언적, 『晦齋先生集』 권7 「一綱十目疏」: 道者 本於心而天下古今之所共由也.
3 이언적, 『中庸九經衍義』 別集 권6: 古之聖人以天自處 而求在我之天 未嘗求天於天也.

히 위로 하늘의 이치에 통달하게 된다…… 무릇 사람의 일은 형이하에 속하지만, 그 일의 이치는 곧 하늘의 이치이므로 형이상이다. 일을 배워서 그 이치에 통달하는 것이 형이하에 나아가 형이상을 얻는 것이니 이것이 바로 상달上達의 경계이다.[1]

회재의 '하학이상달下學而上達'의 공부론은 '천리인사불리天理人事不離'의 중용적 경세관으로 나아갔다. 그는 도란 현실에 힘써야 함을 강조하였고 일용실천의 학문으로 치국평천하의 지치주의[2]를 구현하고자 하였는데 이것은 곧 '백성의 마음이 있는 곳이 곧 하늘의 마음'[3]이라는 민본주의적 회재 철학의 특성을 보여준다.

'심'을 바탕으로 한 회재의 유학사상은 퇴계와 율곡의 인성론적 탐구를 이끌었다. 퇴계는 목은의 '천인무간'에서 한 걸음 더 나아가 '천아무간天我無間'이라고 하였다. 퇴계의 천아무간사상은 자아는 '천'과 직접 소통하는 존재임을 부각하여 주체의 확립을 강조한 사상이었다. 그는 〈심통성정도〉에서 이기理氣가 합체된 심도를 보여주었으며 사단과 칠정은 구분하지 않고 모두 사단의 정으로 표현하였다. 본연의 성에 충만한 이상적 인간 존재에게서 발휘되는 정情은 본연의 성性이 그대로 발휘된 정이

1 　이언적,『晦齋先生集』권5「答忘機堂第二書」: 天理不離於人事 下學人事 自然上達天理……
　　蓋人事 形而下者也 其事之理則天之理也 形而上者也 學是事而通其理 卽夫形而下者而得夫
　　形而上者 便是上達境界.

2 　김교빈,『한국 성리학을 뿌리내린 철학자, 이언적』, 성균관대학교 출판부, 2010, p.158.

3 　이언적,『中庸九經衍義』別集 권7: 民心所在卽 天心也.

다.[1] 이러한 정으로 살아가는 존재는 천과 직접 맞닿아있다. 이것이 바로 '천아무간'의 상태이다. 퇴계가 '천아무간'으로 인간 주체의 자각과 도덕의 회복을 촉구하였다면 율곡은 '이기지묘理氣之妙'를 통하여 한국사상의 묘합성을 드러냈다.

율곡은 '이통기국理通氣局'을 주장하여 이기理氣의 보편성과 특수성을 말했는데 '이기지묘'는 리理의 보편성과 기氣의 특수성을 묘합정신으로 통합하여 각각이 고유성을 잃지 않으면서도 하나의 창조력으로 발휘할 수 있는 융합적 사유의 틀을 제공하였다. 그는 "인심과 도심 또한 두 개의 다른 이름이지만 그 근본은 하나의 마음"[2]이라고 보았다.

이기의 묘함은 보기도 어렵고 말하기도 어렵다. 무릇 리의 근원은 하나일 뿐이며 기의 근원 또한 하나일 뿐이다. 기가 유행하여 가지런하지 않고 고르지 않으며, 리 또한 유행하여 가지런하지 않고 고르지 않다. 기는 리를 떠나지 않고 리는 기를 떠나지 않는다. 무릇 이와 같으니 리와 기는 하나이다. 어디에서 다른 것을 볼 수 있겠는가![3]

묘妙란 말이나 글로 표현할 수 없는 긍정의 상태이며 매 순간 창조력을

1   이기동, 『동양삼국의 주자학』, 성균관대학교 출판부, 2010, p.217.
2   『栗谷先生全書』 권10 「答成浩原」: 人心道心雖二名 而其原則只是一心.
3   『栗谷先生全書』 권10 「答成浩原」: 理氣之妙 難見亦難說 夫理之源 一而已矣 氣之源 亦一而
     已矣 氣流行而參差不齊 理亦流行而參差不齊 氣不離理 理不離氣 夫如是則理氣一也 何處
     見其有異耶.

발휘함으로써 유지된다. '이기지묘'는 이기의 조화를 의미하며 이론과 실천, 의리와 실리, 이상과 현실이 함께 조화롭게 지향되어야 함을 말한다. 율곡은 '이기지묘'적 사유를 통하여 당면한 사회적 과제를 해결하고자 하였으며 그의 시무론時務論은 실질적인 위민지향의 정책이었다. 이러한 율곡의 사유는 사회개혁 사상으로 이어져 조선후기 실학의 대두에 큰 영향을 주었다.

목은은 안향이 들여온 주자학을 한국 고유의 정신으로 재해석하여 '천인무간'의 융합정신을 이끌어냈다. 목은의 주자학은 양촌에 의해 체계화되었으며 회재의 '천리인사불리'의 사유로 발전하였다. 이러한 사유는 조선중기에 퇴계의 '천아무간'과 율곡의 '이기묘합'의 사유로 이어지며 조선성리학이 독자적으로 발전하는 토대가 되었다. 퇴계의 '천아무간'의 사유는 주체의 확립을 강조하였으며, 율곡의 '이기묘합'의 사유는 현실인식과 현실 개혁의 의지를 이끌었다.

목은의 '심'을 바탕으로 한 일원적 사유체계는 조선성리학의 중화적 융합정신으로 작용하였으며 목은과 양촌, 회재를 거쳐 퇴계와 율곡으로 이어지는 주체정신의 강조와 현실참여적 의지는 아속겸비적 심미의식이 성장할 수 있는 토양이 되었다. 조선후기 문예사조의 아속겸비적 심미의식은 자득과 중화적 사유로 문예현실을 개혁고자 하는 심미의식이었다. 조선후기의 문인들은 주체정신으로 자신의 삶을 둘러싼 만물과 만사에 관심을 갖고, 만물일체의 화해와 상생정신을 발휘하고자 하였는데 이러한 의지는 문예에서 아속겸비적 심미의식으로 발휘하였다.

2. 인물성동론人物性同論의 일원적 사유

조선중기 퇴계와 고봉 기대승(1527~1572)간에 이어진 사단칠정의 논변, 퇴계와 율곡 사이에 이어진 리理와 기氣의 논변은 주자학의 토착화를 이끌어 조선성리학으로 거듭나게 하였다. 이후 율곡의 문하에서는 심과 성의 논변이 더욱 심화되면서 분파가 발생하게 되었는데 이것이 호락논쟁이다. 호락논쟁은 수암 권상하(1641~1721)의 문하에서 남당 한원진(1682~1751)과 동학인 외암 이간(1677~1727) 사이에서 발생하여 호학파와 낙학파라는 분파를 가져왔다. 호락논쟁의 핵심은 인물성동이人物性同異에 대한 논변, 미발심체未發心體에 대한 논변 등이다. 미발심성에 대한 깊은 토론은 성범심동이聖凡心同異에 대한 논변으로 이어졌다. 호락논쟁의 끝에 있던 이철영(1867~1919)은 논쟁으로 분열되어 가는 조선 유학의 현실을 안타까워하며 양자를 통합하고자 『사상강설』을 저술했는데 그는 호락논쟁의 종지를 다음과 같이 설명하였다.

우리나라에 호론과 낙론이 있는 것은 한남당과 이외암으로부터 시작되었다. 서로 심성의 근원에 대하여 변론하였는데 그 설이 크고 성대하여 각각 만언 이상이었다. 그중에 큰 것을 들면 두 가지가 있는데 미발시의 본연지성과 기질지성이 동시동위同時同位라고 말하는 것이 남당의 종지이고, 이시이위異時異位라고 하는 것이 외암의 종지이다. 인·물人物의 성이 오상과 같다고 하는 것이 외암의 주된 견해이고 오상과 다르다고 하는 것이 남당의 주된 견

해이다.[1]

이간은 미발심을 '부중저미발不中底未發'의 기질지심과 '대본저미발大本底未發'의 본연지심으로 구분하였고 이에 따라 성 또한 본연지성과 기질지성으로 구분하였다. 이것은 한원진으로부터 이심이성론二心二性論으로 비판을 받았는데 이간의 의미는 이와는 다르다. 그는 천명·오상·태극의 리는 피차·본말·편전·대소의 차이가 없는 동일한 존재로서 분수처의 기질에 구애받지 않고 존재한다고 보는 일원적 관점에서 본연지성을 논하였으며 이것을 미발심의 본연지심에도 동일하게 적용하였다.

천명·오상·태극·본연 각각의 이름은 비록 많으나 리를 가리키는 다른 이름에 불과합니다. 처음부터 피차·본말·편전·대소의 다름이 있는 것이 아닙니다. 간략하게 말하면 명은 성과 더불어 고르게 혼연하며 상세하게 말하면 사덕오상이 동일하게 찬연하나 진실로 지극히 말하여 태극이라 하고 그 근저를 밝혀서 본연이라고 말하는 것이니 본연과 태극의 바깥에 오상과 천명이 있거나 성과 명 사이에 동이同異가 있지 않습니다. 원래 한 곳에 있어서 피차본말이 없기 때문에 원래부터 일물一物이라고 말하는 것이고 편전대소가 없

---

1   이철영, 『醒菴集』 권5 「泗上講說」: 東儒之有湖洛論 自韓南塘李巍巖始矣 相與辯論心性之原 其說浩汗滂沛 各不下萬言 耳目之大者 有二焉 以未發時本然之性氣質之性者 曰同時同位者 南塘宗旨 而曰異時異位者 巍巖宗旨也 以人物之性者 曰同五常賣巍巖主見 而曰異五常者 南塘主見也.

다는 것입니다. 처음부터 억지로 끌어다가 일원에 속한다고 하는 것이 아니라 단지 일물이기 때문에 일원一原이라고 말하는 것입니다.[1]

외암은 인人과 물物은 리理의 온전한 덕을 받았는데 리는 바라보는 관점에 따라 천명·오상·태극·본연이라고 불릴 뿐 일원이며, 그 작용의 실체는 인과 물이 모두 가지고 있다고 보았다.

일원으로써 말하면 천명과 오상이 모두 형기를 초월할 수 있으므로 인과 물에 편전의 다름이 없다. 이것이 이른바 본연지성이다. 이체異體로 말하면 천명과 오상이 모두 기질로 인하여 인과 물 사이에 편偏·전全의 다름이 있으며 성인과 범인 사이에도 천계만급이 있다. 편처에는 성명도 모두 편하고 전처에서는 성명도 모두 전하다. 이것이 이른바 기질지성이다.[2]

인과 물의 상동相同과 상이相異에 관해서는 이미 주자가 『중용집주』[3]·

1　이간, 『巍巖遺稿』 권4 「上遂菴先生」: 則天命五常 太極本然 名目雖多 不過此理之隨指異名 而初非有彼此本末偏全大小之異也 約以言之 命之與性 均是渾然 詳以目之 四德五常 同一粲然 而語其眞至而謂之太極 明其根柢而謂之本然 非本然太極之外 有五常天命 而性命之間 又有同異也 元在一處 故無彼此本末 元只一物 故無偏全大小也 而亦初非牽聯比屬 而謂之一原也 只一物 故謂之一原也.

2　이간, 『巍巖遺稿』 권7 「答韓德昭別紙」: 以一原言 則天命五常 俱可超形器 而人與物無偏全之殊 是所謂本然之性也 以異體言 則天命五常 俱可因氣質 而不獨人與物有偏全 聖與凡之間 又是千階萬級 而偏處性命俱偏 全處性命俱全 是所謂氣質之性也.

3　『中庸集註』: 性卽理也 天以陰陽五行化生萬物 氣以成形 而理亦賦焉 猶命令也 於是人物之生 因各得其所賦之理 以爲健順五常之德 所謂性也.

『맹자집주』[1] 등에서 이미 밝힌 바 있다. 그러나 주자의 언설은 성에 대한 이중적 인식을 배태하였다. 성性이란 인간 또는 사물에 내재 되어있는 리를 말하며 구성상으로는 기 안의 리이므로 성 개념의 함의는 이미 두 가지 의미를 내포하여 이로 인한 이견의 발생은 불가피한 것이었다.[2] 외암과 남당은 그들의 주장이 관점에 따라 상대적으로 성립하는 것임을 모두 인정하면서도 그 같음 또는 그 다름을 주장하는 이론 중의 어느 하나를 자신의 견해로 택해 논지를 펼쳤다.[3] 외암과 남당은 기에 대한 인식이 달랐다. 남당이 미발의 기질지성이 강유선악剛柔善惡이 있음을 강조한 데 비하여 외암은 담연순일澹然純一하여 선하다고 보았다. 그는 "미발이란 기가 아직 작용하지 않은 때로서 청탁수박淸濁粹駁이 이때에는 아직 정의와 조작이 없어서 담연순일하여 선할 뿐"[4]이라고 하였으며 "나로 하여금 하늘이 부여해준 영에 의뢰하여 혹여 살아생전 삽시간에 마음이 맑아져 혼미하여 흔들리는 기가 없어진다면 박잡하고 혼탁한 것이 맑아져 순수한 본연의 기로 되돌아갈 것이며 비로소 이에 미발의 경지를 깨달을 수 있

1 『孟子集註』「告子」上: 性者 人之所得於天之理也 生者 人之所得於天之氣也 性 形而上者也 氣 形而下者也 人物之生 莫不有是性 亦莫不有是氣 然以氣言之 則知覺運動 人與物若不異也 以理言之 則仁義禮智之稟豈物之所得而全哉 此人之性所以無不善 而爲萬物之靈也 告子不知性之爲理 而以所謂氣者當之 是以杞柳湍水之喩 食色無善無不善之說 縱橫繆戾 紛紜舛錯 而此章之誤乃其本根 所以然者 蓋徒知覺運動之蠢然者 人與物同 而不知仁義禮智之粹然者 人與物異也.

2 김형찬,「인물성동이 논쟁」,『논쟁으로 보는 한국철학』, 예문서원, 2009, pp.207~208.

3 윤사순,『한국유학사상론』, 예문서원, 1997, p.316.

4 이간,『巍巖遺稿』권7「與崔成仲」: 然則所謂未發 正是氣不用事時也 夫所謂淸濁粹駁者 此時無情意無造作 澹然純一 亦善而已矣.

을 것"¹이라고 하였다. 이러한 미발의 기는 본연의 기로서 그는 리理의 선함뿐만 아니라 기氣의 선함도 인정하였다. 형이상학의 관점에서 보면 리가 기의 주재이지만 현실적으로 리는 기에 의해 규제받는다. 그는 리의 현실적 매개인 '심'에 움직이는 기의 선함을 확보하여 본연지기로서의 '심'을 강조하고 궁구의 대상으로 삼았다. 그는 미발의 심성은 모두 기질에 깃들어 있으므로 '심'을 통해서만 올바로 규명될 수 있다고 본 것이다.

외암은 원론적으로는 미발은 모두 같다고 보았다. "원두에서 본다면 미발은 모두 같으며 요순으로부터 거리의 사람들에 이르기까지 모두가 하나"²라고 하였다. 다만 기질의 혼탁이 있기 때문에 성인과 중인은 구분해서 보아야 한다고 하였다. 그는 미발을 명덕본체와 기품에 따라 '대본저미발'과 '부중저미발'로 구분하여 천언지淺言之로서 '부중저미발'을 말하고 중인의 미발이라고 하였다.

주자가 말하기를 '희로애락이 미발임에도 부중不中한 것은 기질이 굳어져 단단한 돌과 같이 되었기 때문이다.'라고 하였고, 또 '중인은 미발시에 이미 스스로 혼란에 빠져 있으니 감발처에 이르러 어찌 성인의 중절함과 같을 수 있겠는가'라고 하였다. 이러한 여러 가지 말은 다만 중인이 사물에 접하지 않은

---

1   이간, 『巍巖遺稿』 권7 「答韓德昭別紙」: 使束賴天之靈 或於一生之內 霎時之頃 方寸湛然 無一分昏擾之氣 則竊意卽此駁濁者澄然 純於本然之氣 而未發之境 始可與聞於此.

2   이간, 『巍巖遺稿』 권12 「未發有善惡辨」: 若論原頭 未發都一般 又曰 未發之時 自堯舜至於塗人一也 右一段 深言之者.

것으로 얕게 말한 것이다. 사물에 접하지 않은 것을 근거했기 때문에 거칠게 미발이라고 말한 것이며, 정의 작용에 속하지 않기 때문에 성이라고 말하였으나 실은 그 성은 거칠어서 의지할 수 없기 때문에 군자는 성이 아니라고 한 것이다. 공자가 말한 '상근지성相近之性'으로부터 퇴계와 율곡이 '성 또한 선악이 있다'고 한 것에 이르기까지 모두 이것을 가리킨다. 그러므로 주자가 '악한 것은 진실로 바르지 못한 것이나 선한 것이라도 반드시 중인 것은 아니다'라고 하였는데 이것은 부중저미발이니 자연히 하나의 계분라고 할 수 있다.[1]

그는 천언지로서 '부중저미발'을 말한 것과 같이, 성인의 미발은 심언지深言之로서 '대본저미발'이라고 하였다.

또 주자가 말하기를 사람의 일심은 담연허명하여 거울이 빈 것과 같고 저울의 수평과 같으니 일신의 주재가 되는 것은 진실로 그 진체의 본연이다. 그러므로 아직 감응하지 않았을 때에는 지극히 허하고 지극히 정하여 이른바 감공형평鑑空衡平의 체는 비록 귀신이라도 그 사이를 들여다 볼 수 없다고 하였다. 또 말하기를 희로애락이 아직 발하지 않았을 때의 중은 중인과 성인이 모두 같다고도 하였다. 이러한 말들은 대개 성범 모두의 그 본명지체本明之體

---

1   이간,『巍巖遺稿』권12「未發辨」: 朱子曰 喜怒哀樂未發而不中者 是氣質塊然 如頑石相似 又曰 衆人 未發已自汩亂 至感發處 如何會如聖人中節 此數說者 則盖只以衆人之不接事物而淺言之 據其不接事物故粗謂之未發 不屬情用 故亦謂之性 而實則其性麤 在聾不得 故君子有不性焉 自孔子相近之性以下 至退栗性亦有善惡者 皆指此也 故朱子曰 惡者 固爲非正 而善者 亦未必中也 此不中底未發 自是一界分也.

를 가리켜서 깊게 말한 것이다. 본명지체에 근거하였기 때문에 성범聖凡이 다름이 없으며, 이기를 근원으로 하였기 때문에 심과 성은 이본이 아닌 것이다……실로 그 마음이 사정팔당四亭八當하기 때문에 그 성이 불편불의不偏不倚한 것이다. 이 때문에 자사의 미발일언未發一言은 실로 천성이 밝히지 못한 것을 밝혔다고 하는 것이므로 그 이치가 지극히 정밀한 것이다. 그러므로 주자는 '이 마음으로써 만물의 변화에 응한다면 나아가 중이 아님이 없다'고 하였다. 이것이 대본저미발이니 진실하게 세운 자리이다.[1]

외암은 중中의 상태인 '대본저미발'은 성인과 중인이 모두 동일하게 갖고 있으며 명덕본체는 성범이 모두 같으나 '심'이 명덕본체를 유지하여 순선한 때를 '대본저미발'이라고 하였고, '심'이 주재하지 못하고 혈기가 용사하여 선악이 혼재되어 있을 때를 '부중저미발'이라고 하였다. 그는 분수처의 기질의 차이에 의해 일원의 '심'에 의한 성이 '부중저미발'과 '대본저미발'로 다르게 나타나는 것이라고 보았다.

내가 생각하기에는 명덕본체는 성인과 범인이 다 같이 품부 받았다. 그러

---

1 이간, 『巍巖遺稿』 권12 「未發辨」: 又朱子曰 人之一心 湛然虛明 如鑑之空 如衡之平 以爲一身之主者 固其眞體之本然 故其未感之時 至虛至靜 所謂鑑空衡平之體 雖鬼神 有不得窺其際者 又曰 喜怒哀樂未發之中 衆人與聖人 都一般 此數說者 則盖通聖凡 指其本明之體而深言之 據其本明之體 故聖凡無異致 理氣之原 故心性無二本……而實則其心四亭八當 故其性不偏不倚 此子思未發一言 實發千聖所未發 而其理盖極精矣 故朱子曰 以此心而應萬物之變 無往而非中矣 此大本底未發 眞箇是築底處也.

나 혈기의 청탁은 성인과 범인이 서로 다르게 품부 받았다. 명덕은 천군이고 혈기는 기질이다. 천군이 주재하면 혈기는 육체에서 물러가고 마음은 허명해진다. 이것이 대본이 있는 바이고 자사가 말한 미발이다. 천군이 주재하지 못하면 혈기가 마음에서 용사하여 청탁이 고르지 못하니 이것은 선악이 혼재한 것이고 한원진이 말한 미발이다.[1]

그는 심을 둘로 나눈 것이 아니라 심의 순선한 본체적 측면과 유선악한 기품의 측면을 구분해서 보아야 함을 강조한 것이다.

지금 넓게 인용할 필요 없이 단지 『대학』장구로서 말하자면 '허령불매하여 뭇 이치로써 만사에 응한다'고 하였는데 이것은 본연지심이다. 또 거기에서 '기품에 구속된다'고도 하였는데 이것은 기질지심이다. 마음이 두 개인 것은 아니지만 구속되는 것과 구속되지 않는다는 것은 두 가지가 있는 것을 가리킨다. 이른바 대본지성은 마땅히 본연지심을 단지한 것이요 이른바 기질지성이란 것은 마땅히 기질지심에 나아가 겸지한 것이다. 비록 동일한 마음이지만 구속되거나 구속되지 않은 것 사이에 그 계분이 있는 것이다.[2]

1   이간, 『巍巖遺稿』 권12 「未發辨」: 故愚謂明德本體 則聖凡同得 而血氣淸濁 則聖凡異稟 明德
    卽天君也 血氣卽氣質也 天君主宰 則血氣退聽於百體而方寸虛明 此大本所在 而子思所謂未
    發也 天君不宰 則血氣用事於方寸 而淸濁不齊 此善惡所混 而德昭所謂未發也.
2   이간, 『巍巖遺稿』 권12 「未發辨」: 今不暇廣引 只以大學章句言之 其曰虛靈不昧 以具衆理應
    萬事者 此本然之心也 其曰爲氣稟所拘者 此氣質之心也 心非有二也 以其有拘與不拘而有是
    二指 則所謂大本之性者 當就其本然之心而單指 所謂氣質之性者 當就其氣質之心而兼指矣
    雖同一方寸 而拘與不拘之間 其界分自在.

외암은 마음이 기에 의해 구속되거나 구속되지 않은 때를 계분으로 삼아 '대본저미발'의 허령불매한 본연지심에 나아가 단지單指하여 본연지성을 말하고, '부중저미발'의 기질지심에 나아가 유선악을 겸지兼指하여 기질지성을 말하였다. 그는 '심'의 상태에 따라 성이 달라지긴 하지만 순선의 대본은 심기의 본연에 의해 확보할 수 있다고 보았다. 그는 '심'에서 성을 논하는 방식을 통하여 각각 기질의 담연허명한 체와 유선악한 측면의 기품을 '심'으로 전환하였다.[1] 그러므로 외암의 미발론은 이기동실理氣同室과 심성일치를 특징으로 한다. 그는 이것을 실사實事라고 하였다.

기가 바르고 통하면 리 역시 통하고 바르다. 기가 치우치고 막히면 리 역시 치우치고 막힌다. 본심이 있으면 천리가 밝아지고 본심이 없으면 천리도 없어진다. 이것은 스스로 그러한 것으로 바꿀 수 없는 실사實事이다…… 리만으로는 어찌 실사라고 하겠는가! 이른바 실사라는 것은 반드시 이기동실 심성일치를 한 후에야 비로소 실사라고 할 수 있다. 어째서인가? 대개 이미 요순의 성이 있고 또 반드시 요순의 심이 있는 연후에라야 비로소 요순이라고 부를 수 있다. 이것이 실사이다. 저 도척과 장교에게 홀로 그 성이 있겠는가? 그 마음이 요순이 아니기 때문에 도척과 장교에 그칠 뿐이다. 어찌 요순의 성으로써 도척과 장교를 끌어다가 요순이라고 하겠는가! 이것은 실사가 아님이 또

---

1   홍정근,『호락논쟁의 본질과 임성주의 철학사상』, 한국연구원, 2007, p.89.

한 분명하다.[1]

외암은 리와 기를 분리해서 보는 것이 아니라 기중지리氣中之理로서의
성 또한 천리와 동일하다고 보았다. '심'과 성을 구분하고자 하는 남당
에 비해 외암은 '심'과 성을 일치하고 '중中'을 '심'과 연결하여 본연지심
의 순선을 이끌어 내고자 하였다. 그가 미발의 순선을 확보하고자 하는
것은 '심'의 강조하기 위해서였다. 성은 형이상학적 본체로서 그 가치는
'심'이라는 기제를 통해 현실 세계에서 실현된다. 외암의 심성론은 '심'
의 주체적 능동성을 바탕으로 리와 성의 형이상학적 차원이 아니라 기
와 '심'이라는 현실적 차원에서 접근하였다.[2] 그가 단지 리만으로는 실사
가 될 수 없다고 한 것은 리의 절대성을 부정한 것이 아니라 리를 현실 세
계에 적용하기 위해서는 기에 의지해야 한다는 것을 강조한 것이다. 이
기 작용과 발현의 핵심은 '심'에 있다. 외암의 이기동실과 심성일치의 주
장은 율곡이 강조한 이기불상리理氣不相離를 실천적으로 해석한 것으로
미발과 이발을 걸쳐 '심'이 현실의 일상 세계 속에서 리를 구현해 가는 역
동적 일치를 묘사한 것이며, 그러한 일치를 구현할 것을 강력하게 요청

---

1   이간,『巍巖遺稿』권12「未發有善惡辨」: 氣之正通 理亦正通 氣之偏塞 理亦偏塞 而本心存 則
      天理明 本心亡 則天理滅 此自然不易之實事也 夫豈可一有而一無 此善而彼惡哉 惟理無形
      故其體段也至通 理無爲 故其本然也自若 至通之體 自若之妙 則亦非氣之所能局也 故究極
      於事物之原 性道之全者 必以是言之 而一塵之微 天地之大 無不貫穿於是矣 然是理而已 豈
      實事哉 所謂實事 則必待夫理氣同實 心性一致 然後方可謂實事 何者 盖旣有堯舜之性 又必
      有堯舜之心 然後方喚做堯 , 舜 此實事也 彼跖蹻者 獨無其性哉 其心非堯舜 故跖蹻而止.
2   최영진,「외암/남당 미발논변의 재검토」,『외암 이간의 학문세계』지영사, 2009, pp.265~273.

하는 실천정신의 표출이었다.[1] 그는 '심'을 통해 성의 구현을 확보하고자 하였다. 요순의 '심'이 있는 연후에라야 요순이라고 할 수 있다는 말은 이러한 의미이다. 외암이 강조하고자 하는 '심'은 본연지성과 같은 본연지심이다. 그는 기질의 제약을 받지 않는 본연지성이 분수처에도 동일하게 자재함을 주장하여 인물성동론의 기틀을 마련하였다.

외암의 인물성동론은 경기지역의 노론학자들에게 영향을 미쳤다. 스승 수암이 남당의 의견을 지지하여 인물성동이논쟁은 호론의 우세로 기우는듯하였으나, 경기지역의 노론학자들이 가세하여 외암의 동론同論을 지지함에 따라 권상하의 문하에서 발생한 학문 토론은 학문을 넘어서 지역적 감정으로 번져나갔다. 인물성동이논쟁을 호락논쟁이라고 말하는 것은 이 논쟁을 학문적 성격으로 규정하는 것이 아니라 지역적 성격으로 규정한 것으로 이것은 이 논쟁이 지역적·사회적 의미를 담고 있음을 말한다. 낙론의 학자들은 성리설에서 논란이 되는 부분을 미정론으로 보류하여 이견의 여지를 남겼는데 이러한 점은 노론 내부에 주자주의의 절대성이 무너지고 상황론이 그 사이에 끼어 들어옴을 의미한다.[2] 상황론이란 현실인식을 바탕으로 하며 상대주의적 사유를 동반한다. 실제로 담헌 홍대용(1731~1783), 연암 박지원(1737~1805) 등은 낙론계로서 상대주의적 관점의 저작들을 남기기도 하였다. 호·락으로 분기한 인물성동이

1   문석윤, 「율곡학파 내에서 본 외암미발론의 특징과 의의」, 『외암 이간의 학문세계』 지영사, 2009, p.367.
2   이경구, 『조선후기 사상사의 미래를 위하여』, 푸른역사, 2013, p.49. 참고.

논쟁의 사회적 배경에는 경京·향鄕의 지역적 특성과 현실인식의 차이로 인한 노론 내부의 균열을 보여주었으며 주자절대주의에서 상대주의적 관점을 포용하여 새로운 사유의 발생 가능성을 열었다.

심성론 위주의 인물성동이논쟁은 성리학적 토대 안에서 정치이념의 토대에 대한 고민을 함께 담고 있다. 심성 논쟁의 정통성 획득은 성리학적 유가 사회의 구현을 표방하는 정권의 정통성 문제와도 연결되어 있기 때문이다. 낙론은 본연지성은 인人과 물物이 동일하며 '심'의 미발 또한 성범聖凡이 같다는 주장을 통하여 개개사물의 도덕적 본성을 근거로 기존의 지배질서를 재정비하고자 하였다면, 호론은 기의 청탁수박한 차이로 인해 성인과 범인의 심체는 다를 수밖에 없으므로 성범의 엄격한 분별의식으로 지배질서를 공고히 하고자 하였다.[1] 낙론의 동론同論 이면에는 본연의 성이 지닌 선의 절대성을 강조하여 인간성의 권위를 확립하고자 하는 의도를 볼 수 있으며, 호론의 이론異論 이면에는 유와 종을 구별하게 하는 본연의 성이 지닌 선의 독특한 고귀성을 강조함으로써 인간성의 권위를 확립하려는 의도를 볼 수 있다.[2] 인간성의 권위를 확립하려는 두 이론의 공통점은 같지만, 낙론이 보편성을 지향하였다면 호론은 특수성을 지향하였다. 낙론은 보편성의 지향을 통해 범도덕주의로 나아갔다면, 호론은 특수성을 통해 순수도덕주의로 나아갔는데 점차 호론의 이론은 지방의 한 학파에 머무는 반면에 낙론의 동론은 지식인 사회에서 주

---

1   조성산, 『조선후기 낙론계 학풍의 형성과 전개』, 지식산업사, 2007, pp.269~275.
2   윤사순, 『한국유학사상론』, 예문서원, 1997, p.331.

도권을 잡았다.[1] 이것은 조선후기의 역사적 상황이 성리학적 토대 위에 개방적이고 현실주의적인 사회로 나아감을 의미하며, 문예적으로는 아속겸비적 심미의식의 기반을 확보한 것이다. 조선후기 문예이론을 개창한 농암 김창협(1651~1708)과 삼연 김창흡(1653~1722) 형제 또한 인물성동론을 주장하고 낙론의 중심역할을 하였으며, 명말청초의 양명학적 천기론을 문예이론으로 들여와 조선후기의 문풍을 개혁하였다. 그들이연 자득의 문예는 시대정신을 담아 겸재 정선(1676~1759)의 화풍으로, 연암 박지원문파의 문학으로 꽃을 피워 조선후기 문예의 귀한 자산이 되었다. 인물성동론의 보편주의와 상대주의적 사유는 우리 문예사의 아속겸비를 요구하는 시대정신의 사상기반으로서 조선후기 열린사회로의 문을 열었던 것이다.

3. 양명학과 실학의 실심實心적 사유

양명학과 실학의 실심實心적 사유는 조선후기 사회의 변화를 이끌었다. '실實'은 유학의 본질이지만 조선 주자학은 관념에 치중하였고 점차 현실과 괴리되었다. 주자학은 매우 정합적 학문으로 이 정합성은 조선 사회를 닫힌 구조로 만들었고 변화하는 현실에 조응하지 못했다. 이러한 문제를 인식한 일군의 학자들은 유학의 발전적 사상을 모색하였으며 양

---

1   김기현, 「외암과 남당의 미발론이 갖는 도덕철학상의 배경」, 『외암 이간의 학문세계』 지영사, 2009, p.327.

명학과 실학의 실심적 사유는 현실 문제를 해결하는 능동적이고 실질적인 방안으로 부상하였다.

조선에 양명학이 전래된 것은 1521년(중종16년) 충주 목사로 부임한 눌재 박상(1474~1530)이 모재 김안국(1478~1534)과 함께 청헌 김세필(1473~1533)이 운영하는 공자당에서 강학하며 김세필과 박상 사이에서 『전습록』을 화제로 시를 지은 것이 최초의 역사적 사실이다.[1] 그러나 이때의 조선은 성리의 이론이 정교하게 펼쳐지며 주자학이 조선성리학으로 거듭나는 상황이었고, 1566년 퇴계가 양명학설을 배척한 것을 계기로 양명학은 공개적인 학문의 영역으로 들어오지 못하였다. 이후 선조시기 남언경과 이요 등이 양명학을 논한 이래로 지천 최명길(1586~1647)과 계곡 장유(1587~1638) 등이 남언경의 아들 남격으로부터 양명학을 전수받았으며, 이후 하곡 정제두(1649~1736)가 양명학에 관한 계곡의 편지글을 접하게 되면서[2] 하곡에 의해 조선의 양명학은 독자적 학문의 세계로 나아가게 되었다. 계곡은 주자 일률적인 당시의 학풍에 대해 다음과 같이 말하였다.

중국의 학술은 갈래가 많아서 정학이 있고 선학이 있으며 단학도 있다. 정주程朱를 배우는 자도 있고 육씨를 배우는 자도 있어서 문경이 하나만은 아니다. 우리나라는 유식과 무식을 논할 것도 없이 책을 끼고 글을 읽는 자라면 모

1   나카 스미오, 이영호 외역, 『조선의 양명학』, 성균관대학교 동아시아학술원, 2016, p.20.
2   박연수, 『양명학이란 무엇인가』, 한국학술정보, 2010, pp.360~361.

두 정주의 학문을 외울 뿐이고 다른 학문이 있다는 것을 듣지 못한다. 어찌 우리나라 선비의 풍습이 중국보다 낫겠는가 말하자면 그렇지 않다. 중국에는 학자가 있으나 우리나라에는 학자가 없다. 대개 중국 사람은 재材와 취趣가 자못 녹록하지 않으므로 때에 따라 뜻이 있는 선비가 실심으로 학문을 닦는다. 그러므로 각자 좋아하는 바를 따라서 학문하는 것이 서로 같지 않았다. 그러나 왕왕 실을 얻었다. 그러나 우리나라는 그렇지 않아서 생각하는 것이 구속되어서 모두 뜻과 기개가 없다. 단지 정주의 학문을 세상에서 귀중하게 여긴다는 것을 들어서 입으로 말하고 겉으로 높일 뿐이다. 이른바 잡학이란 것이 없으니 또한 어찌 정학에서 얻을 것이 있겠는가.[1]

계곡은 잡학雜學이 정학正學에 도움을 준다고 보았다. 그는 학문의 다양성이 학문의 발전을 이끈다고 보았으며 주자 일색의 학문은 진정한 학문 태도가 아니라고 하였다. 그는 시대의 요구에 맞는 실심의 학문을 해야 할 것을 강조하였는데 하곡은 계곡의 이러한 학문적 성향을 이어받아 주자학과 양명학을 공부하여 하곡만의 독자적 학풍을 이루었다. 그의 학문은 양주음왕陽朱陰王의 사상체계로서 이론 형식은 주자학을 표방하면서

---

1   장유, 『谿谷漫筆』 권1 「我國學風硬直」: 中國學術多岐 有正學焉 有禪學焉 有丹學焉 有學程朱者 學陸氏者 門徑不一 而我國則無論有識無識 挾筴讀書者 皆稱誦程朱 未聞有他學焉 豈我國士習果賢於中國耶 曰非然也 中國有學者 我國無學者 蓋中國人材志趣 頗不碌碌 時有有志之士 以實心向學 故隨其所好而所學不同 然往往各有實得 我國則不然 醒醒拘束 都無志氣 但聞程朱之學世所貴重 口道而貌尊之而已 不唯無所謂雜學者 亦何嘗有得於正學也.

도 사상 내용은 양명학을 수용하여[1] 한국 양명학의 고유성을 이루었다.

하곡은 주자학의 '성즉리性卽理'에 양명학의 '심즉리心卽理'를 겸하였다. 그는 이기일원理氣一原의 '심'을 본체로 삼았다.

성이라는 것은 심의 본체이고 심은 성의 주재이니 모두 리일 뿐이므로 심을 기라고 말하거나 성을 허라고 말하여 리와 기를 나누는 것은 불가하다.[2]

하곡은 심은 리이고 성 또한 리로서 마음과 본성은 나눌 수 없는 것이 며 심은 성의 주재이고 모두가 리일 뿐이라고 하였다.[3] 하곡에게 있어 순 수한 기는 생리生理이다. 그는 한 점의 순수한 기는 다만 하나의 생리[4]라 고 하였다.

리는 기의 영통한 곳이니 신神이 이것이며 기란 기를 채운 곳이니 질質이 이 것이다. 한 개의 기이면서 영통할 수 있는 것은 리가 되고 무릇 그 채워진 곳은 기가 되는 것이다.[5]

1   김길락, 『한국 상산학과 양명학』, 청계, 2004, p.91.
2   정제두, 『霞谷集』 권9 「存言」 中 存言: 性者心之本體 心者性之主宰 皆理耳 不可以心言氣性 言虛 以分理氣也.
3   정제두, 『霞谷集』 권9 「存言」 中 存言: 凡言理氣兩訣者 諸子之支也 理氣不可分言.
4   정제두, 『霞谷集』 권9 「存言」 中 存言: 是一點純氣 只是生理 是其爲精神眞氣 是理之體 神之 主也.
5   정제두, 『霞谷集』 권8 「存言」 上 睿照明睿說: 理者氣之靈通處 神是也 氣者氣之充實處 質是 也 一個氣而其能靈通者爲理 是爲氣之精處明處 凡其充實處爲氣 是爲氣之粗者質者.

리와 성이라는 것은 생리生理일뿐이다. 대개 생신生神을 리라고 하고 성이라고 하는 것이니 그 성의 근본에는 저절로 참된 체가 있는 것을 성이라고 하고 리라고 하기 때문에 생신 가운데 그 참된 것이 있고 망령된 것을 분별하여 그 참된 체를 주장하게 할 수 있다면 이것이 성을 높이는 학문이 되는 것이다. 그러므로 이 가운데서 생리를 주장하고 생리 가운데 참된 리를 골라야만 리가 되는 것이다.[1]

하곡의 심은 주재이면서 보편적 생명의 리이므로 고정된 것이 아니다. 그의 리는 마음의 본질로서 만물이 이치를 주관하므로 이러한 리를 특별히 생리라고 하였다. 생리란 생기의 원과 한 점의 영소한 정이 마음에 깃든 것이며 온몸에 충만하고 천지에 가득 차 원기의 기가 되고 본유지충本有之衷이 된다. 바로 생생불식의 생명으로서의 기와 본체로서의 리가 생리生理인 것이다.

한 덩어리 생기의 원과 한 점 영소한 정은 하나의—혹은 일자가 없다—생리이다. 정신과 생기가 한 몸인 생리는 마음속에 집을 짓고 그 중극中極에 둥글게 뭉쳐 있는 것이니 이것이 신장에 뿌리를 내리고 얼굴에서 꽃을 피우며, 그것이 확충되면 온몸에 충만해지고 하늘과 땅에 가득 차게 된다. 그 영통함

---

1   정제두,『霞谷集』권8「存言」上 生理虛勢說: 理性者生理耳 蓋生神爲理爲性 而其性之本 自有眞體焉者 是其性也理也 故於生神中 辨其有眞有妄 得主其眞體焉則是爲尊性之學也 故於凡理之中主生理 生理之中擇其眞理 是乃可以爲理矣.

은 헤아릴 수 없고 그 묘용은 다함이 없어 수만 가지 리를 주재할 수 있으니 진실로 이른바 천지와 사방에까지 두루 유행하게 되고 변동하여 한 곳에 있지 않다. 그 체가 될 때는 진실로 순수하고도 본유지충이 있으니 그 법칙을 각각 가지고 있지 않음이 없다. 이것이 곧 내 몸을 낳아준 생명의 근원이니 이른바 성이다. 다만 그 생리만을 가지고 말하면 생生함을 일컬어서 성이라고 하니 이른바 천지의 대덕을 생이라고 말한다.[1]

생리는 본래부터 가지고 있는 덕이고 양지이며 인仁이며 두루 유행한다. 그러므로 생리란 인간에게만 적용되는 도덕적 능동성을 의미하며 각 존재물의 존재법칙인 물리의 상위개념이다. 하곡은 생리는 생기에 의해 도덕적 능동성으로 발현되어 오상으로 구현된다고 보았다.

사람의 생리는 능히 밝게 깨닫는 바가 있기 때문에 스스로 두루 유행하고 통달하여 어둡지 않게 된다. 따라서 능히 측은히 여길 줄 알며 능히 부끄러워하거나 미워할 줄 알며 능히 사양하고 시비를 가림에 능치 못할 바가 없다. 이것은 본래부터 가지고 있는 덕이며 이른바 양지라는 것이니 또한 이른바 인

---

1   정제두, 『霞谷集』 권8 「存言」上 一點生理說: 一團生氣之元 一點靈昭之精 其一 或無一字 簡 生理 卽精神生氣爲一身之生理者 宅竅於方寸 團圓於中極 其植根在腎 開華在面 而其充卽 滿於一身 彌乎天地 其靈通不測 妙用不窮 可以主宰萬理 眞所謂周流六虛 變動不居也 其爲 體也 實有粹然本有之衷 莫不各有所則 此卽爲其生身命根 所謂性也 只以其生理則曰生之謂 性 所謂天地之大德曰生.

이라고도 한다.[1]

생리는 마음의 생명력과 활동성을 포함하므로 인식과 정감의 발현이라는 마음의 고유 영역을 포함한다. 이러한 생리의 특성은 인간의 욕구와 정감까지 포함하기 때문에 선과 악이 공존할 수 있다.[2] 악이 공존하는 경우는 리가 본래 모습을 잃은 경우이다. 그러므로 하곡은 생리의 상위 개념으로 진리眞理를 설정하여 온전한 도덕적 본체로 규정하였다.

하곡은 사단칠정을 종래의 성리학과 같이 의리의 실천 문제로 보지 않고 현실 생활에 나아가 생활 도덕의 실천 문제로 파악하였다. 그는 현실 생활의 기본 요건인 식색食色·이해利害·형기形氣의 욕欲은 성性에서 나온 욕이라고 보았다. 일상의 식색과 이해를 철학의 대상으로 파악한 하곡은 이것을 인의의 도덕적 차원으로 승화하여 리에서 나온 식색과 이해는 긍정적으로 보았던 것이다.

정에서 발한 것을 말한다면 희로애락은 성의 정이며 측은수오는 정의 성이다. 희로애락에 선한 것도 있고 선하지 못한 것도 있는 것은 리가 있기도 하고 리가 아닌 것도 있는 까닭이다. 측은수오가 모두 선한 것은 모두 리가 되기 때

---

1   정제두, 『霞谷集』 「書」 2 「與閔彦暉論辨言正術書」: 蓋人之生理 能有所明覺 自能周流通達而不昧者 乃能惻隱能羞惡 能辭讓是非 無所不能者 是其固有之德 而所謂良知者也 亦卽所謂仁者也.
2   이상호, 『정제두 양명학의 양명우파적 특징』, 계명대학교 대학원 박사학위논문, 2004, pp.109~110.

문이다. 마음에서 깨달은 것을 말한다면 식색과 이해와 형기의 욕은 성의 욕인 것이요 인효와 충신과 예의의 마음은 마음의 덕인 것이니 식색과 이해가 선한 것도 있고 선하지 못한 것도 있는 것은 리가 있기도 하고 리가 아닌 것도 있기 때문이며 인효와 충신이 모두 선한 것은 리가 되기 때문이다.[1]

현실 생활의 식색과 이해를 철학의 대상으로 파악한 하곡은 이것을 인의의 도덕적 차원으로 승화시켜 리에서 나온 식색과 이해는 긍정적으로 보았다. 하곡은 이기를 일체화했을 뿐만 아니라 사단과 칠정도 일원화하여 오직 '심'의 양지에 의거하여 도덕성을 구현할 것을 강조하였다. '심'은 천지만물의 영명함이며 영명한 양지에 의해 천지만물과 화합한다. 양지는 선험적인 도덕능력과 양능의 실천성을 동시에 지니고 있으므로 지知와 행行은 합일이 된다. 하곡은 "지知와 능能은 둘로 가를 수 없고 양지는 양능이다. 천지가 생하고 화육하는 것은 양지양능에 의한 것이고 자연지리自然之理는 양지양능의 체"[2]라고 하여 본체로서 양지양능의 도덕적 실천의지가 천지만물과 화합하여 천지만물일체를 이룬다고 보았다.

---

1   정제두, 『霞谷集』 권8 「存言」 上 「四端七情說」: 以發乎情者言 喜怒哀樂 愛惡懼欲 性之情也 惻隱羞惡 辭讓是非 情之性也 喜怒哀樂 有善者焉有不善者焉 以有理有非理故也 惻隱羞惡 皆善焉 以皆爲理故也 以覺於心者言 食色利害形氣之欲 性之欲也 仁孝忠信禮義之心 心之德也 食色利害 有善者焉有不善者焉 以有理有非理故也 仁孝忠信皆善焉 以皆爲理故也.

2   정제두, 『霞谷集』 「書」 2 「答閔誠齋書」: 蓋知能二字不可二之 其自能會此者 是良知 良知卽是良能 非專屬知識一邊之意也 故凡其所謂良知之說 不可只以知覺一端言之也 如天地之能 流行發育 萬物之能化化生生 無非其良知良能 非獨心之靈覺可謂之知 凡其有主宰 凡其自能 會此爲此 而不爲冥頑窒塞者 皆可言之 易言乾坤知能 自然之理 無非是此體也.

하곡은 생리를 이기론에 적용하여 주자학의 형식을 취했으나 천리를 대신한 양지를 보편적 존재원리로 채택함으로써 양명학을 내용으로 삼았다. 이러한 하곡의 양지설은 형이상학적 논리가 약해지며 실천학문으로서 거듭나게 되었다. 하곡의 학문은 이후 가학과 원교 이광사(1705~1777)와 신재 이영익(1738~1780) 등의 학자들에 의해 명맥을 이어왔으나 실학의 대두와 함께 점차 퇴조하였다. 조선 양명학은 세력은 작았으나 그 영향력은 컸다. 정통사상의 권위로부터 이탈하려는 학문의 자유와 자율성은 실학파와 서학파에 영향력을 미쳤고, 양명학의 지행합일설 또한 실천학문으로서 실학에 영향을 주었다.[1] 또한 중국에서 유입된 많은 서적은 이미 양명학적 사유를 내포하고 있었으므로 문예의 양명학적 이론은 암암리에 퍼져나갔다.

하곡학파는 자신들의 학문 목적과 특징을 '진리를 추구하는 학풍'이란 의미에서 스스로 '실학'이라고 하였다.[2] 하곡의 학문을 이은 원교 또한 하곡의 학문을 '전어내실어기專於內實於己'[3]라고 하였다. 하곡의 학문은 사변적 이론보다는 현실적 사유체계에 중점을 둔 실심의 학문이었다. 관념보다는 현실과 실천에 기반을 둔 조선 양명학의 실심적 학풍은 실학으로 이어지며 조선후기 학풍은 새로운 국면을 맞았다.

---

1   유승국, 「하곡 철학의 양명학적 이해」, 『한국의 사상가 10인 하곡 정제두』, 예문서원, 2005, pp.168~173. 『한국유학사』, 성균관대학교 동아시아학술원, 2011, p.263.

2   민영규, 『강화학 최후의 광경』, 우반, 1994, p.12.

3   『霞谷集』 권11 「門人語錄」: 李匡師曰 先生之學 專於內實於己.

실학은 성리학을 계승하면서도 그 한계를 극복하고자 하는 개혁 의지에서 비롯되었다. 실학은 주자학의 수용기에 역옹 이제현(1287~1367)이 주장한 바 있으며 율곡은 무실務實의 정신을 강조하여 성학으로서 실학적 의미를 강조하였다.[1] 그러나 성리학이 당쟁으로 이용되면서 현실 문제를 도외시하자 각계 학파에서는 사회개혁을 표명하며 실제적 문제를 해결하기 위한 학풍 혁신의 요구가 대두되었다.

실학의 전개는 크게 성호학파와 북학파로 나뉜다. 성호 이익(1681~1763)은 반계 유형원(1622~1673)으로부터 수용한 개방적 학문 정신으로 경전해석을 새롭게 하여 사서삼경을 중심으로 모두 11종의 『질서』를 저술하여 그의 경학연구를 집약하였다.

주자 말씀에 조금 의심하면 조금 나아가고 크게 의심하면 크게 나아갈 것이라고 하셨으니 의심을 많이 드러내는 것을 막지 말아야 한다. 만약 마음속으로 의심이 드는데도 그냥 밖으로만 따른다면 그러한 것은 알 수가 있다. 의심이 생기면 의심이 없도록 하는 것이 군자가 학문하는 방법인데 세속의 학자들은 대저 의심을 갖지 않는 경우가 많으니 실로 비웃을 만하다.[2]

성호는 '치의致疑'를 바탕으로 주자의 학문을 객관화하였다. 주자도 선

---

1   실학의 용례에 대해서는 윤사순, 『한국유학사상론』, 예문서원, 1997, pp.367~398. 참고.
2   이익, 『星湖僿說』 권24 書「答安百順」: 朱子謂少疑則少進 大疑則大進 多著疑不妨 若內疑而 外順 所存可知也 有疑而至於無疑 固君子之階級次第 俗學大抵不致疑者多 是實可哈.

현의 학설을 비판적으로 수용하여 자신의 경학 체계를 확립하였듯이, 성호 역시 주자의 학문하는 마음을 존숭하여 주자 학설의 회의와 자득을 통해 경전의 본의에 나아가고자 하였다. 그는 '치의'를 주자의 경학 정신으로 보았다. 성호의 '치의'는 경전해석을 객관적으로 검토할 수 있다는 점에서 주자학을 묵수함으로써 나타난 폐단을 극복할 수 있는 방안이었다.[1] 이러한 학습 태도는 경전을 입으로만 논하면서 실천과 실용에는 무관심한 기존의 학문 태도에 대한 질타이며 주자 절대주의에서 주자 상대주의로의 인식전환을 의미한다. 그는 학문의 교조주의를 거부하고 경전해석의 개방성과 학문의 실용성을 촉구하였다.

경서를 연구하는 것은 치용을 하기 위함이다. 경서에 있는 내용을 입으로 말하면서도 천하만사에 아무런 조처를 하지 못한다면 이는 헛되이 읽기만을 잘하는 것일 뿐이다…… 정사는 백성을 다스리는 것을 요점으로 삼는다. 그런데 백성을 다스리는 데는 백성의 실정을 파악하는 것보다 나은 것은 없다…… 예컨대 『춘추』에 연향을 할 때 시를 읊은 것은 모두 일에 따라 살펴 임금의 명에 따라 절도에 욕되게 하지 않았으니 고인들의 무실은 이와 같았다. 그런데 오늘날은 경술과 사무가 갈라져 두 갈래 길이 되어서 처지가 바뀌면

1   원재린, 「성호 학파의 '치의' 학풍과 경전 학습법」, 『한국 실학의 새로운 모색』, 경인문화사, 2002, p.436.

어두워져 아무것도 모르니 어찌된 일인가?[1]

성호는 경술이 사무와 관련되지 않는 것은 헛된 것으로 보았다. 그는 학문하는 이유를 '치용致用'이라고 하였다. 그의 '치의'적 학문 태도는 학문의 객관성과 합리성을 획득하여 현실을 개혁하고자 하는 '치용'의 정신에서 나온 것이다. '치용'의 궁극적 목적은 수기修己와 안인安人이다.[2] 그는 '치의'를 통해 객관적 학문 정신을 수립하고 '치용'을 통해 현실극복의 의지를 담아 수기와 안인의 유학 본연의 뜻을 실현하고자 하였던 것이다.

성호의 인본주의적이면서도 실천적인 실학사상을 이어받은 다산 정약용(1762~1836)은 모든 도덕성은 실천할 때 본의를 얻는다는 실천적 학문 정신을 더욱 강조하였다. 다산은 인의예지 또한 실천의 결과물이라고 하였다.

인의예지의 명칭은 행사한 다음에 이루어진다. 고로 사람을 사랑한 다음에 인仁이라 하고 사람을 사랑하기 전에는 인이란 이름이 성립되지 않으며, 나를 선하게 한 다음 의義라 하고 나를 선하게 하기 전에는 의란 이름이 성립되지 않는다. 손님과 주인이 절하고 읍한 뒤에 예禮란 이름이 성립하며 사물을

1   이익, 『星湖僿說』 권20 「經史門」: 窮經 將以致用也 說經而不措扵天下萬事 是徒能讀耳…… 政以治民為要 治民又莫過扵下情之達…… 如春秋傳 宴享賦詩 皆審扵接物 不辱命之節度 古人之務實 如此 在今日 經術事務 判為二道 易地則霄然 何炘.
2   최석기, 「성호의 대학·중용 해석과 의미」, 『성호이익연구』, 성균관대학교 출판부, 2012, p.88.

밝게 분별한 다음에 지知라는 이름이 성립한다. 어찌 인의예지라는 네 알맹이
가 뚜렷하게 마치 복숭아와 살구씨와 같이 인심 가운데 덩어리로 잠재해 있
는 것이겠는가. 안연이 인에 대해 물으니 공자는 극기복례가 인이라고 하셨
다. 분명히 인이란 인공에서 이루어지는 것이지 처음 생명을 부여할 때 하늘
이 한 알맹이의 인을 만들어 인심에 끼워 넣은 것은 아니다. 극기복례 할 때 어
찌 많은 인력을 쓰지 않겠는가![1]

다산은 도덕의 실천적 해석을 통하여 관념적 도덕성을 거부하고 도덕
의 실천을 유학의 종지로 보았다. 그는 인仁이란 두 사람이 서로 관계하
는 것[2]이라고 하여 인의 내재성보다는 인의 발현성에 주목하였다. 인이
란 '행사行事'를 통해 구현하는 것을 말하는 것이지 관념적 인은 아직 인
이라고 말할 수 없다는 것이다. 그는 성의정심誠意正心 또한 '행사' 가운데
있고 '행사'는 인륜 안에 있는 것이라고 하여 수양은 실천안에 있고 실천
은 인륜을 향한 것이라고 하였다.

선성의 치심선성治心繕性이란 언제나 행사에 있고 행사는 인륜 밖에 있지 않

---

1   정약용, 『與猶堂全書』 第二集經集 권5 「孟子要義」 公孫丑第二 人皆有不忍人之心章: 鏞案仁
    義禮智之名 成於行事之後 故愛人而後謂之仁 愛人之先 仁之名未立也 善我而後謂之義 善
    我之先 義之名未立也 賓主拜揖而後禮之名立焉 事物辨明而後智之名立焉 豈有仁義禮智四
    顆 磊磊落落 如桃仁杏仁 伏於人心之中者乎 顏淵問仁 子曰克己復禮爲仁 明仁之爲物 成於
    人功 非賦生之初 天造一顆仁塊 插于人心也 克己復禮之時 豈不費許多人力乎.
2   정약용, 『與猶堂全書』 第二集經集 권7 「論語古今注」 卷一 學而第一: 仁者 二人相與也.

다. 그러므로 실심으로 아버지를 섬기면 성정誠正하여 효를 이루고, 실심으로 어른을 섬기면 성정하여 제를 이루고, 실심으로 아이를 사랑하면 성정하여 자慈를 이룬다. 성정하여 제가하고 성정하여 치국하고 성정하여 평천하하는데, 성정은 늘 행사에 의존하며 성정은 늘 인륜에 매여 있다.[1]

다산은 인간의 실천 의지를 도외시할 수 있는 성리 중심의 관념적 경학 공부보다는 인륜 중심의 실용적 경학 공부에 관심을 가졌다. 행사란 인륜을 실천하는 것이다. 그는 실심적 효제를 통하여 평천하의 인륜을 이루는 실심적 경세관을 강조하였다. 실심이란 인간주체의 능동성을 강조한 것이며 '진심盡心'과 같은 것이다. 그는 '진심盡心'은 '행行'이라고 하였다.[2] 다산의 행사와 실심적 학문관은 성리설의 '도덕본체론'이 실천을 통해 도덕적 성과로서 사덕四德을 실현하는 '도덕실천론'으로 전환하는 계기가 되었다.[3]

실학자들의 실천주의적 학문관은 주자 일률적 학문주의에서 벗어나 학문의 다양성을 초래하였다. 그들은 공소한 관념주의를 물리치고 현실을 인식하고 새로운 상황에 대처하기 위해 양명학·고증학·서학·상수·

1   정약용,『與猶堂全書』第二集經集 권1「大學公議」在止於至善: 然先聖之治心繕性 每在於行事 行事不外於人倫 故實心事父則誠正以成孝 實心事長則誠正以成弟 實心字幼則誠正以成慈 誠正以齊家 誠正以治國 誠正以平天下 誠正每依於行事 誠正每附於人倫.
2   정약용,『與猶堂全書』第二集經集 권6「孟子要義」盡心第七 盡其心者知其性章: 此之謂盡心 盡心者行也.
3   금장태,『다산실학탐구』, 소학사, 2001, p.37.

명물·천문·지리 등 박학을 추구하게 되었는데 이러한 박학의 풍조는 아속겸비의식을 일으켰다. 주자학이 아雅한 영역의 학문으로서 국가를 이끌어가는 역할을 하였다면, 박학은 속俗의 학문으로서 현실을 인식하고 대처할 수 있는 능력을 기르는 역할을 하였다.

성호와 다산의 사상이 농업을 중심으로 한 남인들의 실학사상이었다면, 노론 낙론계의 실학사상은 중상적 인식으로 북학을 추구하였다. 주로 서울에 거처하며 중국을 자주 오고 갈 수 있는 집권층이 배경이 된 북학파는 담헌 홍대용이 그 서막을 열었다. 북학사상의 배경에는 인물성동론으로 중화와 이적 관념을 극복한 화이관이 있다.[1] 양난 이후 피폐해진 농촌의 현실 속에도 이앙법이 보급되어 서민 지주가 발생하였고 농지가 없는 농민들은 농촌을 떠나 상공업으로 전환하여 농민 분화는 촉진되었다.[2] 또한 상공업의 발달은 화폐경제를 활성화하였고 조선후기의 서울에는 자본주의의 맹아가 발생하였다. 호락논쟁에서 보듯이 낙론은 인물성동론을 주장하며 존주적 화이관을 극복하고 주체적 국가관을 세우고자 하였다. 사신의 기회를 얻어 청국을 경험한 낙론의 학자들은 굴기하는 청나라의 번영을 목도하였으며 동시에 자국의 현실을 파악하였다. 그들이 인식한 자국의 현실은 소중화론 속에서 안주하며 살아가는 정치가와 백성들의 후진적 생활실태였다. 북학의 학자들은 낙론에서 주장한 리理의 보편성을 근거로 청나라의 정통성을 인정하였고, 대국으로서 청나라의

---

1   정옥자, 『조선후기 역사의 이해』, 일지사, 2003, p.152.
2   강만길, 『한국근대사』, 창작과비평, 1989, pp.72~73.

선진문물을 받아들여 후진성을 면치 못한 자국의 현실을 극복하고자 하였다. 담헌은 당시 유학자의 실태에 대하여 다음과 같이 개탄하였다.

> 인생의 궁핍과 현달은 스스로 정해진 명이 있으니 겸선과 독선은 처함에 따라 분수를 다할 뿐이다. 우리 유학자들의 실학은 자래로 이와 같다. 문하에 무리들을 가르치면서 자기와 다른 것을 배척하여 속으로는 승심勝心에 만족하면서 오만하여 오직 나만 존재한다고 여기는 자가 있으니 근세 도학의 법도가 진실로 매우 혐오스럽다.[1]

담헌은 이념주의와 공소한 학문 논쟁으로 인해 실심을 잃어버린 당시 유학자의 태도를 지적하면서 수시처변의 열린 사유와 학문 개방성의 부재를 안타까워하였다. 그는 유학의 종지를 '실'로 보고 주경主敬, 치지致知, 수기修己, 치인治人이 헛된 그림자가 되지 않으려면 먼저 실심과 실사로써 날마다 실지를 밟아야 하며 이것이 진실한 본령이라고 하였다.[2] 실심과 실사를 통하지 않은 수양은 결국 헛된 수양이며 치인 또한 불가능한 것이라고 여겼다. 그의 실학의 관점은 학문의 유연성과 개방성을 주로 한다. 담헌은 인물성동론에서 한 걸음 나아가 '물균物均'을 주장하며

---

1   홍대용, 『湛軒書』 外集 권1 「答朱朗齋文藻書」: 人生窮達 自有定命 兼善獨善 隨處盡分 吾儒實學 自來如此 若必開門授徒 排擯異己 陰逞勝心 傲然有惟我獨存之意者 近世道學矩度 誠甚可厭.

2   홍대용, 『湛軒書』 外集 권1 「答朱朗齋文藻書」: 惟其實心實事 日踏實地 先有此眞實本領.

인간을 중심으로 한 가치론을 유보하고 새로운 자연관을 정립하여 물物로 구성된 인간 환경에 주의를 기울였다.

> 사람으로 물을 보면 사람이 귀하고 물이 천하며, 물의 입장에서 사람을 보면 물이 귀하고 사람이 천하다. 하늘로부터 보면 사람과 물은 균등하다.[1]

> 고인이 백성에게 혜택을 입히고 세상을 다스림에는 물의 도움을 받지 않음이 없다. 대체로 군신간의 의식은 벌에게서, 병진법은 개미에게서, 예절의 제도는 박쥐에게서, 그물 치는 법은 거미에게서 각각 취한 것들이다. 그런데 너는 어찌하여 하늘의 입장에서 물을 보지 않고 오히려 사람의 입장에서 물을 보는가![2]

담헌의 이인시물以人視物과 이물시인以物視人은 상대주의적 관점이다. 그는 천의 관점에서 인과 물을 바라보는 객관주의적 관점을 피력하여 고정관념을 극복하고 독자적으로 사유할 것을 촉구하였다. 담헌의 '물균' 사유는 문물제도의 절대성과 우월을 부정한 새로운 체계의 전망을 열었다. 이에 따라 종래의 차등적 체계에서 벗어난 만물은 담헌에 의해 독특

---

1 홍대용, 『湛軒書』 內集 권4 「毉山問答」: 以人視物 人貴而物賤 以物視人 物貴而人賤 自天而視之 人與物均也.
2 홍대용, 『湛軒書』 內集 권4 「毉山問答」: 是以古人之澤民御世 未嘗不資法於物 君臣之儀 盖取諸蜂 兵陣之法 盖取諸蟻 禮節之制 盖取諸拱鼠 網罟之設 盖取諸蜘蛛 故曰聖人師萬物 今爾曷不以天視物 而猶以人視物也.

한 가치를 부여받으며 객관적 대상 세계로 새롭게 접근되었다.[1] 이러한 객관적 인식하에 담헌은 역사의 주체성을 강조하고 '화이일야華夷一也'라고 하였다.

> 하늘의 관점에서 보면 어찌 안과 밖의 구분이 있겠는가? 그러므로 자기 나라 사람을 친하게 여기고, 자기 나라 임금을 높이며, 자기 나라를 지키고, 자기 나라 풍속을 편안하게 여기는 것이니 화이는 하나인 것이다.[2]

천天의 관점에서 보면 안과 밖은 없으며 주체와 객체 또한 없다. '물균'의 관점에서 바라본 담헌의 세계관은 주체와 객체 간의 동등성과 개별성이 인정된다. 모든 주체와 객체는 자존의 논리를 지니는 것이다. 담헌의 사유는 자연계의 모든 만물을 그 자체로 바라보는 객관주의적이고 현실주의적인 세계인식관을 형성하였다. 담헌에 이어 연암 박지원, 초정 박제가(1750~1805) 또한 북학으로써 조선을 혁신하고자 하였다. 도원 유승국(1923~2011)은 조선후기의 실학파 인물들에게서 나타난 학문적 성격을 다음과 같이 정의하였다.

> 첫째, 실용적 관심이다. 정덕론을 거부한 것이 아니라 주자학파에서 등한

---

1   김문용, 『홍대용의 실학과 18세기 북학사상』, 예문서원, 2005, pp.60~61.

2   홍대용, 『湛軒書』內集 권4 「毉山問答」: 自天視之 豈有內外之分哉 是以各親其人 各尊其君 各守其國 各安其俗 華夷一也.

시되었던 이용·후생론에의 집중적 관심은 현실 생활에 직결되는 것이었다. 이러한 면에서 실학이 근대적 문화 조류의 성격과 일치하고 있는 것이다. 둘째, 비판적 정신이다. 권위화된 이념에 구속되는 것을 벗어나 자율적인 관점에서 자유로운 탐구의 의지를 존중하고, 따라서 합리성을 넘어 폐쇄적 권위나 관습화된 사회의 모순을 날카롭게 비판함으로써 실학적인 영역을 개척하였다. 셋째, 실증적 방법이다. 성리학의 형이상학적 체계에서 전개된 사변철학적 경향을 떠나서, 객관적인 현실의 문제는 경험적이고 실증적인 증명을 요구하였다. 청조 고증학풍의 영향은 경전의 연구를 비롯한 역사·지리·제도에 관한 연구의 실증적 태도에 나타났다. 넷째, 개방된 태도이다. 실학파의 인물들은 그 시대의 모든 학술을 자유롭고 개방적인 자세로 이해하고 수용하였다. 양명학·고증학·서학을 비롯한 불교·노장에 이르기까지 폭넓은 관심을 보임으로써 주자학 일변도의 정통주의를 횡적으로 확대시켰다. 다섯째, 주체적 관점이다. 실학의 발생은 조선 사회의 현실 문제가 긴박하게 부딪쳐 왔던 상황이었고, 따라서 자기 발견의 자각적이고 자주적인 관점 위에 서게 되었다. 조선의 현실에 입각한 제도의 문제에 대한 관심은 조선의 역사·지리·언어·사회·경제에 관한 관심을 고조시켰으며, 여기에 민족의식이 구체화될 수 있는 기초가 마련되었던 것이다.[1]

양명학에 이은 실학의 실심과 실사적 개혁정신은 조선후기 문예에도

---

1   유승국, 『한국유학사』, 성균관대학교 동아시아학술원, 2011, pp.272~273.

적용되어 현실적이고 사실적인 아속겸비 심미의식으로 나타났다. 또한 자존과 개방적 사유는 모화적 문예의식 대신 조선의 고유미를 담는 문예의식으로 발전하여 문예 전반에서 이전과는 다른 개성적 문예물이 창작되었다. 조선후기의 다양한 문예 사조는 전통적 아문화의 추구와 함께 새롭게 인식한 실용적 사유들이 융합되어 나타난 것이었다. 실사와 실용에 대한 관심은 속문화에 대한 긍정의식을 일으켰고 현실참여 의지를 높였다. 조선성리학의 인물성논변, 양명학과 실학의 등장으로 인한 객관주의적 인식의 등장은 조선후기에 현실 자각과 자존의식을 일으켰다. 조선후기의 문예는 이러한 인식변화에 대한 고민을 예술적으로 승화하여 아속이 융합된 창조적 예술미를 발산한 것이다.

조선후기 문예사조에 나타난 아속겸비 심미의식은 한국전통의 원융의식과 주자학, 양명학, 실학 등의 영향을 받아 당대 문화혁신을 이끌어나간 문인들에 의해 주도되었다. 주자학과 한국전통의 정신을 융합한 목은 이색의 '천인무간'의 원융적 사유와 '인물성동론'의 일원적 사유, 양명학과 실학의 실심적 사유는 아속을 구분하려는 이원적 사고를 극복하고 아속 일원의 관점을 제공하였다. 이에 따라 노론의 경화사족을 중심으로 한 '인물성동론'의 문인들은 전통적 화이관을 극복하고 민족문화의 주체성을 강조하였다. 또한 양명학과 실학의 '실심'적 사유는 현실자각과 자존의 식을 일깨웠다. 이를 바탕으로 아속겸비적 심미의식은 조선후기의 문예 개혁을 이끄는 토대가 되었으며 다양한 문화를 창출하는 역량이 되었다.

제2절 | 현실인식과 자각적 예술인식

1. 현세적 삶의 반영과 일상을 긍정한 실實 정신

조선후기 인식의 변화는 조선중기 미수 허목(1595~1682)의 영향이 매우 크다. 미수는 선진유학 정신으로 조선 유학을 쇄신하고자 하였다. 이러한 학풍은 백호 윤휴(1617~1680), 반계 유형원(1622~1673) 등 근기남인의 학풍으로 이어지며 육경의 학문에 직접 들어가 그 본의를 해석하는 것 뿐만 아니라 천문, 지리, 노장학 등 박학의 학문 경향[1]을 보이며 시대 개혁의 의지가 되었다. 허목의 학문 성향은 조선후기 실학의 요체를 확립한 이익에게로 이어져 후기 사회에 거대한 영향을 끼쳤다.

윤휴는 무실務實과 실심實心을 주장하여 실학에 영향을 주었는데 정제두와의 교우관계에서 양명학의 영향을 받아 외주내왕外朱內王적 절충주의[2]의 태도를 보이며 조선후기 학예 다양화의 가능성을 열어놓았다. 허목과 윤휴는 학문 실천의 강조와 박학의 추구[3]라는 점에서 후기 조선 사회에 체험과 자득의 학예 풍조에 기여하였다. 박세당(1629~1703) 또한 독자적으로 경전을 해석하여 사문난적으로 지목받았지만, 그가 열어놓

---

1   신병주, 『조선 중·후기 지성사 연구』, 새문사, 2007, p.259.
2   신병주, 『조선 중·후기 지성사 연구』, 새문사, 2007, p.222.
3   신병주, 「17세기 중·후반 근기남인 학자의 학풍」, 『한국문화』 19호, 서울대학교한국문화연구소, 1997, 참고.

은 열린 사유는 자존과 자각적 사유를 일깨웠다. 박세당의 학문은 주자학과 불학과 노장의 사유가 공존하는데[1] 이러한 사유의 형성은 그가 독서를 통한 학문의 자득을 실천했음을 의미한다. 그가 『사변록』을 저술하여 당대 교리인 주자학설과 다른 독자적인 해석을 내놓은 것은 이를 증명한다. 그의 비판적 사유는 당대의 공소한 논쟁을 부정하였고, 본질과 실상에 주목하여 진真과 실實의 학예에 주목하였다.

군자는 힘써 스스로 자기의 덕을 이루어서 밖에서 구하는 것이 없어야 한다. 그러나 범물凡物 또한 모두 당연지실當然之實이 있지 않음이 없어서 그 처음과 끝이 된다. 만약 그 당연지실을 잃은즉 이는 그 물이 없는 것이다. 그러므로 군자가 물을 처리함에 또한 반드시 성誠을 귀하게 여기는 것이니 그 실을 다함을 구하는 것이다.[2]

박세당의 주장은 주자학에 도전하려는 것이 아니라 경서 연구를 통하여 주자학의 미흡한 점을 발견하고 자신이 견해로써 수정하려는 것이었다.[3] 그는 교조주의적인 학문관을 경계하고 실질을 바탕으로 독자적으

---

1   박주열, 『17세기 조선의 탈주자학적 문예비평의식 연구』, 성균관대학교 대학원, 박사학위논문, 2017, 참고.

2   박세당, 『西溪全集』 下, 「思辨錄」, 「中庸」, 第十五章: 言君子雖務自成己德而無求乎外 然凡物亦莫不皆有當然之實而爲其終始 若失其當然之實則是無其物也 故君子之處物也 亦必以誠爲貴 所以求盡乎其實也.

3   한국실학학회, 『동아시아 실학사상가 99인』, 학자원, 2015, p.44.

로 경서를 해석하였으며 이러한 학풍은 비판의식과 자각적 인식의 밑거름이 되었다.

근기남인과 소론의 학예와는 다르지만 노론에서 형성된 문예의 흐름 또한 강력한 문파를 형성하며 문풍의 혁신을 주도하였다. '진시眞詩'를 주창한 김창협, 김창흡 형제와 진경산수화를 제작한 정선은 노론에서 주도한 문화 흐름이었으며 진경문화의 주역이었다. 조선후기 사색당파는 학문의 집단이자 정치집단이므로 문예의 큰 흐름은 정치적 입장과 밀접하다.[1] 당파는 정치적 공동체이면서 학문적 공동체로서 문예관을 공유한다. 그러나 서로 다른 정치와 학문의 입장 속에서도 시대의 한계를 극복하고자 하는 개혁의지는 미의식 또한 실용적이면서도 근대적 관점의 미의식[2]으로 전환하게 하였다.

실학의 대두는 문예 인식의 저변을 숭고崇古적 전아典雅 지향의 문예 풍토에서 즉물적이며 시대의식이 담긴 개성적 문예의 흐름으로 바꾸었다. 실학은 성리학의 발전적 접근을 통해 리理 위주의 조선주자학의 보편주의에서 기氣 위주의 상황주의의 지향[3]으로 나아간 만큼 실학의 현실인

---

1   윤재환, 「조선 후기 근기 남인 학맥 소고」, 『국문학론집』 제21집, 단국대학교국어국문학과, 2011, p.282.

2   임형택은 「실학파문학과 한문단편」에서 「예덕선생」전과 「마장전」에 대해 참다운 우정의 모색을 평등·박애에 바탕을 둔 시민적인 윤리의 발단으로 보아 근대의식의 맹아로 해석하였다. 강명관은 「조선 후기 한문산문 연구의 비판적 검토」에서 이에 동조하여 평등·박애와 시민적 윤리는 근대의 핵심 내용이라고 하였다. 강명관, 「조선 후기 한문산문 연구의 비판적 검토」, 『조선 후기 문학의 성격』, 서강대학교출판부, 2010, pp.337~338.

3   허남춘, 「조선후기 예악과 실학, 그리고 시악」, 『반교어문연구』 제28집, 반교어문학회, 2010, p.200.

식에 대한 관심은 필연적인 것이었다.

성호 이익은 관념적 역사관을 극복하고 객관적 시세에 의하여 역사의 변동을 설명하려 하였으며, 의리와 명분에 대해서도 폐쇄적이고 고정적인 태도를 벗어나 각기 처한 시대적 상황에 따라 판단하고자 하였다.[1] 통변적인 그의 역사와 현실인식은 문예에도 적용되었다. 그는 당대 만연한 방고적 '아미雅美'는 무의미하다고 보았다.

옛사람의 시는 시골의 야인과도 같아 관도 스스로 만들고 대도 스스로 만들고 기물도 스스로 만들고 옷과 신발도 스스로 만들어서 진심이 드러나 공졸工拙을 분별할 수 있었다. 요즘의 시는 경읍의 선비와 같아 관도 빌려온 것이고 대도 빌려온 것이며 옷과 신발도 빌려온 물건이고 기물 또한 빌려온 물건이니, 비록 모두 아하여 볼만하다고 한들 모두 자기에게 있는 것이 아니며 동쪽 이웃에게 빌려 쓰고 서쪽 이웃에게 빌린 것이니 족히 칭할 것이 무엇이겠는가![2]

당시 문인들은 '아미'를 명분으로 전고와 모방을 당연시하였는데 이익은 이와 같은 안일한 문풍은 결코 진정한 아문화가 아니라고 하였다. 그는 무비판적 모방으로 상투적 작품이 범람하는 것을 지적하고 지금 여

---

1 김종진, 「「해동악부」를 통해 본 성호의 역사 및 현실인식」, 민족문화연구 제17호, 고려대학교민 족문화연구소, 1983, pp.19~27.

2 이익,『星湖僿說』권29「陶詩自故」: 古人之詩如荒郡野人 冠是自做 帶是自做 衣履是自做 器 物是自做 真心見而工拙可別也 今人之詩如京邑之士 冠是借物 帶是借物 衣履是借物 器物 是借物 雖都雅可觀 皆非己有 此物東隣借用 西隣借用 何足稱也

기에 현존하는 자각의식으로써 창작할 것을 주문하였다.

김창협 형제의 진정의 미학정신을 이어받은 연암 박지원 또한 공소한 논변을 일삼는 학풍을 지적하고 현실을 기반으로 '실'의 학문을 할 것을 주장하였다. 박지원은 학문의 목적은 실용과 실천에 있다고 보았다.

> 글을 읽고 실용을 알지 못하면 강학이 아니다. 강학을 귀하게 여기는 것은 실용을 위함이다. 만일 고상하게 성명을 말하고 극진하게 이기를 논변하며 각자 자기의 의견을 주장하여 서로 귀일 시키려고 애쓴다면 변론하는 즈음에 혈기가 용사하여 이기를 말하자마자 성정이 먼저 어그러지니 이것은 강학을 해친 것이다.[1]

박지원은 당시의 학자들이 학문의 본질을 망각하고 이기理氣와 성명性命으로 명분을 추구하는 것을 비판하고 학문의 본질은 실용에 있음을 천명하였다. 그는 "『시경』과 『서경』은 매화를 말하며 실만 논했지 꽃은 논하지 않았다."[2]고 강조하고 비근한 것으로 참신함을 추구하여 문학의 새로운 경지를 넓혀나갈 것을 제안하였다.

> 지금 자네는 비루하고 일상적인 말을 살펴보고 하찮은 일을 모았네. 어리

---

1   박지원, 『燕巖集』 권10 「原士」: 讀書而不知實用者 非講學也 所貴乎講學者 爲其實用也 若復高談性命 極辨理氣 各主己見 務欲歸一 談辨之際 血氣爲用 理氣纔辨 性情先乖 此講學害之也.
2   박지원, 『燕巖集』 「與石癡」: 詩書言梅 論實不論華.

석고 아둔한 남녀의 얄팍한 웃음과 진부한 일상의 일들이 모두 눈앞의 일이 아님이 없으니, 눈이 시리도록 보고 귀에 딱지가 앉도록 들어서 성 쌓는 노역자라도 당연히 여기는 것들이네. 그러나 비록 그렇다고 하더라도 묵은 간장도 그릇을 바꾸어 담으면 입에 새로움이 생기듯이 항상 익숙한 생각도 환경이 달라지면 마음과 눈이 또한 옮겨간다네.[1]

박지원은 비루하고 일상적인 것에서 생명성을 찾고자 하였으며 실용을 시대적 과제로 직시하였다. 그는 『열하일기』를 통하여 조국의 현실에 대한 안타까움과 주체의식을 서정과 해학으로 풀어냈다. 명의 멸망과 청의 부흥은 중화의식에 혼란을 초래하였고, 이적夷狄의 문화에 대한 관념적 비하는 실제 연행을 통해 충격적으로 전환되었으며 청나라와 조선의 현실을 자각하게 하였다. 그가 깨달은 것은 청나라의 제도에도 명나라의 전통이 섞여 있으며, 명의 유제와 이적의 문화는 양단할 수 있는 것이 아니라는 것이었다. 당시 이상적으로 생각했던 명의 문화조차 원의 문화가 섞여 있어 순수한 중화가 아니었던 것처럼, 관념에 있는 '고정된 이상'은 존재하지 않으며 실제 존재하는 것은 혼종 문화라는 것이다.[2] 이러한 깨달음은 문화 우월성에 대한 비판의식을 자극하였으며 우리 문화에 대한 자각과 관심을 이끌었다.

1   박지원, 『燕巖集』「旬稗序」: 今吾子察言於鄙邇 摭事於側陋 愚夫愚婦 淺笑常茶 無非卽事 則
     目酸耳飫 城朝庸奴 固其然也 雖然 宿醬換器 口齒生新 恒情殊境 心目俱遷.
2   이경구, 『조선후기 사상사의 미래를 위하여』, 푸른역사, 2013. p.93.

『시경』 정신을 이어받은 정약용(1762~1836)은 상시분속傷時憤俗이 아니면 시가 아니라고 하였다. 그는 시작詩作의 태도와 내용은 애군愛君·우국憂國·상시傷時·분속憤俗·미자美刺·권징勸懲이라고 규정하였다.[1]

무릇 시의 근본은 부자, 군신, 부부의 인륜에 있으니 혹은 즐거운 뜻을 밝히기도 하고 혹은 원모에 도달하게 하는데 있다. 그다음은 세상을 근심하고 백성을 긍휼히 여기며 항상 힘없는 자를 도우며 재산이 없는 자를 도와 헤매고 곁에서 애태워 그만두지 못하는 간절한 뜻이 있는 연후에라야 시라고 할 수 있는 것이다.[2]

정약용의 문예관은 문이재도적이지만, 그의 도의 지향은 형이상에 있는 것이 아니라 국가와 백성에게로 향한 실용의 도였다. 그는 백성의 일용에 관심을 가졌으며 그의 시는 백성들의 삶을 노래하여 당대 피폐한 백성들의 삶을 사실적으로 보여주었다. 정약용의 사회시에는 '온유돈후'를 넘어선 '온유격절'의 미의식이 있다.[3] 비록 공분에 한정된다 하더라도, 그는 사회시를 통해 정을 뛰어넘는 '격정'을 인간의 긍정적 정서로

---

1   정약용,『與猶堂全書』, 第一集詩文集 권21,「寄淵兒」: 不愛君憂國 非詩也 不傷時憤俗 非詩也 非有美刺勸懲之義 非詩也

2   정약용,『與猶堂全書』, 第一集詩文集 권21,「示兩兒」: 凡詩之本 在於父子君臣夫婦之倫 或宣揚其樂意 或導達其怨慕 其次憂世恤民 常有欲拯無力 欲賙無財 彷徨惻傷 不忍遽捨之意 然後方是詩也.

3   김흥규,『조선후기의 시경론과 시의식』, 고대민족문화연구소, 1982.

받아들였다. 그의 서정시는 '세속적 일상과 사물, 그리고 일상인'을 중심으로 일상의 감각적 흥취를 추구하여 그의 시 성격은 '일상의 대두'로 볼 수 있는데[1] 이것은 정약용의 아속겸비적 심미의식을 보여준다.

생활 주변에서 시의 소재를 찾으려고 하는 것은 18세기 시단의 중요한 특징이다.[2] 조선후기 문인들은 효용론적 문예 인식을 가지고 있었으나 실제 창작에 있어서는 다른 관점으로 구현되었다. 예를 들면 김창협 등 노론 낙론계열의 문예관은 천기를 바탕으로 현실의 개인 정감의 발현과 문예의 독창성을 중요하게 생각하는 순수문예적 효용관이라면, 근기 남인계열의 문예관은 현실극복의 의지를 담은 현실참여적 효용관이 주류를 이루었다. 그러나 이들에게 공통된 문예인식관이 있는데 문예는 현실성과 사실성, 독창성을 바탕으로 창작해야 한다는 점이었다.

박제가(1750~1805)는 「성시전도응령」[3]으로 18세기 도시 한양의 역동

---

1   박무영, 「실학파의 한시와 일상성」, 『실학과 문화예술』, 경기문화재단, 2004, pp.79~85.

2   안대회, 「박제가 시의 사물·인간·사회」, 『18세기 조선지식인의 문화의식』, 한양대학교출판부, 2002, p.187.

3   박제가의 「성시전도응령城市全圖應令」은 정조의 명을 받고 1792년에 창작되었다. 「성시전도시」의 명을 받은 자는 박제가 이외에도 내각의 각신과 검서관 초계문신 등이며 문체는 '칠언백운고시' 시제는 '성시전도' 압운은 '시'로 정하여 3일의 기한을 주었다. 「성시전도」는 4년 후 그림으로도 그려진 기록이 『내각일력』에 있다. 정조는 1796년 자비대령화원의 녹취재에 '속화 성시전도'를 시제로 하여 시의도를 그리게 하였는데 현재는 남아있지 않다. 「성시전도시」는 현재 이덕무, 박제가, 신광하, 서유구, 이만수, 유득공, 신택권, 이학규, 신관호, 정동간, 이희갑, 김희순, 이집두 등 13인의 작품이 남아있다. 정조가 「성시전도시」와 「성시전도」도를 제작한 이유는 알려져 있지 않지만 「청명상하도」의 영향이라고 추측할 수 있다. 「성시전도시」는 한양을 둘러싼 산과 한강 등 자연경관과 성곽, 궁궐, 종묘와 사직, 거리와 마을, 관아, 시전, 개천, 사적과 명승, 놀이와 풍류, 세시풍속, 인물과 동물 등 도시경관이 생동감 있게 묘사되어 조선후기 활기 넘치는 한양의 모습을 생생하게 감상할 수 있다. 박현욱, 『성시전도시로 읽는 18세기 서울』, 보고사, 2015, 참고.

적인 모습을 실감나게 묘사하였다. 박제가는 연행으로 청대의 선진문물을 경험하였으므로 도시의 활력과 매력을 누구보다도 잘 알고 있었다. 그의 「성시전도응령」은 장대한 규모로 당대 한양의 화려한 풍물과 인정세태를 사실과 해학으로 묘사하여 조선후기 사회의 풍속을 생생하게 전달하였다.

배오개 종루와 칠패
바로 도성의 3대 저자라
수많은 장인 생업하고 사람들은 어깨 부딪치고
온갖 물건 이익을 쫓고 수레들 이어졌네.
봉성의 융모와 연경의 비단실
북관의 마포와 한산이 모시라
……
머리 빗는 젊은 부인네 최신 화장이 으뜸이고
새끼줄 주렁주렁 늘어지고 문은 반쯤 열려있네.
홀연 한가로이 걸어 큰길을 지나려는데
서로 너니 나니 다투는 소리 들리는 듯하네.
사고파는 일 끝나고 설희를 청하는데
광대들 복색은 놀랍고도 해괴하구나.
우리나라 줄타기는 세상에 없는 것이라
줄 위를 걷고 공중에 거꾸로 서는 것이 거미가 매달린 듯

따로 꼭두각시 있어 마당에 오르려는 참에

칙사가 동쪽에서 나와 따귀를 한 대 치네.[1]

당시 시전의 세태와 풍속을 묘사한 박제가는 마치 여항을 누비며 기록하듯이 시를 써서 그림을 보는 것과 같은 현장성을 구현하였다. 박제가의 「성시전도응령」은 도시의 역동성을 시로 담아 후대에도 활력에 찬 조선의 모습을 상상할 수 있게 하였다.

전아한 시도 계속해서 모방하면 고루해져 속된 시가 된다. 의고를 통한 전아의 추종은 변화하는 시대의 미감을 소화하지 못한 채 문예의 지체 현상으로 남았고 혁신은 자연스럽게 시대 과제로 부상하게 되었다. 현실에 대한 관심은 속됨이 아니라 시대 가치관으로 부상하게 된 것이다. 현실은 곧 밥 먹고 사는 일상이며 이 일상은 예술의 대상이 되었다. 혜환 이용휴(1708~1782)는 이러한 일상이 곧 법이라고 보았다. 이용휴는 평양으로 부임하여 떠나는 번암 채제공(1720~1799)에게 이와 같은 마음을 담아 송별시로 전하였다.

사람 사는데 특별한 법이 없지 人生無別法

옷 입고 밥 먹는 것이지 着衣與喫飯

다스림에도 특별한 방법이 없지 爲治無異術

1   박현욱, 『성시전도시로 읽는 18세기 서울』, 보고사, 2015, pp.78~79.

각자 원하는 바를 얻도록 하는 것이지. 使各得其願.[1]

조선후기에 이르면 모든 자연 만물이 다 시의 소재가 될 수 있고, 자연의 변화와 함께 인간 세태와 물정이 변하는 것도 시의 대상이 되었다.[2] 이용휴는 일상성에 밀착하여 현실과 일상을 시적으로 파악하였다.[3] 그는 가장 일상적인 생활과 일상적인 사람들을 대상으로 시를 썼지만, 당시로는 기궤첨신奇詭尖新의 시풍으로 평가받았다. 당시의 문인들은 한·당풍을 모방하여 고인을 흉내 내는 것을 전아한 문풍으로 인식하였으며 용사를 통한 적절한 모방은 찬사를 받았다. 이러한 문예 풍토에서 이용휴의 시는 일상을 대상으로 시화하였으므로 당시로는 파격적인 시풍으로 인식되었다. 시란 문인들의 전유물이었으며 도를 담는 그릇이었으나, 일상은 속되고 보잘것없는 하찮은 존재였다. 그러나 이용휴는 이러한 일상이 곧 삶의 법이며 시적 진실임을 표명하였다.

'밥 먹고 사는 것이 법이 되고 시가 되는' 이용휴의 시 인식과 같이 조선후기는 '현실'이라는 새로운 소재가 문예에 도래하여 눈 앞에 펼쳐진 모든 것을 대상화하였다. 회화 또한 사실주의와 현실주의를 바탕으로 풍속화와 진경산수화가 발흥하여 조선회화의 고유미를 확보하였으며 초

---

1 이용휴, 『㦗㦗集』 「奉送蔡大夫濟恭出按北藩」: 人生無別法 着衣與喫飯 爲治無異術 使各得其願.
2 임유경, 「조선 후기 천기론의 발달과 전개」, 『우리한문학사의 새로운 조명』, 집문당, 1999, p.263.
3 안대회, 『18세기 한국한시사 연구』, 소명출판, 1999, p.268.

상화 또한 인간미를 담은 새로운 화풍으로 진전할 수 있었다. 조선후기에 발현된 '실'의 관념은 현실인식과 일상성을 깨우치며 아속겸비 문예 인식의 기저가 되었다.

2. 개방적 사유와 경험 중시의 유遊 정신

학문의 발전과 국제 교류는 고정관념의 전환을 이끌었다. 실용과 실사가 주도하는 인식의 세계는 공감과 확산을 일으켰으며 경직된 사유에서 벗어나 기존 질서에 대한 고정관념을 부정하고 새로운 사유에 대한 각성을 촉구하였다. 이익은 경전의 가르침 또한 고정적인 것이 아니라 시대 변화에 대응하여 이해해야 하며 수시변통을 해야 한다고 강조하였다.

> 경經이 있으면 변變이 있다. 변은 반드시 옛날에 기필해야 하는 것은 아니다. 그러므로 예가 비록 선왕 때에는 없었던 것이라 하더라도 의로써 만들어낼 수 있고, 일은 상常에 위배된다고 하더라도 반드시 옛 법에 얽매이지 않을 수 있다.[1]

이익은 고정관념에 대한 제고와 사유의 개방성을 촉구하였다. 이익은 "시대가 다르면 일의 상황 또한 다르기 때문에 한 가지로 판단할 수 없

---

1   이익, 『星湖僿說』 권12 「人事門」 遵先王: 且有經則有變 變未必古有 故曰 禮雖先王未之有 可以義起 事或反常 有不必泥古者.

다"[1]고 하여, 경전에 얽매여 단선적으로 판단할 것이 아니라 시대 상황에 따라 유연하게 대처해야 한다고 하였다.

청나라와의 교류는 기존 질서에 회의를 던졌다. 전통 화이관으로는 대국으로 성장해 가는 청나라의 존재를 설명할 수 없었다. 일부의 문인들은 청나라와의 직접 교류를 통하여 굴기하는 청나라와 북벌의 허상을 보았으며 자국의 후진적 실태를 깨달았다. 이제 청나라는 북벌의 대상이 아니라 배워야 하는 학습의 대상이 되었다.

북학으로 인한 화이관華夷觀의 변화는 아속관雅俗觀을 변화시켰다. 존주尊周는 아雅의 실체였으나 북학은 속俗의 실상이다. 바뀐 화이관은 아·속의 가치관 또한 전복시킬 수 있었다. 청나라의 실체를 경험하고 『열하일기』를 통해 이용후생을 밝힌 박지원은 아·속 분별의식은 시대 역행적 사고임을 지적하고 아속통변으로 새로운 문화를 창조해 나갈 것을 촉구하였다. 북학을 통한 그의 시대 인식은 객체와의 관계를 배타적 관계로 인식하는 것이 아니라 현재에 처한 상황에 입각하여 각각의 독자성을 살리는 개방적 태도였다.[2] 이러한 박지원의 개방적 사유체계는 아속관에도 적용되었으며, 그는 아·속을 나누는 자는 '합변合變의 기機'와 '제승制勝의 권權'을 모르는 자라고 단언하였다.

---

1   이익, 『星湖僿說』권24「經史門」經解: 然時有不同 事或有別 不可以一槩裁之.
2   박수밀, 「연암 박지원의 사유 방식」, 『18세기 조선지식인의 문화의식』, 한양대학교 출판부, 2002, p.109.

저 글자나 句의 아속을 평하고 편과 장의 높고 낮음을 논하는 자는 모두 합변의 기미와 제승의 권을 모르는 자이다.[1]

권權이란 상황성이며 현실감각을 의미한다. 이러한 그의 시대정신은 연암일파에게 나타나는 공통적 사유였다.[2] 화이관의 전환과 함께 통변적 아속관을 표명한 박지원의 문예 인식은 조선후기 아속겸비적 심미의식을 대표적으로 보여준다. 그의 개방적 사유와 수시처변의 현실인식은 조선후기 문예의 인식 지평을 넓혔고, 그의 문학 작품은 고금과 아속을 아우르는 예술성으로 당대에는 물론 현대까지 조선후기의 대표적 작가로 존재하게 하였다.

현실인식의 변화와 개방적 사유는 홍대용을 통해서도 볼 수 있다. 인물성동론에 이어 '인물균론人物均論'을 제기한 그는 "천지가 변함에 따라 인물이 많아지고 인人·물物이 많아짐에 따라 물物·아我가 나타나고 물·아가 나타남에 따라 안과 밖이 구분된다."[3]는 상대적 관점을 주장하였다. 그에게 있어 물·아는 단순히 안과 밖일 뿐이다. 이렇듯 관점의 상대성을 주장한 그의 사유는 새로운 사유의 발생 가능성을 여는 것이었다. 그는 화이華夷의 구분을 '문화적 우열'로 구분하는 것이나 '지리적 중심과 변

---

1   박지원, 『燕巖集』 「騷壇赤幟引」: 彼評字句之雅俗 論篇章之高下者 皆不識合變之機 而制勝之權者也.
2   박수밀, 「연암 박지원의 사유 방식」, 『18세기 조선지식인의 문화의식』, 한양대학교 출판부, 2002, p.112.
3   홍대용, 『湛軒書』 內集 권4 「毉山問答」: 夫天地變而人物繁 人物繁而物我形 物我形而內外分.

방'으로 구분하는 것을 반대하고, 단순히 피아彼我로서 인식하여, 이夷로서의 조선 또한 주체성 또는 자기중심성을 발휘할 수 있다고 보았다.[1] 홍대용은 고정관념을 극복하고 새로운 지식을 수용하여 객관적 사유의 토론 문화를 조성하고자 하였으며, 편견을 앞세운 주장을 버리고 신지新知로써 시비를 밝혀 나갈 것을 강조하였다.

> 선입견을 주장하지 말고 새로운 지식을 받아들이자. 우물거리며 모호하게 하지 말며 시비를 명확히 분별하자. 오직 내가 바라는 것은 이것에 지나지 않는다.[2]

이와 같은 홍대용의 주장은 고정관념에 대한 반성과 객관적 사고를 촉구하는 것이었다. 주자학적 인식 세계는 국가를 유지하는 체계였지만 오랜 기간 주자학적 사유만이 일률적으로 추구되어온 조선 사회에는 새로운 사유의 접근이 막혀 있었다. 이로 인하여 고정관념은 팽배하였고, 문인들은 자기의 입장을 기존관념 속에 매몰하여 적당히 은신하였다. 홍대용은 이러한 문인 관습을 지적하고 열린 사유로서 신지식을 받아들여 폐쇄적이고 정체된 학문 풍토를 개선하고자 하였던 것이다.

열린 사유로의 초래는 천기론과 함께 문예의 아속겸비적 심미의식을

---

1   김인규,『홍대용』, 성균관대학교 출판부, 2008, p.183.
2   홍대용,『湛軒書』內集 권3「與蔡生書」: 毋主先入 以來新知 毋爲含糊 明辨是非 區區之望 無過於此.

182

이끌었다. 천기의 주장은 인심의 영역을 확장하며 문이재도적 관점에서 벗어나 개인의 개성을 드러낼 수 있는 길을 열었다. 조선후기 산수유람 기는 유遊의 정신을 확산시켰다. 천기적 문예를 주장한 김창협 문파는 산수유람기와 연행기을 통해 변화된 산수관과 세계관을 보여주었으며, 이들의 유람기와 연행기는 후대의 유람기와 연행기의 모범이 되었다. 특히 농암 김창협의 『동유기』와 노가재 김창업(1658~1721)의 『노가재연행록』은 후대 문인들에게 지대한 영향을 끼쳤다.

이들의 산수 유람 열풍은 산수유람기의 범람을 가져왔으며[1] 김창업의 『노가재연행록』은 홍대용의 『을병연행록』과 박지원의 『열하일기』를 견인하는 계기가 되었다. 이들은 유遊의 체험을 통해 세계관을 확대하였다. 몸소 체험하는 자연과 해외 문명의 경험은 관념적 사유에서 벗어나 객관적인 현실을 인식하는 계기가 되었다. 관념으로서의 자연과 존주의식은 체험을 통해 실존적 인식으로 거듭나며 자연관과 화이관의 변화를 가져왔다. 그들에게 있어 유遊는 현실과 이상理想의 경계이기도 하였다. 유遊를 통해 현실을 떠나 이상으로 나아갔으며, 유遊를 통해 다시 현실로 돌아왔다. 유遊는 자유로운 정신세계로 가는 문이었다. 조선후기의 문인들은 유遊 정신을 통해 경험주의를 확산하였고 인식의 지평을 넓혀 나갔던 것이다.

1   고연희,『조선후기 산수기행예술 연구』, 일지사, 2007, 참고.

3. 조선풍朝鮮風의 주창과 주체의식의 성장

　조선후기의 현실인식은 민족자각의식으로 이어졌다. 조선후기는 전통질서를 강화하려는 권력층의 의지와 전통을 재편하려는 지식인의 사상적 갈등이 전개되는 가운데 우리 민족에 대한 관심이 고조되었고 일부 문인들은 민족적 정서를 문예대상화 하였다. 특히 천기에서 발로한 성정지진의 자득이론은 민족정신을 함양하였으며 즉물형상화와 사실주의 정신 또한 우리 문화에 대한 관심으로 이어졌다. 이러한 민족 정체성에 대한 관심은 '조선풍'의 의지로 나타났다. 화이관과 아속관을 극복한 박지원은 맹목적인 중국풍의 추종을 버리고 우리 국토와 문화에 관심을 가질 것을 촉구하였다. 그는 '조선풍'에 대한 의지를 이덕무의 시집『영처고』의 서문을 통해 밝혔다.

　지금 무관은 조선 사람이다. 산천과 풍기, 지리가 중화와는 다르고 언어와 풍속이 한·당의 시대가 아니다. 만약 중국의 문장법을 본받고 한·당의 문체를 답습한다면 우리는 한갓 문장법이 고상하면 할수록 뜻은 실제로 비루하게 되고, 문체가 한·당과 비슷하면 할수록 말은 더욱 거짓이 될 뿐이다. 우리나라가 비록 한쪽으로 치우쳐 있지만 천승국이며 신라와 고려가 비록 검소하기는 하나 민간에는 미속이 많았으니 우리나라 토속 말을 한문으로 쓰고 민요를 운율로 하면 자연스럽게 문장이 이루어지고 진기가 발현될 것이다. 이전의 것을 답습하는 것을 일삼지 않고 남의 것을 빌려 쓰지 않으며 현재와 즉사에 따라서 작품을 지어야 한다. 오직 무관의 이 시만이 그러하다…… 이를 일러 조선풍이라고 해도 될 것이다.[1]

박지원은 우리나라의 언어와 풍속이 중국과 달라서 중국의 규범에 맞추면 작품의 진정성이 훼손된다고 보았다. 그는 중화의 절대성을 부정하고 우리의 정서는 우리의 언어로 창작하여야 작가의 진眞을 담을 수 있다고 보았다. 또한 현재現在와 즉사卽事로써 우리의 미속을 담아내는 것을 진기眞機의 발현이라고 하였는데 그는 이것을 '조선풍朝鮮風'이라고 하였다. '조선풍'이란 『시경』 「국풍」에 빗댄 표현이며, 조선의 「국풍」이란 의미였다. 박지원과 학예를 교류한 담헌 홍대용 또한 "공자가 주나라 사람으로서 『춘추』를 지었듯이 만일 공자가 구이九夷에 살았다면 역외 『춘추』를 지었을 것"[2]이라고 하여 중화의 논리 또한 상대적 인식임을 밝히고 자국 중심의 주체적 역사인식을 강조한 바 있다. 이러한 것을 볼 때 박지원 또한 '조선풍'을 역외 『시경』과 같은 존재로서 육경과 나란히 견줄 수 있는 아문화로 여겼던 것이다.

주체적 역사인식의 강조는 근기남인인 다산 정약용 또한 마찬가지였

---

1 박지원, 『燕巖集』 「嬰處稿序」: 今懋官朝鮮人也 山川風氣地異中華 言語謠俗世非漢唐 若乃效法於中華 襲體於漢唐 則吾徒見其法益高而意實卑 軆益似而言益僞耳 左海雖僻國 亦千乘羅麗雖儉 民多美俗 則字其方言 韻其民謠 自然成章 眞機發現 不事沿襲 無相假貸 從容現在卽事森羅 惟此詩爲然……雖謂朝鮮之風可也.

2 홍대용, 『湛軒書』 內集 권4 「毉山問答」: 孔子周人也 王室日卑 諸侯衰弱 吳楚滑夏 寇賊無厭 春秋者周書也 內外之嚴 不亦宜乎 雖然 使孔子浮于海 居九夷 用夏變夷 興周道於域外 則內外之分 尊攘之義 自當有域外春秋 此孔子之所以爲聖人也.

다. 홍대용을 비롯한 박지원 등 북학파와 정약용은 비슷한 시기에 함께 살아가면서 서로 당색은 달랐지만 민족성의 발양에는 선후가 없었다. 정약용은 또한 '조선시'를 주창하며 민족 문예의식을 고양하였다.

> 노인의 한 가지 즐거운 일은 老人一快事
>
> 붓 가는 대로 미친 듯 쓰는 일 縱筆寫狂詞
>
> 어려운 운에 구속되지 않고 競病不必拘
>
> 고심하고 다듬느라 더딜 필요 없으니 推敲不必遲
>
> 흥이 나면 곧바로 뜻을 생각하고 興到卽運意
>
> 뜻이 이루어지면 곧 시를 쓰네. 意到卽寫之
>
>   나는 조선 사람 我是朝鮮人
>
> 즐거이 조선의 시를 지으리 甘作朝鮮詩
>
> 그대는 마땅히 그대의 법을 따르면 되니 卿當用卿法
>
> 작시법에 맞지 않다고 따지는 자 누구인가 迂哉議者誰.
>
> 번거로운 구구격율을 區區格與律
>
> 먼 데 사람들이 어찌 안단 말인가 遠人何得知. (其五)[1]

정약용의 '조선시' 추구는 민족정신을 바탕으로 한 자유로운 시정신에 있다. 그는 전통 한시의 규범을 모범으로 삼는 대신, 당대의 현실을 비

---

1   정약용,『與猶堂全書』詩集 권6「老人一快事」.

판하고 풍자하면서 민족을 향한 애정의 시선으로 조선의 시정신을 구축하였다. 그의 '조선시'의 바탕은 목민관의 심정으로 사회 개혁을 이루어야 한다는 현실인식과 함께 한시의 형식적 제약의 틀을 극복하고 시어와 용사 등에서 당대 조선인의 정신을 형상화하는 것이었다.[1] 그의 자존적 문예관은 중화중심의 전통적 아속관雅俗觀을 극복하여 민족과 시대정신이 담긴 '조선시'와 '조선시정신'을 남겼다.

문학에서 박지원과 정약용이 조선의 문예정신을 제창하였다면, 김홍도는 회화로써 민족의 정서와 풍속을 담아냈다. 그의 풍속화는 서민들의 역동적인 생활 현장을 찾아가거나, 서민과 양반이 한 생활공간에서 활동하는 장면을 담아 당시 신분 사회의 단면을 보여주었다. 김홍도의 풍속화에 등장하는 서민들은 활기차고 건강하며 생활에 충실한 모습이다. 그의 〈자리짜기〉(그림5)는 단란한 어느 가정의 일상적 생활을 보여주었는데, 이 그림은 한 가정의 희망적 전망과 회화의 교화적 목적이 동시에 수행되고 있다. 아버지는 짚으로 자리를 짜고 어머니는 물레를 자아 실을 뽑는다. 부부가 열심히 일하는 동안 어린 자녀는 책을 펴고 막대기로 글자를 짚으며 부지런히 글을 읽고 있다. 차림새로 보아 이들은 서민인 듯하지만 부지런한 부모와 성실한 자녀의 모습을 통해 김홍도는 서민 가정의 희망적 미래를 암시하였다. 이러한 풍습은 현대 가정의 모습과 흡사한데 김홍도는 자녀교육에 헌신하는 부모상을 조선후기의 시점에서 보

---

1   정대림, 『조선시대 시와 시학의 현장』, 태학사, 2014, pp.612~617.

그림 5. 김홍도, 〈자리짜기〉, 지본담채, 27.0×22.7cm, 국립중앙박물관 (左)
그림 6. 김홍도, 〈서당〉, 지본담채, 27.0×22.7cm, 국립중앙박물관 (右)

여주었다.

　김홍도의 〈서당〉(그림6)은 평민과 양반이 함께 공부하는 조선후기의
교육 현장이다. 〈서당〉의 울고 있는 아이 옆에 암암리에 뭔가를 시도하는
왼쪽의 아이들은 서민의 아이들이다. 왼쪽 앞의 아이는 손으로 책을 가리
키고, 중간의 아이는 책을 뒤적이며 뭔가를 찾고 있는 듯 보이는데, 뒤에
앉은 아이는 손으로 입을 가리고 뭔가를 속삭이는 듯이 보인다. 널브러진
책이 앞에 있는 것으로 보아 울고 있는 아이는 훈장으로부터 야단을 맞고
있는데 왼쪽의 아이들은 우는 아이를 도와주려는 시도로 보인다. 반면에
오른쪽에 앉은 아이들은 도포를 입은 양반집 자녀들이며 이들은 우는 아
이를 재미있게 바라본다. 훈장의 꾹 참은 웃음에는 인정으로 가득 찬 해

그림 7. 김홍도, 〈씨름〉, 지본담채, 27.0×22.7cm, 국립중앙박물관 (左)
그림 8. 김홍도, 〈무동〉, 지본담채, 27.0×22.7cm, 국립중앙박물관 (右)

학이 담겨있다. 평민과 양반이 함께 공부하는 모습을 그린 〈서당〉은 교육에 귀천이 없는 조선사회의 모습이다. 김홍도는 평민과 양반 간의 미묘한 흐름을 해학적으로 구사하여 당시 신분 사회의 일면을 노출하면서도 한바탕 웃음으로 바라볼 수 있는 넉넉한 시선을 보여주었다.

〈씨름〉(그림7)은 각양각색의 인물을 승부의 극적 순간을 통해 화면의 인물과 감상자의 시선을 한 곳으로 모으는 효과를 냈다. 상대 선수를 들어 올린 씨름 선수의 역동적 얼굴선과 들어 올려진 선수의 당혹한 얼굴은 서로 대비되며 한판의 승부를 보여준다. 원형으로 펼쳐진 구경꾼들은 반상의 구분없이 모두 이 한판에 집중하고 있다. 씨름판 옆으로 벗어 놓은 가죽신과 짚신은 그들의 신분을 말해주지만, 현재는 당당한 승부의

189

시간이다. 신발의 위치로 보아 상대를 들어 올린 인물이 짚신의 주인공이고, 가죽신의 주인공은 상대 인물에 잡혀 있다. 김홍도는 양반과 서민을 한 공간에 모아 한 에너지로 집중하게 하였으며 건강하고 힘찬 서민의 정서를 해학적으로 풀어냈다. 이러한 순간을 오른쪽 밑에 앉은 두 명의 인물은 놀라움으로 표현하였다.

〈무동〉(그림8)의 역동적 순간 또한 민족적 기운으로 가득 차 있다. 춤과 노래가 한마당에 어우러진 〈무동〉은 시각적 에너지와 청각적 에너지가 융합하여 신명나는 한판을 이룬다. 조선후기의 인물들은 김홍도의 따뜻한 시선 아래 화폭에서 재탄생하였다. 그는 신분의 차이를 뛰어넘은 다양한 교유관계를 통해 시중지미時中之美를 자각하였고 고금무간古今無間과 아속무간雅俗無間의 진오眞吾의 예술세계를 펼쳤다.[1] 그의 작품에 등장하는 인물들은 서민에서 양반, 어른에서 아이, 남녀노소를 구분하지 않았으며, 다양한 직업군의 여러 가지 생활 사연을 순간적으로 포착하여 삶의 순간을 예술로 구현하였다. 그의 필치에 의해 되살아난 인물들은 삶의 에너지와 갈등, 휴식의 순간까지 우리 민족의 정신을 담고 있으며 아속원융적 미의식이 드러나는 그의 화풍은 우리 민족 예술의 고유성으로 뿌리내렸다.

회화는 전통적으로 교화의 초석이었다. 성현의 인물과 고사를 통해 감계를 유도하는 회화는 정치와 밀접한 관계가 있다. 이러한 기능을 담당

1 　조동원, 『단원 김홍도 회화의 심학적 진경미학 연구』, 성균관대학교 대학원, 박사학위논문, 2015, pp.46~52.

한 화원화는 정조시기에 특히 그 정신이 발휘되었다. 정조는 자신의 정치 이상을 회화를 통해 구현하려고 하였다. 정조는 차비대령화원의 시험과목을 『시경』에서 차용하여 태평성대의 시대를 담고자 하였으며 국왕 행차의 모습을 회화로 남겨 국가적 위용을 과시하였다. 〈화성능행도병〉에는 국가 행사의 의연함과 여러 신기물이 표현되어 기술국가로 도약하려는 정조의 의지를 담았으며 이러한 광경에는 백성들이 참여하여 경세제민과 태평성대의 국가 이상을 시각화하였다. 이덕무는 「성시전도시」에서 다음과 같이 그의 시대를 노래하였다.

숭례문 밖에는 무엇이 보이는가 崇禮門外何所見

십리 강창에는 곡식이 억만 섬이네 十里江廠粟億秭

안개 낀 물결 너머 아득히 보이는 삼남의 배 烟波極望三南舶

총총히 늘어선 돛단배 만 척이나 정박해 있네 簇簇帆竿萬艘艤

돈의문 밖에는 무엇이 보이는가 敦義門外何所見

봄날 교외에서 창을 휘두르고 원기놀이 하고 있네 舞槍春郊猿騎駯

반송지 물은 푸르러 물을 들일 수 있을 것 같고 蟠松池水綠可染

푸른 연꽃은 물결에 흔들리고 백지도 잠겨 있네 演漾青荷涵白芷

흥인문 밖에는 무엇이 보이는가 興仁門外何所見

적무에서 농부가 푸른 쟁기 잡고 있네 耤畒農人秉青耜

화양정은 우뚝하고 석책은 오래 되었는데 華陽亭迥石柵古

하늘에 맞닿은 푸른 초원에 준마들이 달리고 있네 碧草粘天騰駃騠

혜화문 밖에는 무엇이 보이는가 惠化門外何所見

푸른 숲 흰 모래밭 점점이 이어졌네 點綴靑林白沙嘴

북둔의 복숭아꽃 온 천하에 붉은데 北屯桃花天下紅

푸른 냇가 집집마다 낮은 울타리 短籬家家碧溪沚

견고하고 비옥한 우리 땅 참으로 아름답고 金城天府儘美哉

태평성대 또한 즐겁구나. 壽域春埴亦樂只[1]

농촌을 주로 노래한 정약용과 이덕무의 시세계는 서로 다르다고 할 수 있지만, 시대를 생각하며 지은 그들의 시에는 '아속공존의식'이 담겨있다. 그들은 민족의식을 바탕으로 아속이 한데 어우러진 화해를 지향하였던 것이다. 조선후기의 시인들은 궁궐의 위정자에서부터 시골 노인, 도시의 행상인과 순박한 촌부, 풍요로운 도시 물정에서 가난한 시골 살림까지 구석구석 민족의 삶을 노래로 끌어안았다.

현실 자각과 민족 자존의식에서 나온 예술의식은 '조선풍'과 '조선시' 등 민족 예술을 선도하여 우리 고유미의 확보하였는데 이러한 바탕에는 민족의 뿌리로서 민중의 삶을 소중한 시각으로 바라본 문인들의 아속겸비적인 예술 창작의식이 있었다. 그들은 민족의 삶의 현장과 희로애락을 예술로 승화하였고 삶의 공동체로서 한 뿌리 의식을 자각하고 민족 화해의 의지를 미래 전망으로 제시하였다.

---

[1]　이덕무, 박현욱 역, 『성시전도시로 읽는 18세기 서울』, 보고사, 2015, pp.52~53. 『靑莊館全書』 권20「雅亭遺稿」城市全圖.

제3절 | 정법定法에서 활법活法으로의 예술인식 전환

아雅와 속俗은 당시 귀족층의 미의식을 대변하지만, 그 내용은 문화관의 변화로 인해 시대에 따라 다르게 나타난다. 우리나라의 아속 관념은 내용적 측면에서는 크게 변함이 없었으나[1] 명대 중반에 발흥한 양명학적 사조와 조선 성리학의 인물성론의 인식, 실학의 영향을 받아 조선후기에는 아속 관념의 일대 변화가 일어났다. 아雅 관념의 수용 이후 아에 대한 기본적 개념, 즉 경전에 기본한 정통성으로서의 아에 대한 관념과 작가의 덕성을 강조하는 아문화의 추구는 조선 후기에도 여전하지만, 다양한 사조의 등장과 사회, 경제, 문화의 발전과 변화로 인하여 문예 창작에도 새로운 예술 경향이 생겨났다. 이에 대하여 나종면은 조선후기 문예의 지향성이 '고古에서 금今', '아雅에서 속俗', '법法에서 아我'로 전환하였다[2]고 하여 조선후기 문예의 일대 변화를 정리하였다. 이러한 변화는 조선후기 문예사조의 아속겸비적 경향을 대변한다.

'고에서 금', '아에서 속', '법에서 아'로의 전환은 전통과 창신의 갈등 속에서 창신이 더욱 존중받았음을 의미한다. 조선후기의 문인들은 아문화 전통, 즉 고정화된 법으로는 변화하는 세계를 담아낼 수 없었다. 또한 자존적 욕구는 개성적 창작의지를 일으켰다. 그러한 갈등 속에서 그

---

1   우리나라 아속관의 수용과 변화에 대해서는 임명호, 『조선후기 한문학의 아속론 연구』, 부산대학교 대학원, 박사학위논문, 2010. 참고.

2   나종면, 『18세기 조선시대의 예술론』, 한국학술정보, 2009, p.243.

들은 '활법活法'을 깨달았다. 가장 중요한 법은 자신의 진정성이었다. 진정성이야말로 모든 것에 앞서는 참됨이었다. 진정성은 자신에게서 나온다. 법이 자신에게 있다는 것은 '무법無法'을 말하는 것이 아니라 '활법'을 의미하며 '시중지도時中之道'를 예술작품에 구현하는 것이다. 조선후기의 문예는 실존적 인식을 통하여 문예의 '정법定法'을 '활법活法'으로 전환하여 전통과 창신을 융합하고 동아시아의 전통 속에서 민족을 발견하여 조선 예술로 거듭나게 되었다.

1. 서사성정抒寫性情과 성정지진性情之眞의 자득 추구

문예에 있어 서사성정抒寫性情은 전통적인 개념이다. 『시대서』에서 성정性情을 언급한 이후 동아시아의 거의 모든 예술은 서사성정을 말하였다. 시대와 논자에 따라 그 내용이 다르지만, 성정은 송대 이후 철학의 주요 개념으로 등장하면서 문인들의 주목을 받았다. 우리나라는 주자학이 도입된 후 서사성정과 성정지정性情之正의 논의는 문인예술의 중심 개념이었으며[1] 문예의 성정은 주자학적 개념과 동일하지 않지만, 수양을 통한 문인의 인격은 문예관의 바탕이며 예술로 형상화되는 것이라고 여겼다. 목은 이색은 성정을 도야한 이후에야 문장의 아속이 달라진다고 하

---

1 조선시대 성정론의 형성과 변용에 관해서는 이향배, 『한국한시비평론』, 이회, 2001, pp.93~136. 참고.

여 성정을 아속의 분기점으로 이해하였다.[1] 그런 의미에서 문인의 인격 수양은 예술에서도 중요시되었고 예술 창작품은 문인의 인격이 반영되는 것으로 인식하였다. 그러나 조선후기에 유입된 양명학적 천기론은 정치와 윤리 도덕에서 문예를 분리하였다. 김창협은 천기로 인한 성정의 발로에서 시를 써야만 '진시眞詩'라고 하였다.

나는 시란 성정지물이라고 본다. 오로지 천기가 깊은 사람만이 능히 시를 지을 수 있다. 만약 억척스럽고 몽매한 사람이 한갓 성병과 격률에 구구하게 매달려 창자를 뽑아내듯 아로새겨 공교함을 드러내면서 스스로 시인이라 자부한다면 이런 자에게 어찌 다시 진시가 있을 수 있겠는가![2]

김창협은 시·성정·천기·진시를 한 맥락으로 보았다. 그가 말하는 서사성정은 천기가 작동하여 성정지진性情之眞을 구현하는 것이다. 한시는 율격에 뜻을 담는 시인데 율격은 서사성정을 제한하여 성정을 온전히 구현하기 어려웠다. 또한 문언인 고문은 개인의 섬세한 감정과 민족적 정서를 정확하게 표현할 수 없었다. 김창협은 서사성정을 제한하는 한시의 규범성을 지적하고 고법의 엄정함보다는 작가의 진정성을 예술의 핵심으로 삼을 것을 촉구하였다. 진정성을 구현하기 위해서는 시정신의 자유

---

1   이색, 『牧隱詩藁』 권8 「有感」: 奇語文章病 常談腐爛餘 性情陶冶後 雅俗變移初.
2   김창협, 『農巖集』 권25 「松潭集跋」: 余謂詩者 性情之物也 惟深於天機者能之 苟以醒醒顧冥之夫 而徒區區於聲病格律 搯擢胃腎 雕鏤見工 而自命以詩人 此豈復有眞詩也哉.

로움이 무엇보다도 급선무였다.

> 무릇 시를 지음에는 서사성정을 귀하게 여기는 것이니 사물을 뇌롱하고 감촉하는 바를 따름에 불가할 것이 없다. 일의 정조, 말의 아속도 오히려 가리지 않거늘 하물며 고금을 구별하겠는가!¹

김창협은 아속을 초월하여 문학적 진실, 진정을 예술론의 핵심 사안으로 보았다. 그는 성정을 서사하는 과정에서 정조精粗와 아속雅俗, 고금古今에 얽매이는 것은 진정성이 훼손된다고 보았다. 성정지진에 의한 작시는 자신의 진정성이 규범이 된다. 그러므로 성정지진은 자득과 같은 의미를 지니며 천기를 의미한다.² 이것은 정법과 고법에 대한 반론을 의미하며 예술이 제약에서 벗어나 자유로운 정신세계를 추구함을 말한다. 이후 천기와 자득의 문예정신은 창작의 규범이 되었으며 진眞은 김창협에 의해 한국비평사의 핵심어가 되었다.³

문예 창작의 자유로움의 추구는 동계 조귀명(1693~1737)에 이르면 문文과 도道를 분리하기에 이르렀다. 그는 나의 견해와 자득을 강조하여 작가인식의 독창성을 추구하였으며 문이 도와 같은 견해를 가질 필요는 없

---

1 김창협, 『農巖集』 권34 「雜識」: 夫詩之作 貴在抒寫性情 牢籠事物 隨所感觸 無乎不可 事之精粗 言之雅俗 猶不當揀擇 況於古今之別乎.
2 김창협, 『農巖集』 권25 「泛翁集跋」: 然其深造自得, 多出於天機.
3 강명관, 『공안파와 조선후기 한문학』, 소명출판, 2008, p.369.

다고 보았다.

　　대개 문장의 묘란 샘물의 따뜻함과 같고 불의 차가움과 같으며, 돌의 결록과 같고 쇠의 지남철과 같다. 요약하자면 그 홀로 품부 받은 기를 가지고 있고, 또한 반드시 자득한 견해인 것이다. 반드시 이윤과 주공, 공자와 맹자와 같은 공공지리公共之理는 아닌 것이다.[1]

　　문장은 '샘물의 따뜻함과 같고 불의 차가움과 같다'는 것은 일상의 논리와는 다르다. 그는 일반적 진실이 아닌 문학적 진실을 예술의 근거로 삼았다. 자득이 근거가 되면 정법은 힘을 잃는다. 이념적 내용과 상관없이 문학의 예술적 성취가 가능하다는 그의 생각은 유가적 세계관의 억압에서 벗어난 혁명적 사유였다.[2] 문과 도를 분리한다는 그의 생각은 많은 비난을 받았지만 그의 논지는 당대 사유의 확장을 일으킬 수 있는 가능성을 충분히 배태하였다.
　　이광사, 이용휴, 유경종(1714~1784) 등은 진정을 구현하기 위하여 한시의 규범을 깨고 새로운 한시의 형식을 도입하였다. 이광사와 유경종은 편지 형식의 한시와 대화체의 한시를 창작하였으며, 이용휴는 평측법을 파괴하고 글자의 중복과 조자助字를 사용하여 통념을 깬 한시를 선보였

1　조귀명,『東谿集』권10「復答趙盛叔書」: 蓋文章之妙 如泉之溫 火之寒 石之結綠 金之指南 要其有獨稟之氣 而又必濟之以自得之見 非必伊周孔孟公共之理也.
2　강명관,『공안파와 조선후기 한문학』, 소명출판, 2008, pp.229~230.

다. 그들은 기존 문학의 상투성을 해체하고 문학 형식의 자득을 통하여 문학적 진실에 접근하였다. 그들은 문학의 형식적 완결보다는 문학의 진정성에 관심을 두었고 이러한 문제의식을 바탕으로 의미심장하고 품위 있는 주제, 고아한 시어와 정제된 형식을 거부하고 쉽게 이해되는 주제, 비속한 소재와 다양한 형식을 통해 리어俚語와 속어 등을 사용하여 자신 삶의 문제를 중심으로 시세계를 전개하였다.[1] 이들의 새로운 한시 쓰기 는 조선후기의 문단이 이러한 실험적 문화의지를 창출하고 수용할 수 있 는 아속겸비적 문화공간을 형성하고 있음을 의미한다.

성정지진과 자득의 이론은 민족문화를 재발견하게 하였다. 한시는 율 격을 제한하는 문제뿐만 아니라 고유명사와 향토적 시어, 속담 등 생활 언어를 담는 것을 금기하였다. 그러나 성정지진을 추구하기 위해서는 규 범의 한계를 넘어야 한다. 자득과 민족자존의 예술의식은 중국의 전통 규범을 우리나라 예술에 적용하는 것을 거부하고 과감하게 한시에 토속 어를 사용하여 민족 정서와 정감을 표출하였다. 토속어의 사용은 이전에 도 있었지만, 속어라는 인식과 함께 모화적 사고로 인한 중국적 용례가 문단에서 환영받았으므로 토속어의 사용은 제한적이었다. 그러나 자득 의 이론은 한시의 까다로운 규범을 해체하였고 작가들은 심중을 드러낼 수 있는 여러 가지 도구를 사용하였다. 한시에서 토속어 사용은 신선한 자극이 되었다. 앞서 언급한 바와 같이 '조선풍'의 인식 또한 토속어 사용

---

1 김동준, 「18세기 한국한시의 실험적 성격에 대한 연구」, 『민족문학사연구』 제27호, 민족문학사 학회 민족문학사연구소, 2005, p.36.

을 견인하였다. 정약용과 문무자 이옥(1760~1815)의 한시에서 보듯이 한시의 이두식 조선어 표현은 한시의 자득 추구에서 나온 조선 한시의 독자성이다.

한시에서 토속어와 속담의 사용은 관념적 표현을 지양하고 고유성에서 나온 구체적 정감을 구현하여 예술의 진정성을 획득하려는 당대 문인의 노력의 산물이다. 한시에서 생활 언어의 사용은 한시의 장르적 본질을 파괴하고 정통 한시의 쇠퇴를 가져왔지만[1], 개성적 표현과 진정성을 추구하고자 하는 한시의 토착화 정신은 중국과는 다른 조선 한시의 독자성을 추구하였으며 우리 언어의 아름다움과 정감을 확대하여 새로운 한시의 세계로 인도하였다.

천기와 자득은 신분을 구분하지 않는다. 서사성정의 관점 중 수양을 바탕으로 인격을 중시하는 관점에서는 학식과 수양이 문예의 귀중한 덕목이었고 이에 따라 문예는 자연히 사대부 문인이 중심이었다. 그러나 자득과 천기에서 나온 성정지진은 예술의 바탕이 학식과 수양이 아니라 작가의 진정성이다. 이러한 관점은 문인예술의 경계를 허물고 예술의 대중화 시대를 열었다. 성정지진으로 인한 인간 욕망의 긍정과 자득의 논리는 조선후기 다변화하는 상황 속에 자존과 개성 추구의 시대정신과도 부합하였다.

천기와 자득의 추구는 문예 전반으로 확산하였고, 이에 따라 규범을

---

1   이정선, 『조선후기 조선풍 한시 연구』, 한양대학교 출판부, 2002, p.111.

탈피하고 자유로움을 추구하려는 문예 환경에 위항문인들이 참여하여 문예는 더욱 활기를 띠게 되었다. 위항문인의 참여는 문예가 더이상 사대부만의 전유물이 아님을 표증했으며, 이들로 인해 민중들도 수준 높은 예술을 향유할 수 있는 길이 열렸다. 진암 이천보(1698~1761)는 천기는 사대부보다는 오히려 위항인에게 더욱 열려있다고 보았다.

> 시란 천기이다. 천기가 사람에게 깃드는 것은 그 지위를 가리지 않으니 물루에 담백한 사람은 능히 이것을 얻을 수 있다. 위항의 선비는 오직 궁하고 천하여 세상에서 말하는 공명과 영리가 밖으로 드러나지 않고 속을 어지럽게 하지 않으니 그 천을 온전하게 하는 것이 쉽다. 또한 그 일삼는 바에 대해 좋아하고 또 온전하게 할 수가 있으므로 그 세가 그러하다.[1]

이천보는 천기적 글쓰기는 사대부보다는 위항인에게 적합하다고 하였다. 이것은 천기적 글쓰기는 경세와 교화를 추구하는 아문학적 글쓰기가 아니라 인간 내면의 본질을 드러내는 글임을 뜻한다. 그가 '위항인은 궁하고 천하여 공명과 영리가 밖으로 드러내지 않아 그 천天을 온전하게 할 수 있다'라고 한 것은 천기는 도덕과 수양에 관련된 것이 아니라 인간의 본연성에 관련되어 있다고 본 것이다. 그 본연성은 천연과 천진을 함

---

1   이천보, 『晉菴集』권6「浣巖稿序」: 夫詩者 天機也 天機之寓於人 未嘗擇其地 而澹於物累者 能得之 委巷之士 惟其窮而賤焉 故世所謂功名榮利 無所撓其外而汨其中 易乎全其天 而於 所業 嗜而且專 其勢然也.

200

축한다. 그러므로 천기적 글쓰기는 천리와 도덕, 수양과 교화 등 사대부의 명분적 글쓰기와는 일정 거리가 있으며, 인간 내면의 실존적 본질에 천착하게 한다. 이러한 중인 옹호적인 천기론적 인식은 사대부들에게 널리 수용된 태도였으며 이것은 중인 문학의 위상을 제고시켰다.[1] 이천보의 인식은 당대 문예인식을 드러내는 말이었다. 그는 천기란 학문과 지위에 있는 것이 아니라 그 마음의 기호를 온전하게 하는 것이라고 보았으며, 이것을 보존하는 데에는 위항인이 훨씬 적합하다고 본 것이다. 사대부들의 이러한 인식은 중인층의 신분적 고착화를 정당화시키는 계급 인식의 측면도 있지만, 전문 예술인을 필요로 하는 시대 상황을 대변하는 것이었다.[2] 그러나 보다 큰 의미는 예술의 기득권적 경계를 허물고 예술을 정치에서 분리하여 예술 대중화의 시대를 견인하게 하는 데 있다. 누구든지 예술 창작과 감상에 참여할 수 있는 아속공상의 가능성이 열린 것이다.

실제로 김창협 문파는 위항문인을 육성하고 후원하였다. 홍세태(1653~1725)와 같은 시인은 중인 출신이었으나 그의 재능을 알아본 김창협, 김창흡 형제의 인정을 받으며 백악시단에 참여하여 위항문학을 본궤도에 올려놓았다.[3] 위항문인의 등장으로 인해 한시의 세계는 소재의 외연을 확장하였다. 봉건세력의 약화를 틈타 사회변화의 잠재적 세력으로 등장

---

1   허남욱, 『조선후기 문학사상의 흐름』, 강원대학교 출판부, 2007, pp.288~289.
2   임유경, 「조선후기 천기론의 발달과 전개」, 『우리 한문학사의 새로운 조명』, 집문당, 1999, p.269.
3   안대회, 『18세기 한국한시사 연구』, 소명출판, 1999, p.108. 참고.

한 중인 계층은 도시 속에서 자신들의 존재를 부각하였다. 그들로 인해 상인과 수공업자의 삶은 시의 영역으로 들어왔으며 한시사 전개에는 새로운 물결이 형성되었다.[1] 위항인들은 조선후기 새로운 계층으로 대두되며 도시문화를 형성하였다. 부를 축적한 일부 위항인은 예술품의 수요자를 자처하였으며 서화고동의 취향을 지향하였다. 또한 위항예술인들은 사대부적 아문화를 지향하면서도 속적 현실감각을 바탕으로 문화예술에 참여하였다. 역관 가문 출신이며 염상으로 거대한 부를 축적한 김한태는 호화로운 저택과 사치스러운 생활로 양반들의 질투를 받았는데 그는 김홍도 그림의 최대 구매자로 알려져[2] 그의 풍속화가 민족 문화의 놀라운 성취를 이루는 데에 이바지하였다. 서화고동의 취미는 정조가 속학으로 질타한 바 있지만, 경화사족과 부를 축적한 중인 계층의 탐미 욕구는 보다 새롭고 세련된 미를 추구하면서 이전의 미의식에 세속적 취향을 가미하여 미의식을 전환하게 하였다.

천기와 자득의 아속겸비적 미의식은 예술의 경계를 허물고 누구나 예술을 창조하고 향유할 수 있는 가능성을 열어놓았다. 고법과 '정법'의식에서 벗어나 '활법'의 예술의지를 일깨운 자득론은 문예이론을 넘어서 자의식의 성장과 민족 자존의식으로 나아갔으며 민족 예술 발전의 근거가 되었다.

---

1   강명관, 『조선시대 문학 예술의 생성 공간』, 소명출판, 1999, pp.381~382.
2   강명관, 『조선시대 문학 예술의 생성 공간』, 소명출판, 1999, pp.391~392.

2. 자존과 진취眞趣의 시대정신

조선후기의 문예사상은 점차 모화사상에서 벗어나 조선이 인식의 중심이 되었다. 박지원의 '조선풍'과 정약용의 '조선시' 선언의 저변은 그동안 조선인이면서도 조선의 문예를 하지 못했다는 문학과 현실의 분리에 대한 반성이었다.[1] 원인은 현실과 유리된 문예 규범에 있었으나 문인들의 경직된 사고는 법과 문예 현실의 갈등을 외면하고 안이한 태도로 한·당의 문예풍을 모방하기에 급급했다. 작문에 있어서 호법好法은 문예 창작의 폐단이 되었다. 서당 이덕수(1673년~1744)는 호법의 폐단을 다음과 같이 지적하였다.

고로 고인의 문文은 언言이 반드시 그 의意를 다하고, 기氣가 반드시 그 언을 채울 수 있다는 점은 같지만 법은 반드시 모두 같은 것은 아니다. 요즘 글을 짓는 자는 고인의 의는 구하지 않고 오직 법에만 힘을 써 자구를 재고 맞추어 그 닮음을 구하고 법에 따라 꺾고 전환하여 그 모양만 닮으려고 하여 척도에 한 치도 어긋남이 없어서 홀연히 읽으면 좋은 듯 보이지만 천천히 음미하면 진기는 전혀 없고 천편일률이어서 사람들을 싫증나게 한다. 이는 대개 법을 좋

1   이정선, 『조선후기 조선풍 한시 연구』, 한양대학교 출판부, 2002, p.22.

아함이 지나친 것이다.[1]

이덕수는 법의 존재를 부정하는 것이 아니라 지나친 호법으로 인해 형식미에 안주하여 정작 뜻을 놓치는 것을 경계한 것이다. 형식에 갇힌 뜻은 진의와는 달라지고 결국 천편일률적인 문장이 되며, 그 내용은 현실과는 거리가 먼 허경과 한사가 대부분이었다. 영조 때 문신인 흡재 이사질(?-?)은 그가 살았던 시대로부터 "조선 삼백년 간의 칠언시는 남의 작품을 흉내 내지 않은 것이 없다."[2]고 하여 당대 문풍을 전한 바 있다. 이사질이 말한 남의 작품이란 고법을 말한다. 당대 문예인식으로는 고법을 뛰어넘기 힘들었다. 김창협은 이러한 문제를 해결하기 위해 천기지묘天機之妙를 제안하였다.

시가의 도가 문장과 다른 것은 바로 허경虛景과 한사閑事를 많이 말한 고인의 묘로 여기에 많이 있다. 대개 허경과 한사를 말하지만 천기의 활발한 묘와 우리들의 성정지진은 실로 그 사이에 깃드는 것이다.[3]

---

1   이덕수, 『西堂私載』 권3 「與洪仲經書」: 故古人之文 言必有以盡其意 氣必有以充其言 而法則未必皆同 今世之爲文者 不求古人之意 惟法之務字揣而句擬 以求其肯似 矩折而規轉 以效其色皃尺度 不失黍累 驟讀誠若可喜 徐而昧之 眞氣薾然 千篇一律 令人生厭 此皆好法之過也.
2   이사질, 『韓山世稿』 권11 「翁齋稿」: 歷觀三百年詩家 七言無非依樣.
3   김창협, 『農巖集』 권12 「與趙成卿」: 詩歌之道 與文章異者 正以其多道虛景 多道閑事 而古人之妙 却多在此 蓋雖曰虛景閑事 而天機活潑之妙 吾人性情之眞 實寓於其間.

김창협은 '고인지묘古人之妙'가 허경과 한사를 주로 한다고 하더라도 '천기의 활발한 묘天機活潑之妙'에 의한다면 성정지진은 드러난다고 보았다. 이때 천기지묘는 고법이 활법으로 전환함을 의미한다. 다시 말하면 천기란 정법定法에서 활법活法으로 가는 통로였던 것이다. 성정지진에 대한 열망이 박지원에게 오면 더욱 강력한 의미 구심점이 된다. 박지원은 진眞의 구현에 앞서 인식론적 진의 문제를 제기하였다.

> 아, 저 까마귀를 바라봄에 그 깃털보다 검은 것은 없지만 갑자기 유광색이 어른거리다가 다시 석록색으로 빛난다. 햇살이 비추면 갑자기 보라색 빛이 번쩍이다가 눈이 아련해지면 비취색으로 드러난다. 그런즉 내가 푸른 까마귀라고 불러도 될 것이고 붉은 까마귀라고 불러도 괜찮을 것이다. 저에게 본래 정해진 색이 없는데도 내가 눈으로 먼저 정한 것이다. 어찌 눈으로만 정했겠는가! 보지도 않고 마음으로 먼저 정한 것이다.[1]

박지원은 우리가 인식하고 있는 세계는 고정관념의 세계이며 진정한 세계 인식은 고정관념을 버리고 즉물卽物의 시선으로 보아야 함을 까마귀의 색깔에 빗대어 말했다. 고정관념이란 정법定法의 세계이다. 그는 진을 구하기 위해 먼저 정법의 세계, 기존 질서에 대한 질문을 던지고 객관

---

1 박지원, 『燕巖集』 권7 「鍾北小選」 菱洋詩集序: 噫 瞻彼烏矣 莫黑其羽 忽暈乳金 復耀石綠 日映之而騰紫 目閃閃而轉翠 然則吾雖謂之蒼烏可也 復謂之赤烏 亦可也 彼旣本無定色 而我乃以目先定 奚特定於其目不覩 而先定於其心.

적 시선으로 물物을 바라볼 것을 요구하였다. 박지원은 주자학적 세계관에도 의문을 품었다.

아! 세간의 사물이 털끝과 같이 미세한 것도 천天이 내지 않은 것이 없다고 하나 천이 어찌 하나하나 명했겠는가! 형체로 말하여서는 천이라고 하고, 성정으로 말해서는 건乾이라고 하고, 주재로 말해서는 제帝라고 하고, 묘용에 대해서는 신神이라고 하여 이름도 여러 가지이고 칭위도 너무 난삽하여 이에 이기理氣로써 화덕과 풀무 삼아 두루 만물을 펴내는 것을 조물이라고 하니, 이것은 천을 재주가 묘한 공장으로 보고 망치·끌·도끼·자귀 같은 것으로 쉬지 않고 일을 한다고 여긴다. 『주역』에 천조초매天造草昧라고 했는데 초매란 그 색이 검고 그 형은 흙비가 낀 듯해서 비유하자면 동틀 무렵 사람과 물物을 분변하지 못하는 것과 같다. 나는 알지 못하겠다. 검고 흙비가 낀 듯한 그 속에서 천이 만들어낸 것이 과연 어떤 물物인가?[1]

박지원은 주자학이 일구어낸 우주론을 거부하였다. 그러나 그가 진정 거부하고자 하는 것은 주자학이 아니라 인간의 자유정신을 규제하는 이념과 고정관념을 거부하는 것이었다. 권위주의적 윤리체계와 정치 권력

---

1   박지원, 『燕巖集』 권14 「山莊雜記」 象記: 噫 世間事物之微 僅若毫末 莫非稱天 天何嘗一一命
     之哉 以形體謂之天 以性情謂之乾 以主宰謂之帝 以妙用謂之神 號名多方 稱謂太褻 而乃以
     理氣爲爐鞴 播賦爲造物 是視天爲巧工而椎鑿斧斤 不少間歇也 故易曰天造草昧 草昧者 其
     色皁而其形也霾 譬如將曉未曉之時 人物莫辨 吾未知天於皁霾之中所造者 果何物耶.

의 부조리에 대한 저항정신은 그의 주요한 작가정신이다.[1] 그는 주자주의의 이면에 있는 일방적 질서의 강요와 교조주의로 인해 인간 자아가 말살되는 것을 안타깝게 여겼다. 그는 「열녀함양박씨전」에서 과부에게 수절을 강요하는 전통사회의 비인간적인 처사를 안타까워하였으며, 「의청소통소」를 통해 신분제도의 개혁을 촉구하였고, 많은 서얼 출신의 제자들을 받아들여 당대 최고의 문예 인사로 육성하였다. 그는 일방적 질서의 강요를 거부하고 상대주의적 관점과 개방적 사고로 주체의식을 확립할 것을 주문하였다.

　　말똥구리는 스스로 말똥을 사랑하여 여룡의 구슬을 부러워하지 않는다. 여룡도 또한 그 구슬을 가지고 저 말똥구리의 말똥을 비웃지 않는다. 자패가 이를 듣고 기뻐하며 말하기를 "이것으로 내 시집의 이름을 삼을만하다"하여 그 시집의 이름을 「낭환집」이라 하고는 내게 서문을 부탁하였다.[2]

박지원은 객관적 인식을 통해 개체의 고유성을 발견하고 그 고유성을 훼손하지 않는 공정성이 바로 '진'을 인식하는 방법으로 보았다. 고정관념은 여룡의 구슬이 귀하고 말똥을 천하게 여길 수 있지만, 말똥구리의 입장에서는 말똥이 가장 소중한 것이다. 여룡 또한 말똥을 비웃지 않음

1　　이동환, 『실학시대의 사상과 문학』, 지식산업사, 2007, p.100.

2　　박지원, 『燕巖集』 권7 鍾北小選 「蜋丸集序」: 蜣蜋自愛滾丸 不羨驪龍之珠 驪龍亦不以其珠 笑彼蜋丸 子珮聞而喜之曰 是可以名吾詩 遂名其集曰蜋丸 屬余序之.

으로써 자기 온전성을 지킬 수 있다. 박지원이 주장한 '북학'과 '조선풍'의 요지 또한 배타적 논리에서 나온 것이 아니라 현재 처한 상황에서 전체를 직시하면서도 각각의 독자성을 존중하는 열린 세계관과 자존적 세계관에서 나온 산물이었다. 현존하는 두 세계를 통합적으로 인식하기 위한 치열한 긴장성과 자존적 세계관은 조선후기 진보적 문인들의 공통적 사유였다.[1] 이것은 피彼와 차此의 세계이면서, 고古와 금今의 세계이며 아雅와 속俗을 통합하는 세계였다.

이용휴 또한 자존의 문학을 강조하였다. 이용휴는 자귀自貴의식이 문학의 진眞을 이룬다고 하였으며 문학의 본질을 진으로 보았다.[2] 그는 진정한 문학은 자신에게서 나온다고 하였다.

시문에는 남에 의해 일으킨 견해와 자기 스스로의 힘으로 일으킨 견해가 있다. 남에 의해 견해를 일으킨 자는 비루해서 논할 것도 없지만, 자기 스스로의 힘으로 견해를 세우는 사람도 고루하고 편벽됨을 섞지 않아야 곧 진견眞見이라고 할 수 있다.[3]

---

1   박수밀, 「연암 박지원의 사유 방식」, 『18세기 조선지식인의 문화의식』, 한양대학교 출판부, 2002, pp.110~112.
2   박준호, 「혜환 이용휴의 '진'문학론과 '진'시」, 『18세기 조선지식인의 문화의식』, 한양대학교 출판부, 2002, p.198.
3   이용휴, 「松穆館集序」: 詩文有從人起見者 有從己起見者 從人起見者 鄙無論 卽從己起見者 毋或雜之固與偏 乃爲眞見.

이용휴는 당대의 문학가를 종인기견자從人起見者와 종기기견자從己起見者로 나누고 진문장은 고루하고 편벽됨을 극복한 자신에게서 나와야 진견眞見이라고 하였다. '종인기견자'는 법의 외재성을 의미하며, '종기기견자'는 법의 내재성을 의미한다. 그는 리의 외재성과 초월성을 부정하고 '리는 마음에 있다'[1]고 하여 양명학적 사유를 보이기도 했는데 이것은 문학의 자귀·자존·자득의 정신을 강조한 것이다.

지금 이 원고를 보니 대개 자운자귀自運自貴한 것으로 옛 대가들을 모의하거나 의거하지 않아 진성眞聲·진색眞色·진미眞味가 있다. 좋은 차에 비유하자면 용연과 사향을 섞지 않아도 스스로에게 진향이 있는 것과 같다.[2]

그는 작가의 독창성을 진으로 보았으며 진은 외재하는 것이 아니라 자신에게 있다고 하였다. 또한 진·한과 성당의 문풍을 쫓는 퇴행적 문풍을 '귀에 박힌 기름 못'이라고 하였으며 "시를 지으면 당시唐詩 아닌 것이 없어 당시 체를 흉내 내고 당시의 말을 배워서 모두 하나의 피리로 부는 격으로 이것은 하루종일 때까치가 깍깍거리는 것과 같다."[3]고 하여 조선 한

---

1   이용휴, 『惠寰雜著』 권8 「隨廬記」: 理何在 在心 凡事必問之心 心安則理所許也 爲之 不安則所不許也, 已之.
2   이용휴, 『毄毄集』 「壯窩集序」: 今閱此稿 蓋欲自運自貴者 不摸擬依附于古昔大家 而有眞聲眞色眞味 譬如好茶不雜龍麝 自有眞香也.
3   이용휴, 『惠寰雜著』 권6 「李國華遺草序」: 詩無不詩唐詩者 近日之弊也 效其體 學其語 幾乎一管之吹 是猶百舌終日嘤嘤 無自己聲 余甚厭之

시의 상투성과 획일성을 지적하였다. 이러한 일관지취하一管之吹下에서는 문학의 진정성을 찾기 힘들다. 이용휴가 자귀를 주장한 것은 창작에 있어서 작가정신을 중요하게 여겼기 때문이다. 윤리의 속박과 작위적인 사회현실 속에서 그는 인간의 실존 문제에 관심을 갖고[1] 진정한 삶, 건강한 삶을 위해서는 본연의 자신에게 돌아가야 하며 문학은 이러한 정신을 담아야 한다는 것이다.

이용휴의 제자인 송목관 이언진(1740~1766) 또한 이용휴와 인식을 같이하여 자존의 문학을 추구하였으며, 한 걸음 더 나아가 선성先聖의 극복을 통한 성인의 길을 주장하여 진리는 닫힌 세계가 아니라 열린 세계로 보았다.

시는 상투를 버리고 그림은 격식을 떠나야되니 詩不套畫不格
격식을 뒤집고 편한 길을 벗어나야지 翻棄臼脫蹊徑
앞 성인이 갔던 길을 가지 않아야 不行前聖行處
장차 후대의 진정한 성인이 되리. 方做後來眞聖[2]

이언진은 성인이 갔던 길을 가지 않아야 성인이 된다고 하였다. 그의 역설적인 성인론은 혁명적 사고였다. 전통과 성인을 부정함으로써 성인의 길로 나아간다는 역설적 사고는 주자학적 세계관에서는 불경으로 비

1   안대회, 『18세기 한국한시사 연구』, 소명출판, 1999, p.250.
2   이언진, 『松穆舘燼餘稿』, 六言絶句 「衚衕居室」.

난받을 언사였으나 이언진은 이것이 곧 성인의 뜻이라고 여겼다. 그는 진리의 길은 외부에 있는 것이 아니라 자기에게 있는 것이라고 보았기 때문이다.

문학정신의 독립성과 개체의 고유성을 극도로 추구한 동계 조귀명 (1692~1737)은 문장에는 천하의 상리常理가 필요하지 않다고 주장하였다. 그는 '문장의 묘란 이윤과 주공, 공맹의 공공지리公共之理에 의한 것이 아니라 자득지견에 의한 것'¹이라고 하여 개체만의 고유성을 존중할 것을 강조하였다.

하늘이 사람을 태어나게 할 때는 각자의 이목이 있으니 천만인의 이목과는 같지 않으며 천만인의 의태 또한 다르다. 이 때문에 천만인은 각자의 몸으로 행하니 다른 사람을 모의하지 못하며, 각자의 뜻에 따르기 때문에 다른 사람에게 관섭 받지 않는다. 그러므로 함께 물物을 보더라도 나는 다른 사람의 시각을 빌려온 적이 없고, 함께 소리를 듣더라도 나는 다른 사람의 청각을 빌려온 적이 없다. 그런즉 유독 식견과 깨달음에 있어서 머리 숙여 고인의 노예가 되라고 한다면 도리어 어떻게 그렇게 할 수 있겠는가!²

1 　조귀명,『東谿集』권10「復答趙盛叔書」: 盖文章之妙 如泉之溫 火之寒 石之結綠 金之指南 要其有獨稟之氣 而又必濟之以自得之見 非必伊周孔孟公共之理也.

2 　조귀명,『東谿集』권10「與李季和」: 天之生斯人也 各具耳目 而千萬人之耳目無一同焉各有意態 而千萬人之意態 無一同焉 是使千萬人者 各身其身 而不與人摸擬 各意其意 而不爲人管攝者也 故同視一物 而吾未嘗借人之視 同聽一聲 而吾未嘗借人之聽 則獨於見識解悟 屈首爲古人之奴僕 抑何爲哉.

조귀명은 천리의 획일성보다는 분수分殊의 개체성을 강조하였으며 개체의 실존적 차이에 주목하였다. 그는 도를 말하지 않고 고인을 모방하지 않아도 문장은 훌륭할 수 있다고 보았다. 그의 주체적 문학관은 문장은 작가가 살아가고 있는 현실을 바탕으로 시대성을 추구해야 한다는 시변론時變論으로 체계화되었으며, 그의 자존의식은 민족의 자존의식과 주체성의 강조로 나아갔다.[1] 그는 도문일치道文一致적 문예관으로 예술정신을 억압하는 주자학적 문예관을 거부하였을 뿐만 아니라 기존의 어떤 이념에도 종속되지 않는 실존적 인간으로서 개체성을 자각하여 문학과 개인의 독립성을 천명하였다. 이용휴와 이언진, 조귀명 등 조선후기 개성적 문학을 창도한 문인들은 개인의 기호와 취미를 옹호하며, 공동체 속성에 포괄되지 않는 사물의 개체성을 존중하고, 개인의 독자적 인식을 바탕으로 독창적 문학을 수립하여, 유·불·도 사상과 전범적 문학으로 환원할 수 없는 자기만의 독자적인 문학세계를 확립하였다.[2]

진眞에 대한 인식은 시대와 장소에 따라 다르지만 조선후기 진의 추구는 자존과 시대성에 대한 인식이었다. 그들은 현실을 직시하고 객관적 인식과 독자적 견해로 진에 다가가고자 하였다. 관념의 세계에서는 미처 깨닫지 못한 자각의 현실은 자존과 진을 추구하게 되었고 이로 인하여

1   박만규,『조선시대 진(진) 추구에 내재된 문예 사상 연구』, 성균관대학교 대학원 박사학위논문, 2009, p.130.
2   박경남,「18세기 문학관의 변화와 '개인'과 '개체'의 발견 1, 정주학적 이념의 해체와 '개인' 중심 문학관의 출현」,『동양한문학연구』제31집, 동양한문학회, 2010, p.120.

조선후기 문예는 생명정신을 회복하여 인간 삶의 구석구석을 조망하고 민족의 고유미를 표출하게 되었다. 회화에서 보여준 풍속화와 진경산수화의 등장과 인물화의 개성적 화풍 또한 자존과 진 추구의 문예 미의식에서 출발한 쾌거였다. 현실 자각에서 출발한 자존의 문예의식은 진정의 문화 예술을 창출하며 시대 미의식이 되었다. 조선후기의 문인들은 자신의 존중을 통하여 대상과 소통하고 융합하여 물아회통物我會通의 민족적 문화의지를 높였으며, 그들이 창조한 개성적 작품들은 조선후기의 시대 미감으로 남아 민족의 문화의지로 성장하게 되었다.

3. 고금통변古今通變의 진기眞奇 지향

유학은 전통적으로 숭고崇古를 지향한다. 요, 순, 우, 탕, 문, 무, 주공으로 이어지는 도통과 요순시대 이상적 공동체 사회로의 지향은 유학의 정신이었다. 공맹의 경전과 고인의 문장 또한 후대인은 결코 미치지 못하는 전범이었으므로 후대인은 항상 전고에 의지하였으며 이러한 문예 풍습은 아문화의 주된 흐름이었다. 의고는 전아한 품격으로 포장하기 쉽고 안전하였다. 그러나 고문의 답습에 의한 고루하고 낡은 문장의 반복은 문인들의 창조 역량을 퇴보시키고 새로운 문화 창조 의지를 저해하였다. 도곡 이의현(1669~1745)은 복고와 답습으로 일관하여 신의新意 창출을 도외시하는 당대 아문화적 문예 관습을 비판하고 아한 문장은 전고에 의한 것이 아니라 그 쓰임에 의한 것이라고 하였다. 그는 일률적인 의고 풍조로 인한 당대 문풍의 경직성을 다음과 같이 경계하였다.

　내가 일찍이 남의 묘문을 지으며 일등이란 말을 썼는데, 대개 일등이란 우리나라 과장의 등제를 일컫는 말이다. 근래 옛것을 숭상하는 자가 보더니 매우 놀라며 이를 흠으로 여겼다. 내가 창려의 정군지의 상등 두 글자로써 보여주니, 그 사람이 말하기를 상등은 창려의 문자에는 쓸 수 있지만 여기에는 불가하다고 하였다. 그 어긋난 고집의 가소로움이 이와 같다. 문자의 아속은 애당초 고금에 있지 않다. 비록 육경의 문자라 하더라도 써서 속된 것이 있고 시속의 문자라 하더라도 또한 써서 아한 경우가 있다. 그 아와 그 속은 모두 쓰임을 어떻게 하는가에 달린 것이지 어찌 고금의 구별에 국한시키겠는가!¹

　이의현의 말은 조선후기 아속의 기준이 고금古今에 있음을 반증한다. 상고자尙古者에 의하면 아雅는 고古이고, 속俗은 금今인 것이다. 이의현은 이러한 당대 비평의 논리를 비판하며 아속의 기준은 고금에 의한 것이 아니라 적절한 쓰임에 의한 것이라고 하였다. 그는 육경의 문자를 빌려 쓰더라도 저절로 아한 문장이 되는 것이 아니며, 속된 글자를 쓰더라도 적절히 구사하면 아한 문장이 된다고 주장하였다. 김창협 또한 고금과

1　이의현, 『陶谷集』 권28 「陶峽叢說」: 余曾作人墓文 用一等語 盖一等者 我國科場等第之稱也 近來尙古者見之 大驚以爲疵 余披昌黎鄭羣誌上等二字以示之 其人曰 上等旣有昌黎文字 可用 此則不可用 其膠固可笑如此 文字雅俗 初不在古今 雖六經文字 亦有用之而俗者 時俗文字 亦有用之而雅者 其雅其俗 都在用之之如何 豈局於古今之別乎.

아속을 차별하는 것은 시대를 역행하는 일이며, 오로지 성정에 의지한 진솔함만이 문학의 진실성을 보장할 수 있다고 하였다.

　　일반적으로 시를 지을 때는 성정을 드러내어 표현하는 것을 귀하게 여기므로 사물을 포괄하고 감촉하는 바를 따른다면 표현하지 못할 것이 없다. 일의 정조와 말의 아속을 가리고 택하지 않는데 하물며 고금을 분별하랴! 이반용의 무리들은 옛것을 배워 처음부터 신묘하게 깨치는 바가 없고 다만 언어를 모방하려고 했다. 그러므로 당시를 배우려면 당나라 사람의 말을 써야 했고 한문을 배우고자 한다면 한나라 사람의 문자를 써야 했다. 당 이후의 일을 기술하면서 그 말이 당과 같지 않다고 의심하는 것과 같다. 그러므로 서로 경계하고 금하는 것이 이와 같았으니 어찌 다시 진문장이 될 수 있겠는가!¹

　　김창협은 성정을 드러내기 위해서는 일의 정조精粗와 말의 아속雅俗과 고금古今을 가리지 않는다고 하였으며 막연한 숭고의식은 모방만 양산하여 시대에 역행하는 글이라고 여겼다. 그는 숭고폄금崇古貶今의 고금의식에 의한 아속의 규정을 배격하고 시대에 맞는 문장을 쓸 것을 주문하였다. 그의 무분별아속고금론無分別雅俗古今論은 예술의 자율성과 신의 창

1　김창협, 『農巖集』 권34 「雜識」: 夫詩之作 貴在抒寫性情 牢籠事物 隨所感觸 無乎不可 事之精粗 言之雅俗 猶不當揀擇 況於古今之別乎 于鱗輩 學古初無神解妙悟 而徒以言語摸擬 故欲學唐詩 須用唐人語 欲學漢文 須用漢人字 若用唐以後事 則疑其語之不似唐 故相與戒禁如此 此豈復有眞文章哉.

출을 독려하였다.

고금무별적 아속관은 진가眞假의 문학론을 촉발하였다. 박지원은 이 서구의 문집『녹천관집』의 서문에서 '진가론眞假論'을 역설하였다.

옛글을 모방하여 글을 지음에 마치 거울에 형을 비추는 것이 같다면 비슷하다고 하겠는가? 좌우가 서로 반대로 되는데 어찌 비슷할 수 있겠는가. 그렇다면 물에 형체를 비추듯이 하면 비슷하다고 하겠는가? 본말이 거꾸로 보이는데 어찌 비슷할 수 있겠는가? 그림이 형을 묘사한 것과 같은 것은 비슷하다고 하겠는가? 걸어가는 사람이 움직이지 않고 말하는 자가 소리가 없는데 어찌 비슷할 수 있겠는가? 그런즉 끝내 비슷할 수 없다는 말인가?

그런데 어찌 비슷한 것을 구하려 하는가! 비슷한 것을 구하려 하는 것은 참이 아니다. 천하에 이른바 서로 같은 것은 반드시 혹초酷肖라고 칭하고, 분별하기 어려운 것을 말할 때 핍진逼眞이라고 일컫는다. 무릇 진이라고 말하거나 초라고 말하는 사이에는 그 속에 가假와 이異의 뜻이 내재 되어있다.[1]

박지원은 옛글을 모방하는 것은 물과 거울에 비친 모습에 불과하며, 이것은 가짜이며 다른 것이라고 하였다. 그는 비슷한 것의 속성을 '가假'

---

1   박지원,『燕巖集』권7 鍾北小選「綠天館集序」: 倣古爲文 如鏡之照形 可謂似也歟 曰左右相反 惡得而似也 如水之寫形 可謂似也歟 曰本末倒見 惡得而似也 如影之隨形 可謂似也歟 曰午陽則侏儒僬僥 斜日則龍伯防風 惡得而似也 如畵之描形 可謂似也歟 曰行者不動 語者無聲 惡得而似也 曰然則終不可得而似歟 曰夫何求乎似也 求似者非眞也 天下之所謂相同者必稱酷肖 難辨者亦曰逼眞 夫語眞語肖之際 假與異在其中矣.

216

와 '이異'라고 규정하고 '비슷한 것을 구하려는 것은 가짜를 구하는 것'이라고 하였다. '가짜를 계속 구할 것인가' 아니면 '진을 구할 것인가'는 박지원이 당대 문학에 던진 주요 명제였다. 윗글은 박지원이 이서구에게 주는 당부이면서 당대 문인들을 향한 포고이기도 하였다. 그는 낡은 가치관 속에서 새롭게 자신만의 생각을 세워 나아가는 어린 이서구를 향해 경의를 표하였으며, 작가의 진정성과 시대의지를 담은 문학이야말로 전통을 이어가는 것이라고 믿었다. '진가론'에 이어 그의 글은 다음과 같이 이어진다.

이씨 집안 자제인 낙서(이서구의 자)는 16세의 나이로 나를 따라 글을 배운 지가 이미 여러 해가 되었는데 심령이 일찍 트이고 혜식이 구슬과 같았다. 일찍이 녹천지고綠天之稿를 가지고 와서 나에게 질문하기를,

"아, 제가 글을 지은 지가 겨우 몇 해가 되지 않았으나 남들의 노여움을 받은 적이 많았습니다. 한마디 말이라도 조금 새롭거나 한 글자라도 기한 것이 있으면 그때마다 사람들은 옛글에 이러한 것이 있었는지 묻습니다. 아니라고 대답하면 발끈 화를 내며 어찌 감히 그런 글을 짓느냐고 합니다. 아, 옛글에 이런 것이 있으면 제가 어찌 다시 지을 필요가 있겠습니까? 원컨대 선생님께서 판정해 주십시오."라고 하였다.

나는 그의 말을 듣고 손을 모아 이마에 얹고 세 번 절을 한 다음 꿇어앉아 말하였다. "네 말이 매우 옳구나. 가히 끊어진 학문을 흥하게 할만하다. 창힐이 글자를 만들 때 어찌 옛것을 모방했겠으며, 안연 또한 배우기를 좋아했지만

유독 저서가 없었다. 만약 옛것을 좋아하는 사람이 창힐이 글자를 만들 때를 생각하고, 안연이 표현하지 못한 취지를 저술한다면 글은 비로소 올바르게 될 것이다. 너는 아직 나이가 어리니 남들에게 노여움을 받으면 공경하게 '널리 배우지 못하여 옛글을 상고해 보지 못하였습니다.'라고 사과하여라. 그래도 힐문이 그치지 않고 노여움이 풀리지 않으면 조심스러운 태도로 '은고殷誥와 주아周雅는 삼대의 시문이었으며 승상 이사와 우군 왕희지의 글씨는 진秦나라와 진晉나라에서 유행하던 속필이었습니다.'라고 말씀드려라."[1]

박지원은 어린 이서구의 미래와 조선 문학의 미래에 절을 올렸다. 비록 구시대의 두꺼운 벽을 그가 단번에 뚫지는 못하지만, 후학의 영민함은 새로운 시대를 기약하는 희망이었다. 그는 윗글로『녹천관집』의 서문을 마침으로써 자신의 내심을 온전히 드러냈다. 그는 이서구를 통하여 '은고'와 '주아' 또한 당시에 유행하던 문장이었으며, 이사와 왕희지의 글씨 또한 당대의 속필이었으므로, 지금의 문장과 글씨 또한 시대성을 간직하고 있어야만 전통으로서의 가치가 있음을 조선의 문단을 향해 강력하게 말하고 싶었던 것이다.

---

1   박지원,『燕巖集』권7 鍾北小選「綠天館集序」: 李氏子洛瑞年十六 從不佞學有年矣 心靈夙開 慧識如珠 嘗携其綠天之稿 質于不佞曰 嗟乎 余之爲文纔數歲矣 其犯人之怒多矣 片言稍新 隻字涉奇 則輒問古有是否 否則怫然于色曰 安敢乃爾 噫 於古有之 我何更爲 願夫子有以定之也 不佞攢手加額 三拜以跪曰 此言甚正 可興絶學 蒼頡造字 倣於何古 顏淵好學 獨無著書 苟使好古者 思蒼頡造字之時 著顏子未發之旨 文始正矣 吾子年少耳 逢人之怒 敬而謝之曰 不能博學 未攷於古矣 問猶不止 怒猶未解 曉曉然答曰 殷誥周雅 三代之時文 丞相右軍 秦晉之俗筆.

그러나 박지원은 전통과 절연한 문학을 주장한 것은 아니었다. 그는 박제가 『초정집』의 서문에서 법고法古만의 폐단과 창신創新만의 무절제함을 지적하고, 법고와 창신의 변통이 이루어져야만 시대를 관통하는 진정한 문학이 될 수 있다고 하였다.

> 그렇다면 어찌해야 좋단 말인가? 우리는 장차 어찌해야 하는가? 글쓰기를 그만두어야 할 것인가? 아! 옛것을 법으로 삼는 자는 낡은 자취에 빠져 헤어나지 못하는 것이 병통이고 새것을 만드는 자는 상도에서 벗어나는 것이 탈이다. 참으로 옛것을 모범으로 삼되 변變을 알고, 새것을 만들어 내되 전아하게 할 수만 있다면 지금 글이 옛글과 같을 것이다.[1]

박지원이 법고이거나 창신, 어느 한쪽으로만 치우친 폐단을 지변知變과 능전能典으로 보완한 것은 변화성과 창신성을 강조하기 위해서였다.[2] 그는 고법을 명분으로 인간의 정신을 억압하는 것과 창신을 핑계로 방종해지는 것을 경계하였으며, 변變과 법法 사이에서 중용적 자세로서 시대에 산적한 문제를 해결해 나갈 수 있기를 바랐다. 박지원은 열린 사유로써 객관적 인식을 확보하고 전통 속에서 시대의 요구를 융화하고자 하였다. 그는 문학의 관심이 아속과 고금의 논쟁에서 벗어나 인간의 삶을 바

---

1   박지원, 『燕巖集』 권1 「楚亭集序」: 夫然則如之何其可也 吾將奈何無其已乎 噫 法古者 病泥跡 刱新者 患不經 苟能法古而知變 刱新而能典 今之文 猶古之文也.
2   장지훈, 『조선조후기 서예미학사상 연구』, 성균관대학교 대학원 박사학위논문, 2007, p.177.

라보고 시대를 조망하는 현실주의적 사유들로 문예의 본질을 삼고자 하였던 것이다.

담헌 홍대용 또한 고금의 문제를 객관적으로 이해하였다. 그는 『시경』의 풍風도 풍속을 노래한 보통 말이었으며, 당시의 노래나 지금의 노래나 듣는 자의 입장에서는 모두 같다는 상대주의적 고금 인식을 피력하였다.

> 『시경』에 이른바 풍이란 것은 본디 속을 노래한 보통 말이었다. 그런즉 그 당시에 듣던 자도 지금 사람이 지금 사람의 노래를 듣는 것처럼 하지 않았으리라는 것을 어찌 알겠는가! 오직 그 입에서 저절로 나와 노래가 이루어지고 말이 나와 곡조가 됨에 알맞게 되지 못했다 하더라고 천진이 드러나면 초동과 농부의 노래라 하더라도 또한 자연에서 나온 것이니, 여기저기에서 끌어다 쓴 글이 옛것이기는 하나 그렇게 애써 지은 사대부의 글보다는 천기를 상하게 하지 않아 도리어 나을 것이다.[1]

홍대용은 법고의 폐단에서 벗어나지 못하는 사대부의 글보다는 천기와 천진으로 지어진 초동과 농부의 글이 오히려 예술성이 있다고 보았다. 그는 『시경』 또한 당대의 풍속을 노래한 것이므로 지금 사람이 지금의 노래를 듣는 것과 같다는 논리를 피력하여 문학의 현장성과 시대성을

---

1   홍대용, 『湛軒書』 內集 권3 「大東風謠序」: 雖然詩之所謂風者 固是謠俗之恒談 則當時之聽之者 安知不如今人而聽今人之歌耶 惟其信口成腔而言出衷曲 不容安排 而天眞呈露 則樵歌農謳 亦出於自然者 反復勝於士大夫之點竄敲推言 則古昔而適足以斲喪其天機也.

강조하였다.

성호 이익 역시 고법을 존중하되 시대에 맞는 법을 운용하는 것이 오히려 선대의 법 정신을 존중하는 것이라고 보았다.

유협은 '만약 사람들에게 이로운 것이라면 반드시 법고할 필요가 없고, 반드시 일에 해로운 것이라면 옛것을 따라서는 안 된다.'고 말하였다. 하나라와 은나라는 말기에 법을 바꾸지 않아 망했고, 삼대가 흥성할 때에는 옛것을 이어받지 않았어도 왕도가 일어났다. 요와 순은 도를 달리했고 탕과 무는 정치를 달리했으니 법은 그 시대에 맞게 바꾸어야지 어느 한 대의 법만으로 고집하는 것은 아니다.[1]

이익은 고법은 시대의 추이에 따라 변화해야 한다고 보았다. 그는 "불변하는 것이 있으면 변화하는 것도 있기 마련이므로"[2] 폐단은 법이 오래되어서 생기는 것이므로 고법을 따르되 현실의 문제를 반영할 수 있는 시의성時宜性이 고법보다 더욱 중요하다고 보았다.

이러한 고법의 묵수와 변화를 지향하는 시대요구의 갈등 속에서 아속의 갈등과 융합의 심미의지 또한 문예 저변으로 확산하였다. 조선후기

---

1   이익, 『星湖僿說』 권12 「人事門」 遵先王: 劉勰之言曰 苟利扵人 不必法古 必害扵事 不可循舊 夏商之衰 不變法而亾 三代之興 不相襲而王 堯舜異道 湯武殊治 法宜變動 非一代也.

2   이익, 『星湖僿說』 권12 「人事門」 遵先王: 且有經則有變 變未必古有 故曰禮雖先王未之有 可以義起 事或反常 有不必泥古者.

문인들은 '법法'을 중시하는 창작론과 '기奇'를 추구하는 창작론 사이에서 유동하였다.[1] 법고에 대한 인식은 후대로 갈수록 약화 되었고, 창신을 추구하는 현상은 더욱 강하게 일어났다.

창신에 대한 열망은 '기奇'의 추구로 이어졌다. 천기론의 문예정신은 자득과 개성적 표현을 긍정하고 진의 미감을 추구한다. 진의 추구는 진정성의 토로를 넘어서 진환지제眞幻之際의 오묘한 순간을 포착하는데로 나아갔다. '진'을 추구고자 하는 문인들의 열망이 '기'의 추구로 이어진 것이다. 진환眞幻은 회화에서 중요한 논의였다. 환幻을 통한 진眞은 문예이상理想을 추구하였으며 이러한 심미의식은 '기'로 드러났다. 김창흡은 그림 속의 산수를 '진'과 '환'이라고 하였다.

회화는 환을 잘하여 진실로 기하게 옮긴 것을 진이라고 말하니 또한 추한 것을 바꾸어서 아름답게 하기도 한다. 그림을 살펴보니 맑은 못에 푸른 절벽이니 검은 돌과 누런 물이 아닌 것을 어찌 알겠는가? 눈이 노닐만하고 뜻이 족하니 어느 언덕 어느 정자인지는 물을 필요가 없구나.[2]

진에 대한 개념은 고유성·현실성·진정성·이상성 등 논자에 의해 다양하게 변주되지만, 김창흡은 '환'을 통한 '기'의 미감이 표현된 것을 '진'

---

1   심경호,『한문산문의 미학』, 고려대학교 출판부, 1998, p.34.
2   김창흡,『三淵集』권25「題李一源海嶽圖後」: 丹青善幻 固能摸奇稱眞 而亦或轉醜爲姸 按圖而澄潭翠壁 安知非烏石黃流乎 且取遊目意足 不須問某丘某亭也.

이라고 하였다. 실제 하는 산수는 화가에 의해 '환'의 과정을 거쳐 '진'과 '기'로 거듭난 것이다. 이러한 '환'은 회화의 이상적 이미지를 실현하는 과정이다. 작가의 '환'을 거친 그림은 대상의 이상성을 구현하게 되는데, 감상자는 이러한 감정을 '환幻'·'기奇'·'진眞'으로 표현하였다. '환'의 구체화로 '기'를 표현하고자 하는 심미관은 인간의 예술이 자연의 산수보다 낫다는 인식으로, 예술미와 자연미를 분별하여 예술미의 독자적 가치의 인정하는 것이었다.[1]

조선후기 문예의 특성 중에 하나는 사실주의의 추구와 함께 천기의 발현으로 인한 예술의 추상성을 동시에 추구하는 것이다. 다시 말하면 현실인식과 즉물형상화로 인해 사실주의가 발현이 되었지만, 동시에 자득과 자존을 통한 작가 내면의 예술화 과정 또한 강조되었기 때문에 사실주의를 넘어선 '기'의 추구는 자연스러운 문예 현상으로 진행되었다는 것이다. '기奇'는 『문심조룡』에서 '정正'의 반대 의미로 쓰였지만, 아속지제雅俗之際의 통변通變은 신변新變을 긍정하는 것이었다. '기奇'와 '변變'은 유가미학에서는 항상 감시의 대상이었다. '기'는 유가미학의 '정正' 우월주의적인 입장에서는 부정되었지만, 집정어기執正馭奇의 측면에서는 새로운 것을 창안하는 방편으로 이해되어 긍정적으로 평가되었다.[2] 법고와 '정'을 바탕으로 하는 아문예는 새로운 미감의 출현을 언제나 '변'과 '기'로 인식하였다. 그러나 조선후기는 법고를 넘어 창신의 욕구가 넘쳐

1   고연희, 『조선후기 산수기행예술 연구』, 일지사, 2007, pp.188~192.
2   조민환, 『동양 예술미학 산책』, 성균관대학교 출판부, 2018, pp.152~156.

나던 시대였다. 천기와 자득과 진으로 이어지는 개성 추구는 '기'의 추구로 이어지게 된 것이다.

담헌 이하곤은 일원 이병연과 겸재 정선이 기이한 곳을 찾아다니며 창작을 하였고, 이병연의 시는 실제 경치보다 더욱 기이함을 자아냈다고 칭송하였다.

일원이 금화를 다스릴 때 원백 정선을 데리고 동쪽으로 유람하여 바다나 산의 기한 곳을 만나면 문득 붓을 들어 모사하여 모두 이십여 폭을 얻었다.[1]

삼부연은 기하기가 심한데 일원의 시는 삼부연보다 더욱 기하다. 시에 이르기를 '윗 가마 가운데에 떨어지니 파도는 아래 가마에 걸린다. 올려다보면 전면 절벽일 뿐, 누가 삼연을 뚫었나? 태초에 용이 움켜잡고 천년의 물이 뚫었네. 조화를 물을 길 없어 지팡이 의지하고 망연히 홀로 서 있네.'라고 하였다. 반복하여 읊어 보니 절벽이 하늘에 걸리고 쏟아지며 흩날리는 폭포의 장관이 싸늘하게 눈에 들어오는데 문득 그림이 한낱 군더더기가 됨을 깨달았다.[2]

이하곤은 삼부연의 실제 경관도 기이하지만 이병연의 시는 더욱 기이함을 자아낸다고 하였다. 이하곤은 '기'로써 삼부연과 이병연의 시를 칭

---

[1] 이하곤, 『頭陀草』 책14 「題一源所藏海岳傳神帖」 栢田: 李一源宰金化時 挾鄭敾元伯東游 遇海山奇處 輒拈筆模寫 凡得三十餘幅.

[2] 이하곤, 『頭陀草』 책14 「題一源所藏海岳傳神帖」 三釜淵: 三釜淵奇甚 一源此詩更奇於三釜淵矣 詩曰上釜落中釜 波濤下釜懸 仰看全一壁 誰得鑿三淵 太始思龍攫 千年驗溜穿 無由問造化 倚杖獨茫然 反復諷詠則絶壁天懸 飛流噴薄之狀 凜然在目 便覺丹靑絹素 又一贅疣也.

송하였다. '기奇'는 당시 '아雅'로는 충분히 표현하지 못하는 예술성을 함축하는 말이었다.

이용휴는 이하곤과는 다른 의미에서 '기'를 추구하였다. 그가 말하는 '기'는 '진'이 극에 달하여 드러나는 '기'이다.

> 그의 시는 그 사람과 같아서 其詩似其人
>
> 진실이 극에 이르면 기이함이 드러나니 眞極時露奇
>
> 그의 글씨와 그의 그림도 其書與其畫
>
> 모두가 그의 시와 같구나. 又皆似其詩.[1]

위의 시는 이용휴가 친구 허필(1708~1768)을 위해 지은 만시輓詩이다. 그는 허필의 진면을 추숭하면서 그의 '진'의 발현이 '기'로 전환함을 보여주었다. 유만주(1755~1788)는 『흠영』에서 이용휴의 문학을 '기'로 논평하였다.

혜환의 시 백여 편은 마땅히 시축으로 보아야 한다. 이 사람의 문장은 극히 괴하다. 문文에서는 지之와 이而 같은 글자를 쓰지 않으면서 시에서는 지와 이를 전혀 기피하지 않는다. 그는 결코 일반 문인과는 다른 모습을 요구하는데 이것은 분명 하나의 병통이나 하나의 기이다. 혜환은 장서가 매우 많다. 그런

---

1   이용휴, 『炴炴集』 「許烟客汝正」.

225

데 그가 가진 책은 모두 기문奇文이거나 특이한 서책으로 평범한 것은 한 질도 없다. 그의 기는 실로 천성인 것이다.[1]

유만주는 이용휴가 문에서는 지之와 이而를 쓰지 않으면서 시에서는 지와 이를 전혀 기피하지 않는다고 하였는데 이것은 당대 문법과는 상반되는 용법이었다.[2] 이용휴는 당대 문풍에서 적절히 구사되는 허사를 역발상적으로 전환하여 문체에 생경함을 일으켜 익숙한 문장을 낯설게 하였다. 또한 그의 일상적 소재의 천착은 문학의 대상이 관념의 세계에서 삶의 세계로 이동하고, 일상의 비루함이 예술적으로 형상화되어 신선함과 기이함을 자아냈다. 이용휴는 문학의 소재와 형식에서 전대의 관습을 버리고 자신만의 문법으로 새로움을 창조하였던 것이다. 유만주는 이러한 이용휴의 시문詩文을 '기'로 보았으며 '기'의 추구는 그의 천성이라고 여겼다. 그러나 정작 이용휴는 '기'를 추구하면서도 '기'의 절제 또한 강조하였다. 그는 "시는 진실로 기해야 뛰어난 것이다. 그러나 만약 기하게 하는 것에만 힘쓴다면 그 폐단은 두묵처럼 될 것"[3]이라고 하여 '기'에 매몰되는 것 또한 경계하였다.

'기'는 정正과 법고의 관점에서 보면 속俗의 범주에 속한다. 그러나 조

---

1   유만주, 『欽英』: 惠寰詩百餘篇 當以軸覽 此人文章極怪 於文則全不使之而字 而於詩則全不 避之而字 決要殊異於衆 此固一病而亦一奇也 惠寰藏書頗富 而所有皆奇文異冊 無平常者一 秩 盖其奇實天性也.
2   안대회, 『18세기 한국한시사 연구』, 소명출판, 1999, pp.246~247. 참고.
3   이용휴, 『惠寰雜著』 권4 「題家姪詩稿」: 詩固以奇爲勝 然若壹於務奇 則其弊爲杜黙.

선후기의 아속인식의 전환은 '기'의 인식 또한 전환하여 '기'는 문예의 추구 대상이 되었다. 이덕무는 "기이하고 수려한 기운이 없으면 속됨에 빠지고, 문인에게 이러한 기운이 없다면 때주머니에 불과하다."[1]고 하여 타성적 글쓰기를 비판하였다. 이것은 고법을 빙자하여 창의는 뒷전인 채 옛글을 남발하는 의고적 문풍은 오히려 속된 것임을 풍자한 것이다. 그는 글을 지을 때는 "마고의 손톱으로 조화옹의 굴속에 있는 것을 날카롭게 긁어내야 된다."[2]라고 하여 깨어있는 작가정신으로 평범 속에 묻힌 시적 정서를 예민하게 직시할 것을 강조하였다.

척재 이서구는 이덕무의 시는 '진'을 통해 '기'가 드러난다고 하였다. 그는 이덕무가 농촌을 배경으로 지은 『파아집』을 보고 그의 진경의 묘사는 오히려 '기'하다고 하였다.

진경을 그려서 도리어 기하게 되니 摹來眞境語還奇

마을의 곡조와 농촌의 노래도 본받을 수 있네 里曲田歌亦可師

누군가 서호의 풍토기를 짓는 자는 誰著湖西風土記

그대의 오늘 시편에 거두어 지리라. 收君今日幾篇詩.[3]

1 이덕무, 『靑莊館全書』 권48 「耳目口心書」 1: 奇秀之氣寂然 則無論萬品 皆墜俗臼 山無是氣 則敗瓦也 水無是氣 則腐溲也 學士無是氣 則束芻也 方外無是氣 則團泥也 武夫無是氣 則飯袋也 文人無是氣 則垢囊也.

2 이덕무, 『靑莊館全書』 권49 「耳目口心書」 2: 作文可別具麻姑爪 快爬造化窟底來.

3 이서구, 『惕齋集』 권1: 題李懋官德懋湖西詩卷二首.

이서구는 농촌의 풍정을 곡진하게 그린 이덕무의 시를 보고 이로 인하여 조선의 진경이 드러나고 방언의 내용이 풍부해지는 것을 상찬하였다. 이덕무는 농촌을 배경으로 각 지역의 생활상과 그 안에서 살아가는 여러 계층의 사람들을 따뜻한 시선으로 그리고 농민들의 삶을 구석구석 형상화하여 '조선풍'의 시를 지었다. 삶의 관찰에서 오는 세심한 시정은 생경하면서도 공감과 진정을 자아냈는데 이러한 새로운 미감을 조선후기의 문단은 '기'라고 하였다. '진眞'과 '기奇'는 당대 고법에서 생산하지 못하는 참신성을 의미하였다. '기'는 독자성을 긍정하며 예전의 정이 표현하지 못하는 새로운 영역이나 품격을 열어주어 예술에 생동미를 더한다.[1] 조선말기의 문신인 김택영(1850~1927)은 조선후기의 문풍을 거론하며 그들이 추구한 새로운 문풍을 '기궤첨신奇詭尖新'으로 정의하였다.

> 영조 이래로 풍기가 일변하여 이용휴와 이가환 부자, 이덕무, 유덕공, 박제가, 이서구 등의 무리들이 혹은 기궤하거나 혹은 첨신하여 한 시대의 승강의 자취를 옛날에 비춰 말하자면 성당과 만당의 시기와 같았다.[2]

김택영은 이용휴와 그의 아들 이가환을 비롯한 이덕무, 유득공, 박제가, 이서구 등 조선후기 문명文名을 떨친 문인들의 작품이 성당과 만당의

---

1   조민환, 『동양 예술미학 산책』, 성균관대학교 출판부, 2018, p.163.
2   김택영, 『韶濩堂文集』권2 「申紫霞詩集序」: 自英廟以下 則風氣一變 如李惠寰錦帶父子 李炯菴 柳泠齋 朴楚亭 李薑山諸家 或主奇詭 或主尖新 其一代升降之跡 方之古則猶盛晚唐焉.

시기와 같은 문학적 성과를 거두었으며 이들 작품의 성격은 '기궤첨신' 하다고 하였다. 그는 이용휴 부자의 남인계 문학과 이덕무 등 연암일파의 낙론계 문학인을 거론하며 조선후기 '기궤첨신'한 문풍은 당색에 관계없이 문예 전반에서 추구된 현상임을 밝혔다.

조선후기 문예의 쇄신은 고법과 창신 사이에서 갈등을 일으켰으나 문인들은 고금통변을 통하여 문학의 전통성과 예술성을 함께 지켜나갔다. 고금통변이란 결국 아속겸비적 심미의식이다. 조선후기에 새로운 문예 혁신을 일으킨 문인들은 고법파의 지난한 압력 속에서도 우리 문예의 독자적 문화의지를 밝히고, 주변의 모든 것을 예술의 대상으로 삼아 '지금 순간'의 삶과 자연을 예술화하여 당시로서는 첨신한 문예풍을 이루었다. 박지원의 '법고창신法古創新'과 '고금통변古今通變'은 '아속겸비雅俗兼備'와 같은 의미였다. 조선후기 문인들은 법고창신·고금통변·아속겸비를 통해 우리 문예의 창조 역량을 풍부하게 하였다. 이러한 정신은 다채로운 문화 조류를 형성하는 데도 기여하였으며 한국 고유미의 창조에도 지대한 공헌을 하였다.

제 4 장

조선후기 문예사조의
아속겸비적 심미의식의 구현

조선후기의 문예는 내용과 형식에서 많은 변화가 있었다. 김창협을 필두로 한 반의고적 문학의 혁신은 박지원과 북학파의 실학문학으로 열매를 맺었으며, 겸재 정선을 중심으로한 진경산수화의 열풍과 서예의 동국진체에 대한 관심은 문예가 모화사상에서 벗어나 자득 중심, 민족 중심으로 예술인식이 전화하고 있음을 보여준다.

우리 문예의 아속관 수용은 최치원에 의해 처음 언급된 이래로[1] 다양한 충차로 쓰였다. 아속雅俗은 주로 시대와 장소, 사람에 대해 쓰이거나 비평용어와 심미범주로 쓰였지만, 개인의 취향에 따라 구사되어 구체적인 의미를 파악하기 힘든 경우가 많다. 조선후기에는 아속관이 변화하여

---

1   최치원,『孤雲集』권1「江南女」: 江南蕩風俗 養女嬌且憐 性冶恥針線 粧成調管絃 所學非雅音.

전아함을 추구하는 심미관은 여전하였지만 다른 한편으로는 속俗을 긍정하는 심미관이 등장하였다. 이것은 명·청대 문학관의 영향을 받은 문인들과 문예의 개혁 의지를 가진 문인들에 의해 주도되었는데, 자아의 각성과 개성을 중시하는 문예관이 민족 주체의식으로 확장하여 우리 민족의 정서를 담아내는 이속위아以俗爲雅와 아속공상雅俗共賞적 문예관으로 발전하게 되었다.

천기는 여러 학파에서 공동으로 사용하는 용어였으나 성령은 공안파의 전유물이다.[1] 조선후기의 문인들은 공안파의 영향을 받으면서도 공안파의 영향력을 감추기 위해 성령 대신 천기를 주요 비평용어로 채택하였다. 김창협 형제와 박지원, 이용휴, 조귀명, 이언진, 유만주, 이옥 등 조선후기 문예를 개괄하는 대표적인 문인들은 당파에 상관없이 대부분 공안파의 영향 아래 있었다.[2] 또한 천기론에서 벗어나 있는 윤두서는 실득적 심미의식으로 당대의 화풍을 쇄신하고자 하였다. 김창협이 문학의 혁신을 주도하였다면 윤두서는 회화의 혁신을 주도하였다. 이들은 주자학의 교조적인 문예 풍토 아래에서도 서서히 변화하는 새로운 물결을 직감하고 개성주의적인 문풍의 시대를 열었던 것이다.

1   윤재민, 『조선후기 중인층 한문학의 연구』, 고려대학교 대학원 박사학위논문, 1991, p.89.
2   강명관, 『공안파와 조선후기 한문학』, 소명출판, 2008, p.270.

제1절 | 현실성과 주체성을 강조한 화畵와 화론畵論

조선후기의 새로운 시대의식은 문학에서뿐만 아니라 회화에도 영향을 미쳤다. 문인들은 전통적으로 시·서·화의 동원의식이 있었으며 이러한 인식하에 시·서·화는 서로 영향을 주고받았다. 천기자득의 진眞 추구는 회화에도 적용되었다. 조선시대에는 두 번의 회화 부흥이 있었다. 그 첫 번째는 세종 시기에서부터 성종까지인 80여 년의 시기이고, 두 번째는 영,정조와 순조 초기의 회화 시기이다.[1] 조선시대의 그림은 중국 회화의 영향을 받았으며 화풍을 공유하였다. 당시 중국은 명나라 초기 시대로서 명조는 화원을 부활시키고 남송 화풍의 전통을 이어받아 북종화를 이루었고 후에 절파가 되었다. 조선중기는 명대 절파의 화풍을 수용하여 이징(1581~?), 조속(1595~1668) 김명국(1600~?) 등이 중기 화단에 이름을 남겼다. 절파의 화풍은 화법으로 굳어져 오랫동안 답습되었다.

그러나 조선후기의 화풍은 이와 달랐다. 진眞에 대한 관심은 회화의 소재와 주제의식에서 현실감각을 드러냈다. 문인들은 상투적으로 그리던 중국풍의 이념산수 대신 발로 직접 걷고 눈으로 본 조선의 자연을 산수화에 담았으며 중국인의 모습 대신 조선인의 얼굴을 그렸다. 중국풍을 답습하던 창작 관습을 버리고 조선의 산하와 인물을 배경으로 조선 고유의 회화풍을 창조하였던 것이다.

---

1   이동주, 『우리 옛그림의 아름다움』, 시공사, 2012, p.228.

천기와 진 탐구를 통한 자득과 실득의 회화정신은 풍속화와 진경산수에서 조선 고유미를 발현하였으며, 인물화를 통해 보여준 조선의 선비정신은 조선 문인의 정체성을 담았다. 풍속화가 주제 서술법의 변화과정을 보여주었다면 진경산수화는 18세기 공간관의 변화과정을 보여주었고, 초상화는 대상 묘사법의 변화과정을 집중적으로 보여주었다.[1]

　조선후기 회화의 가장 큰 특징은 풍속화의 놀라운 발전이다. 풍속화는 통념을 깬 문인들에 의해 개창되고 발전하였으며 단원 김홍도는 풍속화의 절정을 이루었다. 산수화 또한 이념산수, 중국풍의 관념산수 대신 유람의 성행과 함께 조선의 실경을 소재로 한 진경산수, 실경산수가 성행하였다. 인식변화에 따른 자존의식은 초상화에 대한 관심으로 이어지며 문인들은 자신과 세계에 대한 사유를 자화상으로 남겼다. 조선후기의 문인들은 회화의 실實을 논하며 즉물의 대상에서 진정과 공감을 추구하였으며, 자존과 자재自在하는 자기표현의 즐거움을 누렸다.

1. 풍속화의 일상성과 역동적 세태

　인간의 생활상을 담은 그림은 인류문명의 시작과 같이할 정도로 그 기원이 깊다. 우리나라 풍속화의 기원도 이와 다르지 않다. 풍속화가 본격적으로 등장하기 이전의 풍속화는 교화의 목적으로 제작된 〈빈풍칠월

1　강관식, 「진경시대 후기 화원화의 시각적 사실성」, 『간송문화』 제49호, 1995, 한국민족미술연구소, p.88.

도〉류와 〈삼강행실도〉류가 있으며 이를 통해 제작 당시의 풍속을 짐작
할 수 있다. 정치적 목적이 아닌 순수 창작물로서의 풍속화는 조선후기
에 등장한다. 중국의 경우 이미 송대부터 풍속화가 활발하게 제작되었
다. 우리나라의 경우 풍속화에 대한 인식이 낮아 조선중기에 발간된 『경
국대전』과 『패관잡기』에는 풍속도에 대한 분류가 없다. 그러나 조선후
기 풍속화가 유행하게 되자 정조 시기에는 당당히 풍속화가 화과로 분류
되어 『내각일력』에는 풍속화를 의미하는 속화가 화원 녹취재의 과목으
로 등장하게 되었다.[1] 이로써 풍속화는 궁중에서도 즐기는 화과가 되었
다. 풍속화는 당대에는 '속화俗畵'라고 하였다. 속화는 문인화의 상대적
개념이지만 풍속을 그린 그림을 의미하기도 한다. 속화의 '속俗'의 의미
에 대해서는 다양한 의견이 있으나[2] 속화는 점차 풍속화로 통칭되었다.

　풍속화는 중세적 세계관을 극복한 문인들에 의해 개창되었다. 풍속화
는 전통적 가치관에 도전한 문인들의 새로운 가치관의 정립, 즉 통속적
세계관을 긍정한 문인들에 의해 이루어졌다. 풍속화는 당대인들의 세계
인식을 보여준다. 풍속화가 민간이 아닌 문인에 의해 탄생하였다는 것은
문인 인식의 전환이 있었음을 말한다. 풍속화의 성행은 통속에 대한 부
정적 인식을 극복하고 통속의 가치를 재발견[3]함으로써 이루어진 시대정

1　『內閣日曆』 42책, 정조 7년 11월 27일: 差備待令畵員 今十一月朔祿取才 畵題望人物 樓閣 翎
　　毛 文房 俗畵.
2　풍속화의 용어 문제와 속화의 개념에 관해서는 차미애, 『공재 윤두서일가의 회화』, 사회평론,
　　2014, pp.535~540. 참고.
3　정병모, 『한국의 풍속화』, 한길아트, 2000, p.201.

신의 결과물이었다.

풍속화를 중심으로 일어난 문예의 통속화 현상은 그동안 무시했던 하층민의 생활상과 그것을 대변하는 통속세계의 가치를 널리 인식시키는 계기가 되었다.[1] 인식의 전환기를 맞은 문인들은 관념의 세계에서 벗어나 현실 세계에 관심을 가지고 예술의 소재를 현실에서 찾았다. 소식에 의해 문인화 관념이 형성된 이후 문인의 전통적 회화관은 화의畵意가 중심이었고, 소재의 세세한 재현은 화원들의 영역이었다. 화의란 문인들에게 유가 전통주의로 구성된 관념과 이념을 말하며 아雅의 범주이다. 형태의 재현이란 현실의 영역이며 속俗의 범주이다. 조선후기에는 화의를 추구하는 남종화의 등장으로 문인화의 시대가 열렸지만, 동시에 풍속화는 융성한 시기를 맞았다. 아와 속이 범람하는 시대조류에 힘입어 화풍 또한 다양하게 전개됨으로써 문예는 절정을 맞이하였다.

우리 민족의 삶과 정신을 담은 풍속화는 공재 윤두서(1668~1715)의 실득적 심미의식에서 비롯되었다.[2] 윤두서는 고산 윤선도(1587~1671)의 증손이자 해남윤씨 가문의 종손이었다. 그는 명문가의 자제로 태어났으나 신분의식에 매몰되지 않고 인간의 본질에 관심을 가졌고 현실의 폐단을 개혁하고자 하였으며 이를 위해서 학문과 예술의 실득實得을 생활화하였다. 그의 아들 윤덕희(1685~1776)는 윤두서 행장에서 "공은 여러 학문의

---

1   정병모, 『한국의 풍속화』, 한길아트, 2000, p.351.
2   박진경, 「공재 윤두서의 실득적 심미의식 고찰」, 『동양예술』 제37호, 한국동양예술학회, 2017, p.96.

서적을 연구함에 다만 문자만 강설하여 눈과 귀를 위한 자료로만 삼는 것이 아니라 반드시 정밀히 연구하고 사실을 조사하고 밝혀서 옛사람의 입언의 뜻을 깨달아 몸으로 체득하고 일마다 증험했다. 그러므로 배운 바는 모두 실득이 있었다."[1]고 하여 윤두서의 삶을 실득으로 정의한 바 있다.

윤두서가 실득을 통해 획득한 미감은 조선후기 회화의 현실감각과 사실주의에 대한 인식을 불러일으켰다. 그의 내면세계에는 '존아의식'과 '속의 긍정'이라는 양면성이 공존하는데 그는 사대부로서 온유돈후한 미의식뿐만 아니라 현실비판을 통한 평민의식 또한 긍정하였다.[2] 그는 풍속화를 통해 애민의식을 발현하였다. 그는 양반가의 어른으로서 신분의식을 버리고 노동하는 하층민과 부녀자를 회화의 대상으로 삼았다. 그는 대상을 면밀히 관찰하고 즉물에서 포착된 미감으로 이전과는 다른 그림을 그렸는데 이러한 그림을 당시에는 속화俗畫라고 하였다.

그의 속화는 현실을 배경으로 생동하는 인물을 그렸다. 윤두서의 〈돌깨기〉(그림 9)는 절파풍의 수하인물도 형식을 빌려 왔으나 관념적 고사인물 대신 현실의 인물을 배치하여 과도기적 풍속화의 특성을 볼 수 있다. 그의〈돌깨기〉는 노동의 생생한 순간을 포착하였다. 〈돌깨기〉는 돌을 잡은 인물의 불안한 얼굴과 망치를 내려치는 인물의 운동감이 해학적으로 표현되었다. 곧 내딛은 발과 휘어진 망치의 무게감은 그림에 역동성을

---

1   윤덕희, 「恭齋公行狀」, 『棠岳文獻』: 盖公於諸家書 不但講說文字爲口耳之資而已 必務精究研
     覈 得古人立言之意 體之身而驗之事 故所學皆有實得也.
2   이내옥, 「조선후기 풍속화의 기원」, 『미술자료』 49호, 1992, p.60.

그림 9.
윤두서, 〈돌깨기〉, 저본수묵, 22.9×17.7cm, 개인 소장

더한다. 윤두서는 웃통을 벗은 인물의 등 근육까지 표현함으로써 조선후기 사실주의적 회화의 기틀을 놓았다. 그의 회화방식을 기록한 남태응(1687~1740)은 『청죽화사』에서 윤두서의 실득적 회화의지를 다음과 같이 밝혔다.

공재는 공수반이 조각칼을 잡고서 사람의 형태를 만드는 것과 같이 먼저 몸통와 손발을 만든 다음 이목구비를 새기는데, 그 공력을 다하고 모방함에 기교를 지극히 하여, 털 하나라도 사람과 같지 않음이 없게 하고 그런 후에라도 여전히 미흡하다고 여겨 그 가운데 기관을 설치하여 스스로 움직이게 하여 손으로는 잡을 수 있고 발은 달릴 수 있으며 눈은 깜박이게 하고 입은 벌릴 수 있게 한 후에라야 진가眞假가 서로 뒤섞이는 조화造化를 얻을 수 있었다.[1]

1 　남태응, 『聽竹畫史』: 恭齋似公輸般執刳劂 而造人假像 先成軀幹手足 次及耳目口鼻雕鎪 殫工模倣極功無一毫之不似人者 而然猶未也及矣 中設機關 使自發動手能把握 足能行走 目能구動 口能開張 然後眞假相亂 造化可奪也

윤두서의 회화는 당대로서는 혁명적이라고 할 수 있다. 윤두서의 혁신을 파악한 추사 김정희는 "우리나라의 옛 그림을 배우는 것은 윤두서로부터 시작해야 한다."[1]고 하였고, 진재 김윤겸(1711~1775) 또한 "우리나라의 옛 그림을 배우는 것은 윤두서로부터 시작하니 그가 새로운 그림을 그렸다."[2]라고 하여 조선후기 회화가 윤두서에 의해 개창되었음을 밝힌 바 있다.

윤두서는 예술의 현장성을 추구하였다. 그는 현실의 구체적 상황과 생동하는 인물의 움직임을 구현하여 땀냄새 나는 인간의 삶이 담긴 회화를 선도하였다. 윤두서의 개혁 의지는 아속에 대한 기존관념을 허물고 모든 대상을 있는 그대로의 시선으로 파악하게 하였다. 그는 종가어른의 신분이었지만 예술의 소재로써 인간 삶을 관찰함에는 신분의식도 잊었다. 그의 풍속화에는 노동하는 인간의 아름다움이 표현되어 있는데 여기에는 여염집 여인도 있다. 그의 〈나물캐기〉(그림 10)는 윤두서 회화의 소재 혁신성을 보여준다.

윤두서의 아속겸비적 심미관은 노동하는 인간의 아름다움에 시선을 두었다. 그의 문아한 필치는 조선 고유의 풍속과 인물과 결합하여 조선 풍속화만의 개성미를 구현하였다. 동계 조귀명은 윤두서의 풍속화에 대해 "속된 그림을 그렸는데 속된 필치가 없으니 이것은 썩은 것을 변화시

---

1   김정희,『阮堂全集』권5: 我東之學古畵 果自恭齋始也.
2   김윤겸,「跋恭齋畵帖」,『棠岳文獻』: 東人之學古畵 自孝彦始 其可謂破天荒也.

그림 10.
윤두서, 〈나물캐기〉, 저본수묵 30.4×25.0cm, 녹우당

켜 신묘한 것으로 만드는 것"[1]이라고 하였다. 윤두서에 의한 주제와 소재의 혁신은 속俗에 대한 인식을 전환시켰다. 그의 풍속화로 인하여 한국 회화사에서 서민의 위치는 전과 다르게 주목되었고, 회화적 혁명으로서 윤두서의 선구적 시도는 변화하는 시대 조류를 당연한 현실로 받아들인 진보적 지성의 존재를 말해주는 역사적 증언이었다.[2]

그의 선구적 예술정신은 관아재 조영석(1686~1761)에게로 이어졌다. 조영석은 문인화가로서 윤두서에 이어 풍속화를 즐겨 그렸다. 윤두서가 초기 풍속화로서 과도기적 흔적을 남겼다면 조영석은 풍속화의 난만함을 보여주었다. 조영석은 어진 제작에 참여하라는 어명을 받았으나 사대부가 기예로써 임금을 섬길 수 없다며 거부하였다.[3] 그의 집안은 노론으로 당대 명문가였으며, 조영석은 음직으로 벼슬하여 첨지중추부사, 돈령부도정에 제수되었다. 그는 어진 제작은 거부하였으나 타고난 예술적 재

1   조귀명,『東谿集』권6「題柳汝範家藏尹孝彦扇譜帖」: 第十八幅 寫俗題而無俗筆 此化腐爲神爾.
2   유홍준,『화인열전1』, 역사비평사, 2002, p.96.
3   이동주,『우리 옛그림의 아름다움』, 시공사, 2012, p196. 이태호,『풍속화1』, 대원사, 1995, p.51.

능은 숨길 수 없어 남몰래 화집을 묶어서 『사제첩』이라 이름 짓고, 아무에게도 보여주지 말 것을 후손들에게 당부하였다.[1] '사제麝臍'란 '사향노루의 배꼽 향기'란 뜻으로 귀하지만 비밀스러움을 뜻한다. 여기에는 자신의 그림에 대한 자부심이 담겨 있지만 동시에 그것을 세상에 마음 놓고 드러낼 수 없는 기예에 대한 부정적 인식 또한 담고 있어 회화에 대한 그의 이중인식을 보여준다. 그는 아속융합이 범람하는 시대를 살아가면서 아와 속 사이에서 갈등하였던 것이다. 일몽 이규상(1727~1799)은 조영석 회화의 특징에 대해 다음과 같이 말하였다.

화가는 대개 두 개의 파로 나누어지는데 하나는 세칭 원법院法을 일컫는 것으로 관의 수요에 쓰이는 화원의 화법이다. 다른 하나는 유법儒法으로 신운을 위주로 하며 필획의 세련을 신경 쓰지 않는다. 원화 이외의 것은 대개 유화에 속한다. 원화의 폐단은 신채가 빠져서 진흙으로 만든 모형 같게 되고, 유화의 폐단은 모호하고 어지러워 간혹 묵저와 도아와 같이 된다. 조영석은 원법으로 유화의 정채를 펼쳤으며 포서 또한 식의를 갖추고 있어 물物 하나 상像 하나까지도 모두 조화를 그대로 뽑아냈다.[2]

1   조영석, 『麝臍帖』 表紙: 勿示人 犯者 非吾子孫.
2   이규상, 『一夢考』 「畵廚錄」: 蓋畵家有兩派 一俗稱曰院法 卽畵員之供國畵者法也 一曰儒法 以神韻爲主 筆畵之整疎不顧 畵於院者外 率居儒畵 院畵之弊 沒神采如泥塑 儒畵之弊 模糊 胡亂 或如墨猪塗鴉 都正之畵 以院法行儒畵之精采 鋪敍又具有識意, 一物一像 咸倖造化.

그림 11.
조영석, 〈목기 깎기〉, 지본채색 23.0×20.7cm, 개인소장

이규상에 따르면 조영석은 원법院法으로 문인화의 정신을 구현하였다고 하였다. 원법이란 화원의 화법으로 화원들이 국가 행사에 동원되어 기록정신으로 대상을 세밀하게 재현하는 화법을 말한다. 유법儒法이란 문인정신으로 사의寫意한 회화이다. 전통적으로 문인들은 원화의 재현성을 속된 그림으로 평가하였고, 문인정신의 지향성을 작품성으로 판단하였다. 추사 김정희가 강조한 예술의 '문자향, 서권기'는 문인정신의 대표적인 구호이다. 이규상이 조영석의 그림을 "원법으로 유화를 그려 정채를 펼치고 조화를 뽑은 신품"[1]이라고 한 것은 조영석이 아속겸비적 심미의식을 가지고 있음을 의미한다.

조영석은 사대부의식이 높았으나 예술적 관심은 진보적이었다. 그의 『사제첩』에 담긴 풍속화는 서민에 대한 관심없이는 불가능한 것이었다. 『사제첩』에 담긴 〈목기 깎기〉(그림 11)와 〈새참〉(그림 19) 에서 보듯이 조영석의 시선은 서민들의 노동을 향해 있다. 〈목기 깎기〉는 윤두서에게서

---

1   이규상,『一夢考』「畵廚錄」: 又余家有小幅 騎驢時人樣 服飾神韻 毫無爽 眞神品.

나타난 화보풍 수하인물도의 구도를 제거하고 현실감각의 나무를 배치
하여 현장감을 살렸다. 푸른 나뭇잎의 질감 아래 노동에 몰입한 인물들
은 당시 조선인의 모습을 보여준다. 마당에 늘어놓은 작업기구와 작업하
는 모습은 여름날의 노동 현장감과 당대 일상적 삶을 표현하였다. 그는
〈바느질하기〉(그림 12)와 〈절구질하기〉(그림 13)에서 조선 여인들의 삶
을 대상화하였다. 세 여인이 각기 다른 바느질 작업을 진행하는 〈바느질

그림 14.
조영석, 〈설중방우도〉, 지본채색 115.0×57.0cm, 개인
소장

하기〉는 속가 여인들의 노동 현장
이다. 치마폭 아래로 빠져나온 맨
발과 가위질하는 손가락의 생생함
은 화면에 생명력을 일으킨다. 그
의 〈절구질하기〉는 파격적 구도로
풍속화의 아취雅趣를 보여주었다.
〈절구질하기〉는 시점을 수평으로
하여 화면의 직접성과 친근성을 높
이면서도 단순미가 있다. 대담하게
잘라 일부분만 표현한 가옥과 나
무, 절구질하는 여인의 수평적 구
도는 단순한 선의 미감을 살리면서
구태의연한 화풍을 벗었다. 그는
속가의 노동하는 여인을 그렸으나
그의 아취적인 예술미는 속俗의 경
계를 아雅의 경계로 이끌어 풍속화의 예술미를 깊게 하였다.

조영석은 서민들의 풍속과 함께 사대부의 풍속을 담아 풍속화의 두 가
지 양식을 창조하였다. 그의 사인풍속화는 산수인물도의 전통양식을 빌
려 왔으나, 이전과는 다른 섬세한 묘사로 산수화의 현세적 감각을 보여
주었다. 그의 〈설중방우도〉(그림 14)는 문인 화풍이지만 세속의 삶이 표
현되어 있다. 눈 덮인 산을 배경으로 소나무의 푸른 잎이 시선을 끌며 사

랑방에 좌정한 주인과 손님이 단아하게 환담을 나누는 모습은 아雅의 경계이다. 그러나 오른쪽 아래 문 앞에는 머슴이 분주하게 손님이 타고 온 소를 끌고 오는 모습은 속俗의 경계이다. 그는 아속의 경계를 융합하여 조선의 인물과 풍속을 화폭에 담았다. 조영석의 필치는 정갈하면서도 사실적이지만 그의 화폭에는 서권기가 있는 문인의 예술정신이 담겨 있다.

풍속화는 속의 세계를 대상으로 하지만 문인들이 공유함으로써 아문화에 진입하게 되었다. 윤두서에 의해 비롯된 조선의 풍속화는 조영석에 의해 정립되었다. 풍속화가 문인들에 의해 창작되었다는 것은 풍속화에는 본질적으로 아속겸비적 특성이 있음을 말한다. 사인풍속을 다룬 산수인물화는 현실적이고 풍속적인 요소가 강화된 반면에, 서민풍속화에는 사인들의 아취적 세계가 포함되었는데 이것은 이 두 회화 간의 긴밀한 유대를 말한다.[1] 이러한 풍속화의 특징은 김홍도를 거치면서 풍속화의 절정기를 맞았다.

김홍도는 원래 중인으로 화원 출신이었으나 어진 제작을 성공적으로 마친 포상으로 벼슬에 나아가 문인화된 인물이다. 정조의 신뢰와 당대 최고의 예술 감식안인 표암 강세황(1713~1791)의 제자인 것도 그의 입신을 도왔다. 김홍도야말로 아속雅俗을 포괄하는 심미안의 소유자였다. 이러한 김홍도의 삶의 배경과 예술적 재능은 아속겸비적 시대정신을 만나 마음껏 발휘되었다. 그는 화원 생활을 통하여 초상화와 기록화, 영모

---

1   정병모, 『한국의 풍속화』, 한길아트, 2000, pp.255~256.

화조, 도석화, 고사인물화, 진경산수화 등 폭넓게 화과를 섭렵했지만, 그의 기량이 가장 잘 발휘된 것은 풍속화였다.[1] 그가 젊은 시절 제작한 〈행려풍속도〉는 생기 넘치는 조선의 풍속과 인물을 여행자의 시선으로 그린 8폭의 병풍이다. 〈행려풍속도〉에는 각 폭마다 강세황의 발문이 있어 감상의 흥을 돋운다.

〈행려풍속도〉에 나타난 산수는 조선 고유의 색을 입었으며 조선인의 삶의 현장을 보여주었다. 그중 제5폭의 〈매염파행〉(그림 15)은 새벽을 가르며 힘차게 삶의 현장으로 출발하는 여인들의 모습을 그렸다. 강세황은 화제에서 "게와 새우, 소금을 광주리와 항아리에 가득 채워 새벽 일찍 포구에 나섰다. 갈매기무리 날아들어 한 번 펼치니 비린내가 코를 찌르는 듯하구나. (栗蟹鰕塩 滿筐盈缸 曉發浦口 鷗露驚飛 一展看 覺腥風鼻.)"라고 하여 시각적 이미지를 후각적 이미지로 전이시키며 정감의 폭을 넓혔다. 등에 업힌 아기와 머리에 짊어진 광주리를 통해 여인들의 삶의 무게가 간단치 않음을 알 수 있지만, 함께 걷는 여인들의 걸음에는 그 고단함 마저 녹일 수 있는 삶의 역동성이 담겨있다. 이렇듯 행진하듯 함께 나아가는 여인들의 모습에는 강한 생명의 기운을 느낄 수 있는데, 이러한 생명력은 우주의 창조적 모성과 맞닿아 있는 아속겸비적 생기이다.

제4폭인 〈노변치로〉(그림 16)는 한적한 시골의 주막과 대장간을 그렸다. 원경의 일하는 농부와 근경의 대장간의 모습은 서민들의 노동을 담

---

1   이태호, 『조선후기 회화의 사실정신』, 학고재, 1996, p.208.

그림 15. 김홍도, 〈매염파행〉, 견본담채 90.9×42.7cm, 국립중앙박물관 (左)
그림 16. 김홍도, 〈노변치로〉, 견본담채 90.9×42.7cm, 국립중앙박물관 (右)

고 있으며 나무 밑의 일꾼과 밥 먹는 나그네에게서는 휴식이 느껴진다.
서민들의 노동과 휴식을 담은 〈노변치로〉는 전원의 정취와 민간의 풍속
이 한담하게 어울려 아취를 일으킨다. 강세황 또한 "논에는 해오라기 날
고 높은 수양버들에 시원한 바람이 분다. 풀무원에서는 쇠를 두드리고

그림 17. 김홍도, 〈타작〉, 지본담채 27.0×22.7cm, 국립중앙박물관 (左)
그림 18. 김홍도, 〈새참〉, 지본담채 27.0×22.7cm, 국립중앙박물관 (右)

나그네는 밥을 사 먹는다. 촌 주막의 쓸쓸한 풍경이나 오히려 한가한 취가 있다.(水田鷺飛 高柳風凉 冶爐打鐵 行子買飯 村店荒寒之景 反覺有安閒之趣)"라고 하여 〈노변치로〉의 한담한 정서를 촌평하였다.

　김홍도의 본격적인 해학 풍속미는 『풍속도첩』에서 볼 수 있다. 〈행려풍속도〉가 전원을 배경으로 하고 있다면 『풍속도첩』은 배경을 생략하고 인간과 인간의 삶에 집중하였다. 김홍도의 풍속화는 서민의 심성으로부터 나온다.[1] 〈타작〉(그림 17)은 분주하게 타작하는 일군과 자리에 길게 누워 담배 피우는 양반을 대비하여 풍요로운 타작의 산물이 누구를 향한 것인지 말하였다. 김홍도는 〈타작〉을 통하여 신분 사회의 단면을 보여주

1　유홍준, 『화인열전 2』, 역사비평사, 2008, p.194.

그림 19. 영석, 〈새참〉, 지본담채 20.0×24.5cm, 개인소장

었다. 그러나 그의 해학은 건강하여 노동하는 인물들은 부지런하고 열정
적이지만 이를 지켜보는 양반은 무료한 듯 생기가 없다. 벼를 타작하는
모습은 중국의 경직도에는 없는 조선 풍속도만의 특징이다.[1] 〈새참〉(그
림 18) 역시 노동자의 건강함과 활력을 볼 수 있다. 김홍도의 〈새참〉은 조
영석의 〈새참〉(그림 19)과 비교되는데, 조영석의 〈새참〉에는 문인 필치
의 단아함이 있다면, 김홍도의 〈새참〉은 노동자의 활발함과 넉살에서 서
민적 정서를 느낄 수 있다. 일군들 틈에서 화면을 향해 가슴을 풀어헤치
고 아이 젖을 먹이는 여인의 모습은 김홍도의 개성적 표현이다.

김홍도는 윤두서, 조영석 등 문인화가들이 펼쳐놓은 풍속화를 확장하
여 조선 풍속화의 예술성을 완성하였다. 김홍도가 이룬 풍속화의 업적은
선배 문인화가들이 열어놓은 혁신의 혜택을 입은 것이다. 윤두서와 조영

---

1   정병모, 『한국의 풍속화』, 한길아트, 2000, p.285.

석은 당대의 편견을 깨고 자신만의 예술관과 화법으로 조선 풍속화의 길을 열었다. 김홍도는 그러한 바탕 위에 자신감 있게 풍속화를 펼칠 수 있었다. 아속이 혼용된 시대에 김홍도가 그린 풍속화는 당대 대단한 인기를 누려 궁중에서조차 풍속화를 즐기는 시대가 되었다. 정조는 풍속화를 폭넓게 수용하고 풍속화를 장려하였다. 앞서『내각일기』에서 보았듯이 정조는 녹취재 과목에 속화를 포함시켜『시경』에서 속화의 화제를 뽑기도 하였다. 정조는 풍속화를 통해 이념과 현실의 간극을 고전적 원론으로 접근하여 지배이념을 보편화하려고 하였다.[1] 그러나 풍속화를 지배자의 교화의 수단으로만 여기는 것은 아니다. 일부 문인들은 풍속화를 독립된 회화장르로 인식하고 산수화와 비견하기도 하였으며 풍속화의 실용성을 긍정하기도 하였다. 효전 심노숭(1762~1837)은 동생 심노암으로부터 자신이 쓴 시가 '김홍도의 속화처럼 비속하다'는 평가를 듣고 이러한 견해를 밝혔다.

근세의 화가 김홍도는 세속의 일과 사물을 잘 그렸는데 실제 경계에 임해 그 모습이 곡진하지 않음이 없었다. 그러나 산수화는 초라하고 볼만한 것이 없어서 이것으로 저것을 비교하면 거의 두 사람의 작품이라고 할만했다. 속화는 화가 중에 하류에 속한다. 이 때문에 절예라 할지라도 사람들이 모두 천시한다. 그러나 진실로 묘한 경지에 나아간다면 산수이거나 속물을 그리거나

---

1   이태호,『조선후기 회화의 사실정신』, 학고재, 1996, p.203.

어찌 가릴 것이 있겠는가!

속물을 그리는 자는 산수를 잘 그리지 못하고 산수를 잘 그리는 자는 속물을 잘 그리지 못하니 모두 치우친 기예이다. 옷을 아름답게 장식하고, 깃발을 화려하게 채색하며, 제기에 그림을 새기고, 건축물을 단청하는 일, 이 모두가 속물을 그리는 사람의 일이지만 오히려 조정과 종묘와 군대의 일에 쓰이며 제사를 차례에 맞게 지내고 호령을 밝히는 일이다.

열흘에 물 하나 그리고, 닷새 동안 바위 하나 그리는 그림을 두고 스스로 말하기를 그윽함이 아주 빼어나서 속됨에 물들지 않았다고 자부하는 자들의 작품은 다만 산의 누각이나 강가의 정자에 앉거나 누워서 완상하다가 끝내 상자 속에 감추어지고 먼지에 쌓여 연기처럼 세상에 나오지 못하고 사라져 버릴 뿐이니 그것을 어디에 쓰겠는가![1]

심노숭은 '물 하나 그리는데 열흘이 걸리고, 바위 하나 그리는데 닷새가 걸리는' 산수화에 담긴 문인의 허위의식을 꼬집고, 이용후생적 관점에서 풍속화를 긍정하였다. 그는 리理가 지배하는 정태적 세계관으로 예술을 바라본 것이 아니라 실용의 세계, 동태적 세계관으로 예술을 바라

---

1 심노숭, 『孝田散稿』 권6 「西行詩敍」: 近世畵者金弘道 善畵俗物日用事物 臨眞境無不曲盡態色 而畵山水委靡無可觀 將此較彼殆二人之所爲 俗畵畵家之下流 是以雖絶藝 而人皆賤之 然而苟造乎妙 山水與俗物 奚擇哉畵俗物者不能畵山水 畵山水者不能畵俗物 均之爲偏藝 而藻飾衣裳 彩變旌旗 樽彝之刻畵 堂構之繪腹 此皆畵俗物者之事 而用於朝廟征伐 敍秩祀而明號令也 彼十日一水 五日一石 而自謂幽夐特絶 不汚下俗者 只堪爲山樓水榭 坐臥把玩 終充其巾衍之藏 蒙塵烟沒 世不出仍而漫滅而已.

본 것이다. 속물의 역동성이 실제 세계를 움직인다는 것을 그는 알고 있었다. 이러한 사유는 문인들의 세계관이 아雅 중심의 세계관에서 아속겸비의 세계관으로 전환하고 있음을 보여준다.

김홍도가 이루어놓은 풍속화의 완숙미는 김득신, 신윤복 등에 의해 계승되었으나 이들 또한 각기 다른 방식으로 조선의 개성적 풍속미를 구현하였다.[1] 문인들은 아문예를 지향하면서도 통속을 포섭하여 인간미 넘치는 회화로 당대의 공감을 얻었다. 조선후기의 풍속화는 윤두서와 조영석, 두 문인이 열어놓은 새로운 회화의 길을 김홍도가 걸어가 천부적 재능으로 조선 풍속화의 아름다움을 세상에 남겼으며 인본주의적 아속겸비의 시대 미의식을 견인하였다.

2. 진경산수화의 조선화법朝鮮畫法 형성

진경산수화란 현대에서 논쟁적 해석을 지니고 있음을 의미한다.[2] 조선후기 성행한 진眞의 의미는 진정과 자득을 가리킨다. 진경은 조선후기 당대에도 사용된 용어이다. 다만 당대 예술비평에 큰 영향력을 발휘한 강세황이 '진경眞景'과 '진경眞境'의 용어[3]를 함께 사용함으로써 후대의 논

---

1 안휘준, 『한국 그림의 전통』, 사회평론, 2012, pp.373~374.
2 진경산수화에 대한 논쟁의 전개과정에 대해서는 박은순, 「진경산수화 연구에 대한 비판적 검토」 『한국사상사학』 제28집, 2007 참고.
3 진경산수화에 대한 명칭은 고연희, 『조선시대 산수화, 아름다운 필묵의 정신사』, 돌베개, 2014, pp.168~170. 참고.

란은 가중되었다. '경境境'은 동양미학에서 매우 중요한 용어이므로 학자 간에 '경境境'에 대한 인식에 따라 진경산수화를 사의적 산수화와 실경적 사실주의 산수화로 분류하기도 한다. 그러나 강세황이 이 두 용어를 함께 사용하였다는 것은 두 용어 간의 의미 편차를 크게 두지 않았음을 의미한다. 강세황은 조선후기 문인화의 대표적인 인물이다. 문인화를 추구하는 문인들은 회화의 재현보다는 사의를 중시하였으며 세밀한 묘사의 재현은 화원의 기능 정도로 무시하는 경향이 있었다. 그러나 강세황은 형태의 재현을 통한 정신의 발현을 강조한 이형사신以形寫神의 회화관을 가지고 있었다. 그의 회화관에 비춰 볼 때 사실주의적 진경산수화와 사의적 진경산수화는 모두 중요하다. 그에게는 그 모두가 '진경산수화'였던 것이다.

산수화는 전통적으로 유학이념의 모델이었다. 특히 북송대의 산수화는 유가이상을 바탕으로 군신관계를 구현하였는데 문인들은 산수화를 통해 유가적 출사관과 개인적인 정신 해방의 균형을 유지하였다.[1] 그러므로 전통적인 산수화는 단순한 산수의 재현을 넘어서 정신을 해방시키고 무한한 도의 세계와 일체가 되어야 하는 이상적 공간을 의미하였다. 그러나 조선후기 현실인식의 눈은 예술의 즉물형상화卽物形象化를 추구하였으며 이러한 경향은 회화에서도 충실하게 발휘되었다. 당시의 문인들은 생생한 자연미를 교감하면서 명산대천을 유람하였는데 이러한 현

---

1   조송식, 『산수화의 미학』, 아카넷, 2015, pp.227~230.

상은 문학에서 유산기遊山記와 명산기名山記의 성행을 낳았고 회화에서는 진경산수화가 발전하는 계기가 되었다.[1] 조선후기의 문인들은 있는 그대로의 눈으로 자연을 바라보았다. 그들은 관념의 세계를 벗고 현실의 산수를 목도하였으며 이러한 경험과 인식을 바탕으로 화폭에 산수를 구현하였는데 이것이 바로 진경산수화였다. 진경산수화에는 이상적 산수관과 현실 산수가 융합되어 있는데 이것은 조선후기 아속겸비적 산수화관의 미의식을 보여준다.

　진경산수화는 단순히 실경을 의미하는 것은 아니다. 앞서 진경에 대한 논쟁이 있음을 언급하였듯이 진경은 실경實景과 사의적寫意的 실경을 포함한다. 박은순은 조선후기에 성행한 진경산수화를 현실지향성과 즉물성을 강조한 천기론적 진경산수화, 남종화풍의 정착에 따라 사의적인 화풍으로 그린 사의적 진경산수화, 시각적 사실성을 중시한 사실주의적 진경산수화, 진경산수화를 전범으로 인식하며 나타난 절충적 진경산수화 등으로 나누고, 진경산수화는 조선후기의 문화와 사상, 예술을 대변할 수 있는 분야로 평가받을 수 있다고 하였다.[2] 이와 같은 정의는 진경산수화만의 독특한 개성을 근거로 한다.

　진경산수화는 전통산수화의 관념성을 극복하고 실존하는 산수를 재창조하였다. 천기론적 현실인식은 전통적 산수관의 인식을 전환시키며

1　　장지훈, 『조선조후기 서예미학사상 연구』, 성균관대학교 대학원 박사학위논문, 2007, p.17.

2　　박은순, 「진경산수화 연구에 대한 비판적 검토」 『한국사상사학』 제28집, 2007, p.88.

그림 20.
윤두서, 〈경전목우도〉, 견본수묵,
25.0×21.0cm, 녹우당

아문화의 대표적인 회화장르인 산수화에 세속적 변화를 일으켰고[1] 정선
을 비롯한 진경산수화가들은 전통 산수화법 위에 새로운 해석으로 조선
산수화만의 개성을 창출하였던 것이다.

산수화의 개혁은 공재 윤두서에서 비롯되며, 조선후기 '진경眞景'의 가
장 이른 용례는 윤두서의 아들 윤덕희(1685~1776)에게서 볼 수 있다.[2] 윤
두서의 회화는 산수화 인식의 전환을 이끌었다. 그의 〈경전목우도〉(그림
20)는 관념적 산수화풍을 답습하는 대신 자신의 눈으로 바라본 조선 산
수를 담았다. 〈경전목우도〉는 부지런히 밭 가는 농부와 풀밭에 누워 한
가로이 하늘을 바라보는 목동을 대비하여 봄날 전원의 정취를 보여준다.
그는 기행사경적 진경산수화는 그리지 않았지만, 일상적 경계를 통해 산

---

1   고연희, 『조선후기 산수기행예술 연구』, 일지사, 2007, p.128.
2   차미애, 『공재 윤두서일가의 회화』, 사회평론, 2014, p.485.

그림 21.
정선, 〈백천교〉, 견본담채,
36.0×37.4cm, 국립중앙박물관

수화의 전환을 보여주었다.

겸재 정선(1676~1759)은 진경산수화를 하나의 화풍으로 확립하였다. 실재하는 경치를 독자적인 화풍으로 구사한 정선의 진경산수화는 우리나라 회화사의 큰 공헌이다.[1] 정선은 김창협 문파의 천기론적 예술관에 영향을 받았다. 그는 물상이 지닌 천기와 자신의 흥취를 진眞으로 표현하고자 하였으며, 산수라 하여도 일상적 경계가 아닌 자연의 요체를 직접 깨달을 수 있도록 현장 사생을 중시하였다.[2] 그는 금강산을 배경으로『풍악도첩』을 남겼다. 그의 진경산수화에는 명산을 관람하는 사대부들이 흔히 등장하는데 이것은 당시 산수 유람의 성행을 반영한 현장 사생의 흔적이다.

1   안휘준,『한국 그림의 전통』, 사회평론, 2012, p.187.
2   박은순,『우리 땅, 우리의 진경』, 국립춘천박물관, 2002, p.258.

　『풍악도첩』에 담긴 〈백천교〉(그림 21)는 굽이치는 계곡을 중심으로 풍
속적 요소를 더하여 진경산수화만의 묘미를 보여준다. 〈단발령망금강산〉
(그림 22)에는 정선 특유의 음양과 허실虛實의 예술정신을 볼 수 있으며,
유람 중인 사인들과 이들을 따르는 시종들이 표현되어 산수화의 본래 기
능인 이상성의 구현과 현장감이 조화롭게 융화되어 있다. 이러한 산수
화의 현장성은 기행사경적 진경산수화의 특성이다. 〈단발령망금강산〉
은 정선의 후기 화첩인 『해악전신첩』에도 같은 구도로 그려져 있어 정선
화법의 변화를 볼 수 있지만 두 그림 간의 구성과 필묵법, 준법 등은 상통
하여 기본적인 진경산수화법은 이미 그가 젊었을 때 확보하였음을 알 수
있다.[1] 정선의 진경산수화는 실경을 토대로 하였지만 정선은 실경을 재

1　　안휘준, 『한국 그림의 전통』, 사회평론, 2012, p.188.

현하기보다는 자신만의 화법으로 재해석하여 전통과 창신을 융합하였다. 그는 적묵과 부벽준 등 북종화법과 토산의 피마준, 미법 등의 남종화법을 한 화폭에 구사하여 자기만의 화법을 구축하였다.[1] 관념산수화의 전통 속에서 정선은 자신만의 화법으로 조선의 산수를 그려 한국 회화의 창조적 화풍을 개척하였던 것이다.

실경산수화는 이전에도 제작되었지만, 진경산수화는 인식의 전환에 의한 회화이다. 조선의 화가가 조선의 땅을 그리는 것은 당연한 일이지만 당시는 조선의 땅을 눈앞에 두고도 중국의 산수를 떠올렸고, 그 화풍에 의존할 만큼 관념적 회화가 성행했으므로[2] 정선의 진경산수화 작업은 창조적 전환이었다. 정선은 산수화를 재정립하기 위해 기존 화법을 버리고 자신만의 화법을 개발하였다. 이러한 창조 작업은 진경산수화뿐만 아니라 그의 회화 전반에서 이루어졌다. 담헌 이하곤(1677년~1724)은『두타초』에서 정선의 화풍에 대해 언급하였는데〈망천도〉는 그의 독특한 화법으로 창작되었다고 하였다.

정선의〈망천도〉는 둘이 있는데 하나는 일원 이병연을 위해 그린 것이고 하나는 김광수를 위해 그린 것이다. 모두 득의필은 아니다. 이병연의 것은 정세함을 잃었으니 이것은 크게 난숙함을 잃은 것이다. 그러나 곽희나 이성이 남긴 뜻을 밟아 따르지 않고 오로지 왕유의 시어를 취해 자기 가슴 속에서 이룬

1   안휘준,「한국 남종산수화풍의 변천」,『한국회화의 전통』, 문예출판사, 1988, pp.250~309.
2   이태호,『옛 화가들은 우리 땅을 어떻게 그렸나』, 생각의 나무, pp.8~11.

법으로 소경小景을 그려내니 포치와 설색設色에 필의가 임리淋漓하여 매양 한 번씩 화권을 펼칠 때마다 마을의 살구꽃과 한산의 먼 불빛이 사람에게 황홀하게 하여 문득 몸을 의호와 남타 사이에 두는 듯하였다.[1]

중국 문인화의 시조인 왕유는 자신이 거처하는 별장의 모습을 〈망천도〉로 남겼는데 이것은 후대에 끊임없이 모사되어 산수화의 모본 중 하나가 되었다. 이하곤은 정선이 〈망천도〉를 그리면서 전통화법을 따르지 않고 자신만의 화법으로 구현하였다고 하였다. 정선은 전통 산수화에서도 독자적인 화법[2]을 구사하여 자신만의 독창성을 드러낸 것이다. 정선의 이러한 자신감은 김창협 문단의 천기론적 개성주의에 힘입은 것이며 그들의 아속겸비적 문예관을 전수받았기 때문이다.

정선은 김창협 형제의 제자였다. 그들은 문장론에서뿐만 아니라 회화론에서도 천기를 주장하였고 그림의 흥과 취를 중시하며 개성적 화풍을 강조하였다. 이하곤 또한 회화의 천기발현을 강조하였고 방고의 문제점을 제기하였다.

---

1   이하곤, 『頭陀草』책18 「題金君光遂所藏鄭元伯輞川圖」: 元伯有輞川圖二 一爲一源作 一爲 金君光遂作 俱非得意筆 而一源所藏 失之太精細 此又失之太爛熟 然不蹈襲郭李餘意 專取 摩詰詩語 以自家胸中成法 寫作小景 布置設色 筆意淋漓 每一展卷 村邊杏花 寒山遠火 令人 怳然便若置身於欹湖南坨之間也.
2   정선의 독창적 화풍에 대해서는 이태호, 『조선후기 회화의 사실정신, 학고재』, 1996, pp.50~55. 참고.

무릇 옛사람의 그림을 모사하면 필세가 제한되어 천기가 활발하지 못하며 표제가 제한되어 의장이 메마르고 정신이 둔해진다.[1]

이하곤은 의고적인 회화는 천기를 방해하여 예술성을 떨어뜨린다고 보았다. 천기론는 문장론뿐만 아니라 예술론 전반으로 확산하였다. 정선은 김창협 형제로부터 천기론적 문예관을 흡수하였고, 김창협 형제는 조선의 문예를 혁신하기 위해 정선을 후원하였다. 동학인 이병연이 시로써 문풍을 쇄신하였다면, 정선은 회화로써 당대 화풍을 일신하고자 하였다. 정선이 이룬 진경산수화풍은 조선의 산천을 주제로 삼는다는 새로운 주제 의식과 표현 대상의 천기를 드러내기 위해 여러 가지 새로운 표현 기법을 동원하며 형성된 것이었다.[2] 정선이 그린 진경산수화의 중요성은 조선 실경의 시감을 새롭고 독창적인 기법을 통하여 정식화하고 화법화한 것에 있

그림 23.
정선, 〈만폭동도〉, 견본담채, 27.0×20.3cm, 선문대학교

---

1   이하곤,『頭陀草』책13「與畫師書」: 凡畫倣古人則筆勢局促而天機不活 限標題則意匠枯燥而
    精神頓減 須不倣古人不限標題 然後自然氣韻生動 意態具足 方有出神入妙之境矣.
2   박은순,『금강산도 연구』, 일지사, 1997, p.208.

다.[1] 그는 이러한 노력으로 조선의 산수와 정신이 담긴 진경산수화를 확립하여 조선산수화의 모범이 되었다. 정선이 일구어 놓은 진경산수화는 이인문(1745~1821), 김홍도 등에 의해 조선화법으로 구축되었다.

겸재 정선이 자신만의 화법으로 진경산수를 구현했다면, 단원 김홍도는 정선이 구축한 새로운 화풍을 발전시켜 정선과는 다른 진경산수화의 면모를 보여주었다. 김홍도는 사생에 더욱 충실하여 그의 진경산수화는 사실주의적인 화풍을 특징으로 한다.[2] 그의 진경산수화는 정선과는 다른 현실적인 감각이 있다. 정선이 이상적인 금강산을 그렸다면, 김홍도의 금강산은 현존하는 산수의 자연미를 추구하였다. 그의 〈만폭동도〉(그림 24)는

그림 24.
김홍도, 〈만폭동도〉, 견본수묵담채,
133.8×54.4cm, 개인

---

1 허영환, 『겸재 정선』, 열화당, 1980, p.56.
2 이태호는 답사를 통해 김홍도의 진경산수화와 실경을 비교 검토한 바 있다. 이태호, 『조선미술사 기행 1』, 다른세상, 1999, 이태호, 『옛 화가들은 우리 땅을 어떻게 그렸나』, 생각의 나무, 참고.

그림 25.
강세황, 〈태종대〉, 지본담채,
32.8×53.4cm, 국립중앙박물관

그림 26.
이인상, 〈구룡연〉, 지본담채, 117.7×58.6cm,
국립중앙박물관

꽉 찬 화면에 압도적 구도로 내금강의 아름다움을 구현하였다. 만폭동의 묘사에 관해서는 김창협의 『동유기』에도 볼 수 있는데, 김홍도의 〈만폭동도〉는 내금강의 절경과 백여 명이 앉을 수 있다는 너럭바위가 유장한 자연미를 대변한다. 〈만폭동도〉는 정선의 〈만폭동도〉(그림 23)도 있어 김홍도의 〈만폭동도〉와 비교가 된다. 정선의 〈만폭동도〉에는 원경의 골산, 근경의 토산, 언덕, 나무 등을 통해 정선 특유의 음양 구도를 볼 수 있다면, 김홍도의 〈만폭동도〉는 주산을 중심으로 폭포와 바위의 묘

그림 27.
김윤겸, 〈지리전면도〉, 지본담채,
29.6×34.7cm, 국립중앙박물관

사에 집중하여 세밀한 진경산수의 면모를 보여주었다. 김홍도의 산수와
그 안의 인물은 풍속화에서 보여준 그의 전형적 '조선풍' 회화 구현이다.

　진경산수화는 금강산 이외에도 전국의 명산과 명승지, 서울을 비롯한
생활 주변의 산수를 대상으로 하였으며 당시 우리 국토에 대한 문인들의
관심을 보여주었다. 강세황은 『송도기행첩』에서 저고리를 벗고 편안하
게 유람을 즐기는 문인들의 실상을 〈태종대〉(그림 25)로 표현하였으며,
능호관 이인상(1710~1760)은 그의 특징인 갈필로 〈구룡연〉(그림 26)을
그려 추상적 진경산수화의 묘미를 보여주었다. 진재 김윤겸(1711~1775)
의 〈지리전면도〉(그림 27)는 우리 산수의 특징을 잘 드러냈다. 지리산은
우리나라의 대표적인 토산으로, 그는 이러한 특성을 〈지리전면도〉에 부
각하여 산세의 부드러움을 율동적으로 표현하였다.

　진경에 대한 관심은 유람의 열풍과 금강산을 대상으로 한 시화첩의 유

행 등 새로운 문화 현상을 일으켰다. 타성적 세계관을 버리고 새롭게 현실을 바라본 문인 화가들은 국토의 산수에 매료되었고, 자신의 시각에서 진경산수화의 세계를 창조하였다. 그들의 아속겸비적 예술관은 현세와 이상향을 융합한 산수관을 창조하였고, 직접 사생을 통해 국토의 아름다움을 그렸으며 한국적 미감을 창출하였다. 진경산수화는 이러한 점에서 획기적이었으며 전통의 계승과 창신의 조화미를 우리 회화 전통에 구축하여 우리 전통회화의 방향성을 제시하였다는 점에서 그 중요성이 크다.

3. 인물화의 성행과 자의식의 투영

그림의 역사는 크게 인간을 그리는 것과 자연을 그리는 것으로 이어왔다. 전통적으로 서구 그림의 역사는 인물화가 지배적이며, 동양의 그림은 자연을 그리는 것을 좋아하였고 인물은 자연의 부속으로 표현되었다. 특히 산수화는 문인의 정신적인 의지처가 되어 회화의 중심역할을 하였으나, 인물화는 주로 화원들에 의해 어진御眞이나 공신도功臣圖, 감계를 위한 성현도 등 특수한 목적을 위하여 제작되어 문인들의 회화 영역과는 거리가 있었다. 그러나 인식의 전환은 인물화에도 영향을 미쳤다. 현실과 일상에 대한 관심은 일상을 운영하는 주체인 인간에 대한 관심으로 이어지며 회화의 인본주의적 경향을 보여주었다. 또한 세속화에 따른 아속겸비의식은 초상화의 구도를 바꾸었으며 인물과 함께 여러 가지 기물을 배치하여 물物로써 자신을 대변하기도 하였다.

조선시대에는 초상화뿐만 아니라 궁중 행사를 그린 의궤도의 인물화, 고사인물화, 도석인물화, 산수인물화, 풍속인물화 등 다양한 주제와 내용의 인물화가 발달하였다.[1] 특히 조선시대는 초상화의 나라라고 해도 될 만큼 많은 초상화가 제작되었으며, 이러한 사실은 중국과 일본의 경우와는 매우 달라 많은 초상화의 제작은 유학적 특성으로 이해되기도 하였는데, 채색의 초상화와 수묵의 산수화는 유교 사회가 낳은 조선의 예술이자 인간과 자연에 대한 이념적 도구였다.[2] 초상화의 주인공은 왕과 왕족,

그림 28.
윤두서, 〈자화상〉, 지본담채, 38.0×20.5cm, 녹우당

고위사대부와 문인에 국한되었다. 초상의 인물은 곧 조상의 현현으로 받아들여 사대부들은 유학자의 면모를 담아 엄숙하고 경건하게 초상화를 제작하였다. 조선시대의 초상화는 전신사조의 영향 아래 철저한 사실주의를 고수해왔다. 초상화는 그 엄숙성과 함께 주로 화원들에 의해 제작되었기 때문에 창의성은 배제되었으며 오랫동안 전통적 양식을 유지해

---

1   안휘준 외,『조선시대 인물화』, 학고재, 2009, p.6.
2   이태호,『조선후기 초상화』, 마로니에북스, 2016, pp.13~137.

그림 29.
조영석, 〈조영복초상〉, 견본채색, 125.0×76.0cm,
경기도박물관

왔는데 조선후기에는 전통양식을 깨고 새로운 유형의 초상화가 등장하였다. 이것은 중세적 관념성을 극복한 선구적 문인 화가들의 등장과도 관련이 있다. 문인들은 전통적으로 인물화를 그리지 않았다.[1] 그러나 윤두서와 조영석은 이러한 편견을 깨고 문인화가로서 자신만의 화법으로 초상화를 남겼는데, 윤두서의 〈자화상〉(그림 28), 〈심득경초상〉과 조영석이 자신의 형을 그린 〈조영복초상〉(그림 29)은 조선후기 초상화의 대표작에 속한다.

조선의 사대부상은 공신도상을 전형으로 하여 오사모를 쓰고 흉배가 달린 단령포를 입은 교의좌상交椅坐像 혹은 전신상을 7, 8분면의 안면법으로 표현하였다.[2] 그러나 윤두서는 이러한 초상화의 전통양식에 의존하지 않고 조선 최초로 자신의 필묵으로 초상화를 남겨 초상화의 정신세계를 개척하였다. 그가 그린 〈자화상〉은 전통적 유학자의 전형이 아닌 한 개인의 본질적인 모습이었다. 윤두서는 파격적 구도로써 초상화의 본

1   서복관, 권덕주 외역, 『중국예술정신』, 동문선, 1990. p.256.
2   조선미, 『한국초상화 연구』, 열화당, 1994. p.317~319.

의를 재창조하였다. 그는 과감하게 탕건을 잘라내어 유학자의 허위의식에 도전하였다. 탕건이란 사대부의 자존의식과 같은 것이다. 이와 같은 파격은 윤두서의 자신감과 자의식에서 기인한다. 그는 사대부로 살아가면서 입신은 좌절되었으나 문인화가로서 명망은 높았다. 그는 관료로의 입신 좌절을 잘린 탕건을 통해 표출함과 동시에 파격적 구도로써 당대 최고의 문인화가로서 자신감을 드러냈다. 그의 자화상은 강렬한 정면상으로 조용히 대상을 응시하여 자신과 대상을 직시하게 한다. 직시는 진솔함을 유도한다. 이하곤은 당색을 넘어 윤두서와 예술적으로 교감하면서 그의 자화상에 다음과 같이 제하였다.

육척의 몸도 되지 않지만 사해를 뛰어넘는 뜻을 지녔구나. 긴 수염 휘날리는 얼굴은 붉고 윤기가 돌아 바라보는 자가 우인羽人이나 검사劍士인 듯 여기지만 그의 순순하고 퇴양하는 풍모는 아마도 독행하는 군자에 부끄러움이 없을 것이다. 내가 일찍이 평하여 말하기를 풍류는 고옥산과 같고 절예絶藝는 조승지의 류라고 하였다.[1]

전통적인 초상화 양식은 인물의 입체감을 드러내는 데 적합한 7, 8분면이지만 윤두서는 과감히 정면을 그렸다. 7, 8분면이 아닌 정면으로 인

---

[1] 이하곤, 『頭陀草』 「尹孝彦自寫小眞贊」: 以不滿六尺之身 有超越四海之志 飄長髥而顏如渥丹 望之者疑其爲羽人劍士 而其恂恂退讓之風 蓋亦無愧乎篤行之君子 余嘗評之曰 風流似顧玉山 絶藝類趙承旨.

물을 그리는 것은 표현력의 자신감을 말한다. 정면상은 뛰어난 입체적 표현력이 뒷받침되어야 한다. 그는 측면으로 자신을 표현하기보다는 정면으로 자신을 마주보게 하였다. 정면의 자화상은 그 자신을 객관적으로 바라보게 하면서도 대상과 마주 보게 하여 주·객관의 시점이 혼재한다. 이러한 파격적 구도는 내면의 치열한 갈등을 의미한다. 그는 정면 응시를 통하여 그 자신과 대상에게 내면의 진정성을 질문하였다. 이하곤이 '독행하는 군자에게 부끄러움이 없다'라고 한 것은 이러한 관점의 연장선이다. 그는 파격적 자화상을 통하여 당대 사대부의 관성적 태도, 허위의식을 질타하고 인간 본연성에 대한 자각을 촉구하였던 것이다.

자화상을 통한 자의식의 표출은 강세황에게로 이어졌다. 18세기 문화사의 특징 중 하나는 정치적으로 소외되어 있던 문인 계층을 중심으로 자전적 작품이 활발히 창작된 것이다.[1] 현존하는 강세황의 〈자화상〉(그

---

1   조선미, 『한국의 초상화』, 돌베개, 2009, p.289.

림 30)은 모두 4점으로[1] 이러한 것은 그가 강한 자의식과 강렬한 표현 욕구를 지니고 있음을 말한다. 그의 대표적인 〈자화상〉은 70세에 그린 자화상으로 그는 자화상에 자찬문自贊文을 지어 자신의 심사를 가감 없이 직접 전달하였다.

그는 어떤 사람인가, 수염과 눈썹이 하얗구나. 오사모를 쓰고 야인의 옷을 입었으니 마음은 산림에 있으나 이름은 조적朝籍에 오른 것을 볼 수 있구나. 가슴에는 수만 권의 책을 품었고 필력은 오악을 흔들 정도이다. 세상 사람들이 어찌 알겠는가, 나 스스로 낙으로 삼을 뿐, 옹의 나이가 칠십, 옹의 호는 노죽이다. 초상은 자신이 그린 것이며 그 찬도 스스로 지었다.[2]

오사모는 관모였으나 그는 야복을 입었다. 강세황은 자화상을 통해 시·서·화 삼절의 문인정신을 구현하면서도 기이하고 독창적인 연극적

---

1   강세황의 초상화는 모두 8점이다. 그중 자화상으로 보는 견해에는 이견이 있다. 이태호는 강세황의 자화상은 모두 4점이라고 하였고(『조선후기 초상화』, 마로니에북스, 2016, p.286.), 변영섭도 4점으로 밝힌 바 있다.(『표암 강세황 회화 연구』, 사회평론아카데미, 2016, p.61.) 강관식 또한 4점이라고 하였으나(강관식, 「표암 강세황 초상화의 실존적 맥락과 의관 도상학」, 『표암 강세황』, 경인문화사, 2013, p.162.) 이광표는 모두 5점이라고 하였다.(『그림에 나를 담다』, 현암사, 2016, p.179.) 강세황의 대표적인 자화상인 70세 자화상에 대해 이동천은 김홍도가 대필하였다고 주장하였다.(「'강세황 70세 자화상' 예술계 절친 김홍도 작품」, 『주간동아』886호, 2013, 참조)
2   강세황, 『豹菴稿』 권5, 「畵像自讚」: 彼何人斯 鬚眉皓白 頂烏帽披野服 於以見心山林而名朝籍 胸藏二酉 筆搖五嶽 人那得知 我自爲樂 翁年七十 翁號露竹 其眞自寫 其贊自作 歲在玄武攝提格.

도상의 우의寓意적 초상화를 창조하였다.[1] 그는 오사모와 야인의 옷이라는 모순된 형식으로 자신의 정체성을 표현하였다. 여기에는 그가 오랫동안 야인의 신분으로 살아온 삶의 궤적과 늦은 나이에 관직으로 나아간 자부심이 깃들어 있다. 그는 육십이 넘은 나이에 영조에 의해 영릉참봉에 제수되면서 관직 생활을 시작하였으며 한성부판윤까지 나아감으로써 노익장을 과시하였다. 강세황은 소북 출신으로 신임사화로 인하여 아버지 강현이 귀양을 가고, 다시 이인좌의 난으로 형 강세윤이 유배를 떠나게 되면서 그의 가문은 몰락의 처지에 있었다. 그는 젊은 시절 가난을 피하여 처가가 있는 안산에 거처하였으며, 주로 근기남인들과 예술을 공유하여 당대 감식안으로 이름이 높았으나 정치적으로는 소외되어 있었다. 그러나 그의 자긍심은 높았다. 54세에 그는 『정춘루첩』을 만들어 자신의 일생을 기록하고 자화상을 남겼는데 당시 남긴 글에는 이러한 그의 내면이 진하게 배여 있다.

옹은 키가 작고 용모가 보잘것없어 갑작스럽게 만난 자는 그 속에 탁월한 지식과 오묘한 견해가 있다는 것을 몰라보고 쉽게 여기고 업신여기는 자도 있었으나 그럴 때마다 태연히 웃어넘겼다.[2]

---

1   강관식, 「표암 강세황 초상화의 실존적 맥락과 의관 도상학」, 『표암 강세황』, 경인문화사, 2013, pp.163~164.
2   강세황, 『豹菴稿』 권6 「豹菴自誌」: 翁體短小 貌不揚 驟遇者不知其中亦自有卓識妙解 有易而侮之者 輒夷然一笑.

당시 그가 품은 뜻은 높았으나 현실적으로 자기실현은 불가능하였다. 선대에는 가문의 영광을 누렸으나 정작 자신에게는 입신의 길이 막혀 있었으며 안산에서 서화나 논하고 있던 처지였다. 그의 54세 〈자화상〉과 자찬문은 이러한 갈등을 자기 나름대로 해소하는 방식이었다. 그는 훗날 자신이 한성부판윤까지 승승장구할 것이라고는 생각하지 못했을 것이다. 그는 자신의 사후 남에게 묘지와 행장을 구하기보다는 스스로 자신의 모습과 삶을 기록하는 것이 사실에 가장 가까울 것으로 여겨 생지명生誌銘과 자화상을 제작하여 첩으로 묶었다.

54세 〈자화상〉과 자찬문이 세상과의 갈등에 대한 투영이라면, 70세의 〈자화상〉과 자찬문은 오랫동안 야인으로 살아왔던 삶과 늦은 출세에 대한 복잡한 심경이 투영되어 있다. 그는 오사모를 통해 관료로서의 삶의 자부심을 표출하였으나 야복으로써 범인의 삶 또한 긍정하여 새로운 문인초상을 보여주었다. 강세황은 많은 서화를 남겨 문인예술가로서 명망이 높았지만 〈자화상〉은 그의 인생 역정이 투영된 중요한 예술작품이 되었다. 그는 윤두서의 변혁 정신을 이어받아 현실인식과 자기인식을 통한 실존적 예술관을 확보하여 새로운 인물화를 창조하였다. 그가 남긴 〈자화상〉과 자찬문은 자존의 시대미감으로 남았으며 아속겸비적 심미의식을 추동하여 조선 후기의 인물화는 다양한 양상으로 변화, 발전하게 되었다.

조선후기에는 초상화 제작이 폭발적으로 늘어나 제의적 전통을 뛰어넘었다.[1] 이것은 자존의식의 반영이며 시대의식의 표출이다. 표현 기법

御評

知卿子孝
惟卜幾章
一綾一畫
云爾御評

그림 31.
이명기, 〈유언호초상〉, 견본채색, 116.0×56.0cm,
기계유씨종가소장

의 발전 또한 초상화의 수요를 증가시켰다. 서양화법의 도입은 새로운 형식을 창조하였고 사실적 묘사는 감상자의 공감을 이끌었다. 서양식 음영법의 도입은 이미 윤두서에게서 볼 수 있으며, 점차 시대적 화풍으로 자리 잡았다. 초상화로 뛰어난 화원 이명기(?~?)는 강세황, 유언호(그림 31), 채제공의 초상화를 새로운 화풍으로 제작하여 전통과 시대변화가 융합된 사대부 초상화를 제작하였다. 이명기는 초상화의 음영 기법뿐만 아니라 유언호의 초상화 측면에는 "얼굴과 몸의 길이와 폭은 원래의 반으로 제작하였다(容體長闊 視元身 減一半)"

라고 하여 축소 배율까지 기록으로 남겼다. 이러한 기록은 조선시대 초상화의 유일한 경우이며 관복을 입은 입상 초상화로서도 최초이다.[2] 초상화 양식의 변화는 시대의 변화를 반영한다. 중국을 통해 들어온 서양화법의 수용과 진취적 시대의식은 엄숙한 초상화의 전통을 깨고 새로운

1   이태호, 『조선후기 초상화』, 마로니에북스, 2016, p.90.
2   이태호, 『조선후기 초상화』, 마로니에북스, 2016, p.76.

인물도를 창조하였다.

조선후기에는 초상화뿐만 아니라 다양한 인물화도 많이 제작되었다. 초상화의 유형에는 관복을 입은 정본 초상화와 도포를 입은 연거복燕居服 초상화가 있는데 연거복 초상화는 주로 산림학자들의 애호로 발달하여 조선후기에 크게 유행하였다.[1] 또한 전형적 초상화뿐만 아니라 가거도家居圖가 유행하여 문인들의 생활상을 반영하였는데, 일상을 배경으로 한 인물화에는 작가 자신의 내면이 투영되어 있다. 그래서 이러한 인물화들은 작가의 자화상으로 추정되기도 한다.

김홍도의 〈사인초상〉(그림 33)은 서화고동에 취미를 둔 젊은 사인의 모습을 담았다. 이 인물도에 대해 유홍준은 강세황이 평한 김홍도의 인물상과 흡사하여 김홍도의 자화상이라고 추정하였으며[2], 홍선표는 김홍도의 후원자로 알려진 김한태로 추정하기도 하였다.[3] 김홍도의 또 다른 사인초상인 〈포의풍류도〉(그림 32) 또한 김홍도의 자화상으로 추정[4]되기도 하지만 인물도에 대한 기록이 없어 누구를 그렸는지는 분명하지 않다. 이러한 사인상은 시대 감각을 인물도에 담아 인물도의 새로운 유형을 창조하였다. 사인과 함께 그려진 기물은 사인의 지향성을 반영한다. 김홍도의 〈사인초상〉은 단정한 용모에 정갈하게 놓인 문방구와 독특한

1   강관식, 「진경시대 후기 화원화의 시각적 사실성」, 『간송문화』 제49호, 1995, 한국민족미술연구소. p.100.

2   유홍준, 『화인열전 2』, 역사비평사, 2008, p.215.

3   홍선표, 『조선회화』, 한국미술연구소, 2014, p.39.

4   이광표, 『그림에 나를 담다』, 현암사, 2016, p.47. 참고.

실내등이 인물의 청신함을 말한다. 〈포의풍류도〉의 사인은 맨발에 사방
관을 쓰고 비파를 들고 있어 사인의 자유로운 정신세계를 보여주었다.
두루마리와 쌓인 서책, 호리병과 칼, 감상용 자기와 청동기는 조선후기 서
화고동의 취미를 대변한다.[1] 고동의 취미야말로 정조가 질타한 속학俗學
의 영역이며 사치풍조의 전령이다. 김홍도는 인물 옆에 "종이로 만든 창

---

1   홍선표, 『조선회화』, 한국미술연구소, 2014, pp.33~41.

에 흙벽 바르고 종신토록 벼슬 없이 살며 시가를 읊으리라.(綺窓土壁 終身布衣 嘯咏其中)"라고 제하여 그가 사인의 풍류 생활을 동경하고 있음을 시사하였다. 종이창에 흙벽은 질박한 생활을 의미하나 그 옆의 완물과 고동은 호사가의 취향이다. 김홍도의 이러한 이중성은 당대 사인들이 갖고 있던 공통적 심미 경향이었다.

인물화는 전통적으로 성현과 공신 등을 대상으로 감계와 추숭의 목적으로 제작되어 유가적 인물상의 엄숙함을 표현하였다. 그러나 조선후기 현실인식과 실존인식은 전통적 인물 표현을 거부하여 인물화의 새로운 양식을 개발하였고, 인물 속에 작가의 자의식을 투영하여 시대의식이 담긴 인물상을 창조하였다. 조선후기의 화가들은 유가적 이상성을 인물 속에 담기보다는 실존하는 인물의 진정성을 담으려고 하였으며, 변화하는 세계를 수용하여 자아와 세계의 융합과 갈등을 그대로 드러내 개성적 인물을 창조하였다. 아속겸비적 심미의식으로 인한 조선후기 인물화풍의 변화는 조선 사인들의 내면세계를 투영하여 회화의 진정성을 획득하였고, 가장 전통적인 분야에서 시대의식을 담아 한국 회화 발전의 새로운 역량이 되었다.

제2절 | 실존인식과 개성을 추구한 시문詩文과 시문론詩文論

1. 시의 천기발흥과 즉물형상화即物形象化

17세기가 전통 준수의 시대라면 18세기는 전통에서 벗어나 새로움을 추구하는 시대였다. 17세기 문예에 대한 비판은 비현실적인 소재에서 현실적인 소재로, 의고적인 창작 태도에서 개성적인 태도[1]로 창작 문화의 변화를 일으켰으며 문예는 역동적 부흥기를 맞이하였다.

천기의 추구는 개성의 추구와 같다. 조선시대의 천기론을 살펴보면 조선전기에는 성정의 교화를 강조하였지만, 문예 창작의 창조성을 인정하고 성정의 순수와 자연스러움을 천기로 인식하였다. 조선중기에는 여기에서 나아가 개인의 순수한 성정에서 나온 기질지성 또한 세계의 자연스럽고 순정한 상태로 보았다. 이후 조선후기의 천기론은 천기 그 자체가 우주의 질서로서 인간을 포함하고 있는 모든 것의 존재가치를 인정하는 시각으로 발전하였다.[2] 이것은 조선전기의 천기가 성정지정性情之正을 의미한다면, 후기에는 인간의 개성을 긍정하고 그것의 발현을 주장하는 성정지진性情之眞으로서의 천기론이 펼쳐졌기 때문이다. 기질지성의

---

1   박영민, 「새로운 시정신과 미의식으로 그려본 18세기 한국한시사의 지형도」, 『정신문화연구』 77호, 한국정신문화연구원, 1999, p.309.
2   박태성, 「조선 시대 천기론의 전개」, 『연세어문학』 제26집, 연세대학교국어국문학과, 1994, pp.107~108.

긍정과 천기의 강조는 기를 더이상 국한성과 한계성의 부정적 요소로 보는 것이 아니라 개별성과 경험의 특수성, 실증적 현실성, 개체의 실존을 담보하고 긍정하는 것이다.[1] 그러므로 조선후기 천기론의 성행은 속俗을 긍정하는 예술인식을 일으켰고 발전적 아문화를 위한 아속겸비적 심미의식이 확산하게 되었다.

조선후기의 천기론은 문학과 회화, 서예를 막론하고 문예 전반의 예술 창작론으로 발전하였다. 천기란 천天의 방면으로는 '하늘의 비밀', '조화의 신비', '저절로 그렇게 되는 것', '우주의 조화와 자연의 신비'를 의미하며, 인人의 방면으로는 '더럽혀지지 않은 마음 상태', '진정', '인위적 조작을 떠난 본원적 자발성·천진성' '시인의 자유로운 창조' 등을 의미하는데 종합하면 '비밀스러운 자연의 생명기작'으로 사람의 인식능력으로는 그 기작의 소이연所以然을 알지 못함을 뜻한다.[2] 그러므로 천기는 자연성, 자발성과 연관되어 있으므로 의고풍의 전아한 문예와는 지향하는 바가 다르다.

아문예는 유가이념을 문예에 담아야 하는 목적성을 지닌다. 천기는 무위성을 의미하므로 목적의식을 가지는 것은 천기의 발로가 아니다. 천기는 자신도 모르게 감정이 유로되는 것이다. 천기는 춘하추동의 자연 이

---

1   이진경, 「주체와 도덕의 관점에서 본 조선후기 진가 담론I」, 『양명학』 제31호, 한국양명학회, 2012, p.186.

2   이동환, 「조선후기 '천기론'의 개념 및 미학이념과 그 문예·사상사적 연관」, 『한국한문학연구』, 제28집, 한국한문학회, 2001, p.132.

치와 삼라만상을 포함한다. 인간도 자연의 일부이며 세상의 모든 일은 천기의 범주이다. 인간이 본성을 참되게 발휘하여 매사를 정성스럽게 행함으로써 인도人道를 지극히 한다면, 천도天道에 짝을 맞추고 천리에 부합되어 시를 짓더라도 성정지정性情之正의 천기가 우러나오는 시를 지을 수 있다.[1] 천기론의 전개상에서 보면 도덕성을 근거로 하는 보수적 천기론과 진솔함을 바탕으로 하는 진보적 천기론으로 구분[2]할 수 있는데 조선후기 천기론의 주된 논의는 진보적 천기론으로 성정지진性情之眞의 함의였다.

성정지진과 천기는 양명학의 영향을 받은 초횡과 서위, 그리고 이들 문학관을 계승한 원굉도 등 공안파의 문예이론이었다.[3] 공안파는 진의 개념과 함께 천기와 자득을 강조하였다. 이러한 개념들이 가리키는 것은 진솔함과 자연스러움에서 나온 개체 고유성의 긍정이다. 공안파는 명대의 의고적 문풍을 일소하기 위해 진문장과 천기와 자득을 강조하였다. 명대의 의고적 글쓰기의 원래 의도는 고인의 정신을 되살리기 위한 고아古雅한 문풍의 추구였지만 이것이 전통화, 규범화되면서 후대의 폐단을 낳았다. 명대중기 이후 등장한 양명학적 문예정신은 이러한 관습을 비판하며 자득과 개성을 주장하였는데 이때 문예 창작의 이론으로 강조된 것

1 정요일, 「천기의 개념과 천기론의 의의」, 『한문학보』 제19집, 우리한문학회, 2008, p.251.
2 허남욱, 『조선후기 문학사상연구』, 성신여자대학교 대학원, 박사학위논문, 1995, p.123.
3 양명학의 영향 아래 전개된 성정지진과 천기에 대해서는 강명관, 『공안파와 조선후기 한문학』, 소명출판, 2008, 참고.

이 천기론이었다. 양명학파의 문인들은 인위적인 문예를 배격하고 천기의 발로에서 나오는 자연스러움을 주장하였다. 이러한 양명학의 사유에 영향을 받은 조선 최초의 문인은 허균(1569~1618)을 들 수 있지만 조선 후기에 퍼져나간 천기에 관한 담론은 조선중기 이수광(1563~1628)과 장유(1587~1638), 김득신(1604~1684)에 의해 비롯되었다.[1] 천기는 장자에서 "욕망이 깊은 자는 천기가 얕다."[2]라고 하였는데, 주로 인간의 기욕과 관련된 용어로 쓰였으나 송대 정호(1032~1085)가 이 말을 긍정함으로써 주자학적 사유체계로 진입하였다. 우리나라는 이규보[3]와 이색[4]이 언급한 이래 천기는 주자학의 틀 안에서 논의되었다. 그러나 주자학에서 벗어나기 시작한 장유의 인식은 이와 달랐다. 천기가 성정지진의 의미로 전화한 것은 장유에게서 비롯된다. 다음은 장유가 천기를 언급한 글이다.

시는 천기이다. 소리로 울려 나오고 색깔과 광택이 화려하며 청탁과 아속이 자연에서 나온다. 성색聲色은 만들 수 있으나 천기지묘는 만들 수가 없다. 만일 시가 성색뿐이라면 몽매한 무리도 팽택의 운을 가장할 수 있고 속이 좁은 사람도 청련의 말을 본뜰 수 있으나 닮으면 광대놀음이요 본뜨면 참람된

---

1   강명관, 『공안파와 조선후기 한문학』, 소명출판, 2008, p.130.

2   『莊子』「大宗師」: 其耆欲深者 其天機淺.

3   이규보, 『東國李相國集』: 公驚悚再拜 問今年試席捷否 有一人指一人曰 彼奎星乃知之 公卽就問 未及聞其言而寤 恨未終其夢 俄復夢 其人來報曰 子必占狀元 勿慮也 此天機 但莫洩耳.

4   이색, 『牧隱詩藁』권3「鳳山十二詠」水洞: 雅樂久矣殘 師襄入海去 宮商互相奪 節奏茫無據 忽驚洞中水 鏗鏘中律呂 物理固自然 天機妙難覿 祗恐金石藏 湏洞不知處.

것이다. 어째서 그런가? 진眞이 없기 때문이다. 진이란 무엇인가, 천기를 말함
이 아니겠는가!¹

장유는 천기를 '진'이라고 하였다. '진의 사유'는 노장적 사유와 유가
적 사유가 공유하는 개념이며² 공안파의 전유물이기도 하다. 장유가 살
았던 시기는 명말의 원굉도가 활동하던 시기로서 장유가 공안파적 천기
의 영향을 받았는지는 알 수 없지만, 그와 공존했던 시대의 영향력은 무
시할 수 없을 것이다. 그는 천기를 자연적인 것으로 보았다. 그가 말한 천
기는 천리로서의 자연이 아닌, 아속雅俗과 청탁淸濁을 품은 자연이다. 장
유는 주자학적 성정지정性情之正으로서의 천기가 아니라 성정지진性情之
眞으로서의 천기를 말했던 것이다. 그는 인위적인 성색은 만들 수 있지
만, 천기의 묘는 만들 수 없다고 하였다. 천기는 자연스러움이며 내면의
은밀함이 드러나는 것이기 때문이다. 그러므로 그의 천기는 아속과 청탁
을 포괄하는 천진天眞과 같은 의미이다. 천기론은 후대 진眞·가假의 문제
와 함께 문예 창작의 시대적 과제로 제시되며 진의 탐구로 이어졌다.
　공안파적 천기론은 김창협에 의해 문인들에게 전파되었다. 김창협은

1　장유,『谿谷集』권6「石洲集序」: 詩 天機也 鳴於聲 華於色澤 淸濁雅俗 出乎自然 聲與色 可爲
也 天機之妙 不可爲也 如以聲色而已矣 顚冥之徒 可以假彭澤之韻 醒齪之夫 可以效靑蓮之
語 肖之則優 擬之則僭 夫何故 無其眞故也 眞者何 非天機之謂乎.

2　박만규,『조선시대 진(眞) 추구에 내재된 문예 사상 연구』, 성균관대학교 대학원 박사학위논문,
2009, pp.61~71. 참고.

노론의 주자학자이였으나 문예는 공안파의 문예이론을 흡수하였다.[1] 그러나 그가 주장한 천기는 공안파적인 천기를 그대로 수용하였다고 보기는 어렵다. 그는 송대의 의론을 천기의 발현으로 보았다.

　　송인은 비록 고실과 의론을 위주로 하였으나 그 학문의 축적과 의지의 온결함이 감격촉발 感激觸發하고 분박수사 噴薄輸寫하여 격조에 구속되지 않고 규범에도 모자라지 않는다. 그러므로 그 기상이 호탕하고 힘이 넘쳐 때로는 천기지발에 가까워 그 시를 읽으면 성정지진을 볼 수 있다. 그러나 명나라 사람은 너무 승묵 繩墨에 얽매여 모방을 일삼아 찡그리거나 걸음걸이까지 본받으니 천진을 다시 볼 수 없는 것이다.[2]

　　송대의 의론은 이리입시 以理入詩를 표방하므로 개인 정감의 자유로움을 추구하는 공안파의 천기와는 다르다. 김창협은 천기가 발현된 글의 예시로 송대의 의론을 들었지만, 모방과 격식을 배격하고 자신의 의견이 자연스럽게 격발된 것을 천기로 보았다. 그는 도리 위주의 시를 쓰기 위해 천기를 주장한 것이 아니라 시문지폐 時文之弊를 혁신하기 위하여 공안파의 천기를 창작이론으로 빌려왔으며, 의고가 아닌 진정이 담긴 문예

1　　강명관, 『공안파와 조선후기 한문학』, 소명출판, 2008, p.139.

2　　김창협, 『農巖集』권34 「雜識」: 宋人雖主故實議論 然其問學之所蓄積 志意之所蘊結 感激觸發 噴薄輸寫 不爲格調所拘 不爲塗轍所窘 故其氣象 豪蕩淋漓 時有近於天機之發 而讀之猶可見其性情之眞也 明人太拘繩墨 動涉摸擬 效顰學步 無復天眞.

창작을 강조하기 위해 천기를 주장했던 것이다.

> 시는 성정이 발하고 천기가 움직인 것이다. 당나라 사람들은 이에 대해 얻은 것이 있었다. 고로 초·성·중·만당은 말할 것도 없이 모두 자연에 가까웠다. 지금은 이에 대해 알지 못하여 오로지 성색만 닮으려고 하고 기격氣格에 힘써서 고인을 추종하고자 한다면 비록 그 소리와 면모가 비슷하다 할지라도 신정과 흥회는 모두 닮은 것이 아니니, 이것은 명나라 사람들의 잘못이다.[1]

김창협은 시란 천기에 의한 성정의 자연스러운 움직임이라고 주장함으로써 주자학에서 벗어나는 문예관을 보였다. 주자학적 성정론은 성정지정으로서 사람의 도리를 말하지만, 그의 성정론은 도리를 창조적인 움직임으로 대치하여 도덕적인 당위가 아닌 자연스러움과 변화를 존중한 것이다.[2] 앞서 장유가 성색은 닮을 수 있지만 천기지묘는 얻을 수가 없다고 말한 것과 같이 김창협 또한 의고는 성색일뿐 천기는 각자 성정에서 발하는 것이므로 닮기 어렵다고 하였다. 그는 명대의 문인들은 당·송이 이루어놓은 천기발현의 시를 모방하기에 급급하여 시의 기격은 갖추었으나 내면의 천기발흥天機發興은 이루어내지 못했다고 평가한 것이다. 천

김창협, 『農巖集』 권34 「雜識」: 詩者 性情之發而天機之動也 唐人詩 有得於此 故無論初盛中晚 大抵皆近自然 今不知此 而專欲摸象聲色 黽勉氣格 以追踵古人 則其聲音面貌 雖或髣髴 而神情興會 都不相似 此明人之失也.

조동일, 『한국문학통사 3』, 지식산업사, 1994, p.139.

기는 자연스러운 것이며 움직이는 것이다. 모방은 외면적 닮음만 구사하는 것이므로 내면의 움직임은 구현하지 못한다. 오직 스스로 발현될 때 내면은 움직이는 것이다. 그런 점에서 김창협은 모방을 그만두고 내적 움직임을 포착하여 신정神情과 흥회興會에서 비롯된 작품, 개성이 있는 작품을 지을 것을 강조하였다. 그는 이러한 것이야말로 '진시'이며 '진문장'이라 하였다. 김창협은 장유의 '진의 정신'을 이어받아 천기를 주장하였는데, 조선의 천기론은 김창협에 이르러서 개성을 중시하는 천기론으로 나아가게 된 것이다.

글쓰기의 방식이 성정지정에서 성정지진으로 나아가면 아문화가 지향하는 정교와 윤리의 명제는 일정 부분 견해를 달리하게 된다.[1] 이로 인하여 조선후기의 문예는 천기론의 확산과 함께 아속겸비적 심미의식이 성장하게 되었다. 성정지진은 성정지정이 표현하지 못하는 진정성과 독자성을 수반하며 이에 따라 작가의 개성이 발휘하게 되었다. 조선후기의 천기론은 아속겸비적 심미의식의 기저로 작용하였던 것이다.

김창흡의 천기론은 김창협에서 한 걸음 더 나아갔다. 그의 천기는 김창협에서 보이는 천리적 함의와는 다르다. 그는 천기와 천리를 구분하여 천기는 다양한 생물들의 자연적인 형체와 본능적인 생명 욕구로서, 평등하게 섞여 살면서 도덕적인 판단과는 무관하여 인간 존재를 도덕적 본성과 의미의 이행자로서만 보는 것이 아니라 생명과 활기를 가진 자연적

---

[1]　임명호, 『조선후기 한문학의 아속론 연구』, 부산대학교 대학원, 박사학위논문, 2010, p.74.

존재로 인식하였다.[1]

> 춥고 더움과 배고픔과 배부름을 아는 것은 물物과 사람이 같은 까닭이니 곧 인심이다. 옳은 것은 옳다하고 그른 것은 그르다 하고 선을 좋아하고 악을 미워하는 것은 사람이 물과 다른 까닭이니 곧 도심이다. 기욕과 천기는 본디 상탈하는 것인데 인심의 묘함 또한 천기가 아니겠는가![2]

김창흡은 인심과 도심 사이에서 '인심의 묘함'을 보았는데 이것이 바로 천기라고 하였다. 그가 '인심의 묘함'이라고 한 부분은 인간의 윤리적 해석이 가해지기 전의 인간의 본래적 욕망을 말한다.[3] 그는 도덕과 윤리 이전에 갖는 인간의 자연스러운 욕구를 천기로 이해하였던 것이다. 그는 형기形氣의 활의活意와 성명性命의 정리正理를 대등하게 통합하여 "물物의 이치는 섞고 나란히 하여 그 물의 묘라 칭함이 있고, 구별하고 나누어서 그 바름을 구하는 것이 있다. 화육하고 유행하며 상하를 분명히 드러내는 것을 말하자면 하늘을 나는 것과 물속에 잠긴 것, 동물과 식물, 옆으로 누운 것과 거꾸로 선 것이 모두 그 가운데 있다. 비록 암수가 교배하고

---

1   이진경, 「주체와 도덕의 관점에서 본 조선후기 진가 담론 I」, 『양명학』 제31호, 한국양명학회, 2012, p.185.
2   김창흡, 『三淵集』 권33 「日錄」: 知寒暖識飢飽 物之所以同乎人 卽人心也 是是非非 好善惡惡 人之所以別乎物 卽道心也 嗜慾天機 固爲相奪 而然人心之妙 亦豈非天機乎 麂食雉啄 與耕 鑿含哺 同一樂意 暝鳥知還 冬蟲能蟄 亦豈與向晦宴息, 婦子入處異趣乎.
3   강명관, 『농암잡지평석』, 소명출판, 2007, p.95.

강약이 서로 갈등하며 호랑이와 표범이 포효하고 뱀과 교룡이 엉켜 있는 것은 모두 천기"[1]라고 하여 천기는 '물리의 묘'이며 자연의 활발한 생명 기운으로 보았다.

천기는 인위적이지 않은 자발성을 의미하므로 자유를 추구한다. '조 작적이지 않은 자연태'와 '규율에 구속받지 않는 자유'는 사변적 추상보 다는 구체적인 자연 물상의 생명 동태를 그 자체대로 받아들여 현실 세 계에서 궁극적 실재를 지향하게 되는데, 감각된 현실 세계가 곧 실재라 고 보는 세계 인식은 현실의 잡란상雜亂相을 인정할 뿐만 아니라 심미적 으로 긍정하고자 하는 성향을 지닌다.[2] 그래서 그의 문예 대상은 가까운 것에 있으며, 그 안에서 실재를 보고자 하였다.

피곤하면 자고 배고프면 먹어 하늘에 맡기자 困睡飢餐一任天

자연스럽게 사는 것 또한 당연한 것 自然而已亦當然

땔감 지고 물 나르는 것이 참된 실재이니 須從搬運存眞則

신통이라 여기면 본성이 온전하지 않으리. 認作神通性不全.[3]

---

1 김창흡, 『三淵集』권33 「日錄」: 物理有混倂而稱其妙者 有揀別而求其是者 如言化育流行 上 下昭著 則飛潛動植 橫竪顚倒 擧在其中 雖牝牡之交亂 强弱之相淩 虎豹之咆哮 蛇蛟之結蟠 摠謂之天機可也.

2 이동환, 「조선후기 '천기론'의 개념 및 미학이념과 그 문예·사상사적 연관」, 『한국한문학연구』, 제28집, 한국한문학회, 2001, p.135.

3 김창흡, 『三淵集』권14, 「葛驛雜詠」: 困睡飢餐一任天 自然而已亦當然 須從搬運存眞則 認作 神通性不全.

느끼고 보이는 그대로를 추구한 김창흡의 시는 밥 먹고 잠자는 일상이 곧 본질임을 말한다. 이것은 이지를 비롯한 양명좌파가 드러낸 문학관과도 상통한다. 김창흡의 시에는 당대 명문가의 권위나 문인으로서의 격식이 느껴지지 않는 천연이 녹아 있으며 담담한 시정詩情으로 인간 삶의 소소한 일상을 소중하게 드러냈다.

김창협과 김창흡의 천기론은 조선후기 문예인식에 지대한 영향을 끼쳤다. 그들의 문학이론은 조선후기의 진정주의적 문예 열풍을 일으켰다. 김창흡의 문하에 있던 정선은 진경산수화의 시대를 열었고 18세기 후반의 박지원을 비롯한 백탑파의 문학관에도 영향을 끼쳐 진의 추구는 시대 미감의 핵심이 되었다.[1]

진의 추구는 문예를 아와 속으로 나누는 이분법적 사고를 초월한다. 앞서 장유가 청탁과 아속이 자연에서 나온다고 말하였듯이 천기에서 나온 진은 아속을 포섭하여 인간사에 펼쳐지는 모든 것을 대상화하고, 있는 그대로를 자신만의 느낌으로 예술화하였다.

천기의 즉물형상화卽物形象化는 현실주의와 사실주의 바람을 일으켰다. 사실주의는 당시 경화사족들이 견지한 문예의 기본정신이었다.[2] 관념의 세계에서 나와 현실을 인식하게 된 문인들은 보이는 그대로의 세계에 감흥을 담아 시적 형상화하였다. 현실주의와 사실주의는 온유돈후의

---

1   박만규,『조선시대 진(眞) 추구에 내재된 문예 사상 연구』, 성균관대학교 대학원, 박사학위논문, 2010, 참고.
2   유봉학,「조선 후기 풍속화 변천의 사회사상적 배경」,『진경시대 2』, 돌베개, 2010, p.221.

시교詩敎를 벗어나 진정과 솔직으로 인간의 삶을 드러냈으며 그 안에 국가과 민족의 실상을 담았다. 사실주의적 즉물형상화는 당대 문인들의 지지를 받았고 예술의 공감성을 확장하였으며 새로운 시정신이 되었다.

즉물형상화로 인한 사실주의적 시세계는 사소한 일상사를 배경으로 하지만 시적 함축과 여운은 오히려 새로운 미감이 되었다. 사천 이병연 (1671~1751)은 김창흡의 문하로 그의 '진시운동'의 영향을 받아 개성적 시작詩作으로 문단 변화를 이끌었다. 그의 시는 일상적 소재와 솔직한 정서 표현, 자연스러운 묘사와 시원스러움이 특징인데 서울 상류층 사대부의 미의식을 바탕으로[1] 하면서도 국가과 민족에 대한 애정을 일상의 순간에 담아 아속겸비적 미의식을 드러냈다.

바닷가에 사람 사는 풍속을 보니 濱海看人俗

만날수록 더욱 순박하다 相逢頗朴蒼

구멍 뚫린 그물로 음식을 싸고 網穿包飯食

부서진 배로 다리를 수리하며 船破補橋梁

두드린 땅에 진흙집 짓고 撲地靑泥屋

흰 갈대 담으로 바람을 막았구나 遮風白葦牆

일평생 바닷바람 맞으며 사니 生涯嵐瘴裏

---

1   안대회, 「사천 이병연론」, 『조선후기 한시 작가론 1』, 이회문화사, 1998, pp.367~377.

시집 처가가 모두 뱃사람이로세. 嫁娶盡漁郎.[1]

　현실 자각과 천기발흥의 문예인식은 관념의 세계가 아닌 현실 세계가 곧 시의 세계가 된다. 이병연의 시에는 의고제擬古題가 단 한 수도 없는데[2] 이것은 그가 독자적인 시세계를 추구하였음을 의미한다. 그는 중국의 시공간을 빌려와 그럴듯하게 아雅한 시로 포장한 낭만주의적이면서도 의고주의적인 시풍을 버리고 진과 실을 담아 평담하고 자유롭게 작시하였다.[3]

　현실 세계의 '속적 진실'은 천기 개념이 함축 또는 지향하고 있는 미학 이념의 주요 지평이다.[4] 당대 뛰어난 아속겸비적 시세계를 보여준 이병연에 대해 일몽 이규상(1727~1799)은 그를 시의 거장으로 평가하였으며[5] 그의 시는 당대의 조선 문인은 물론 중국의 문사들에게도 대아大雅의 시로 칭송받았다.[6] 그는 현실의 구체성과 자연스러움의 이원적 구조를 통하여 진정의 시문학을 구현하였는데 이것은 조선후기 문예 공간의 시적 진실의 확보였다.

1　이병연,『槎川詩抄』: 濱海看人俗 相逢頗朴蒼 網穿包飯食 船破補橋梁 撲地靑泥屋 遮風白葦牆 生涯嵐瘴裏 嫁娶盡漁郎.
2　안대회,「사천 이병연론」,『조선후기 한시 작가론 1』, 이회문화사, 1998, p.369.
3　김형술,『사천 이병연의 시문학 연구』, 서울대학교 대학원, 석사학위논문, 2006, p.126.
4　이동환,「조선후기 '천기론'의 개념 및 미학이념과 그 문예·사상사적 연관」,『한국한문학연구』, 제28집, 한국한문학회, 2001, pp.137.
5　이규상,『一夢稿』「文苑錄」: 我朝大匠蘇齋 芝川 湖陰 簡易 三淵如千家 而三淵後槎川一人.
6　홍낙순,「槎川詩抄跋」: 公我東之放翁也 其詩滿一世 雖婦人孺子 亦知有槎川翁 門徒金益謙 嘗挾公所手抄一卷入燕 江南文士見之 歎曰諷之大雅.

혜환 이용휴는 인간과 생활에 밀착한 시를 썼지만, 보편적인 주제나 일반적인 정서와 미의식에서는 벗어나 있었다.[1] 그의 시는 평범하고 일상적인 인간의 생활상을 노래했지만 당시로서는 독특한 시세계로 평가받았다.[2]

아낙은 쭈그려 앉아 아이 머리 쥐어박는데   婦坐搯兒頭

늙은이는 구부정하게 외양간을 치운다   翁傴掃牛圈

마당 둔치에는 우렁이 껍질 쌓여 있고   庭堆田螺殼

정주간에는 풋마늘 다발 걸려 있구나.   廚遺野蒜本[3]

이용휴의 서정적이면서도 서민적인 시세계는 그의 시 특징인 6언과 연작시 형식과 함께 개성적 시풍을 선도하였다. 그는 관념과 관습에서 벗어나 근취近取와 근정近情을 통해 작가가 처한 시공간을 창작의 영역으로 이끌어 올 것을 주장하였다.[4] 그는 자기의 의견을 세우는 종기기견從己起見을 중시하였고, 고루함과 편벽됨을 뒤섞지 않은 진견眞見과 진재眞才

1   박준호, 「혜환 이용휴의 시세계의 한 국면」, 한문학연구, 제14호, 계명한문학회, 1999, p.210.

2   유만주, 『欽英』: 惠寰詩百餘篇 當以軸覽 此人文章極怪 於文則全不使之而字 而於詩則全不避之而字 決要殊異於衆 此固一病而亦一奇也 惠寰藏書頗富 而所有皆奇文異冊 無平常者一秩 蓋其奇實天性也.

3   이용휴, 『欸欸集』 「田家」: 婦坐搯兒頭 翁傴掃牛圈 庭堆田螺殼 廚遺野蒜本.

4   김동준, 「18세기 한국한시의 실험적 성격에 대한 연구」, 『민족문학사연구』 제27호, 민족문학사학회 민족문학사연구소, 2005, p.23.

를 더하여야만 진정한 시라고 하였다.[1] 자신의 의견을 세우는 것도 중요하지만 그 의견을 상황에 맞게 변화하는 일 또한 중요함을 강조한 그의 '종기기견론'은 개성뿐만 아니라 '개성 확립을 위한 수양'까지 겸비하여야만 진정한 시가 될 수 있음을 강조한 것이다.

천기론적 인식은 실존적 주체로서 대상을 보게 한다. 천기론적 세계관을 가진 인식주체는 본질을 규정하는 것에 관심을 가지기보다는 경험을 중시하고 객관적 대상으로서 자연을 바라보며 눈 앞에 펼쳐진 모든 인간사를 모두 시적 대상으로 삼는다. 천기를 주장한 문인들은 문예혁신을 위하여 공안파의 이론을 차용하면서 이단을 의식해 그들의 성령론보다는 천기론으로 문예이론화 하였다. 성령론과 천기론은 개성을 강조한다는 점에서는 같지만, 성령론은 창작 순간의 진솔한 충동, 감흥을 더욱 강조한 이론으로, 이후 천기론은 중인층 문인들의 사상적 지향에 부합한 대표적인 문예이론이 되었다.[2]

조선후기에 펼쳐진 천기론은 한국 특유의 민족 정서를 내포하여 조선후기만의 독특한 문학이론으로 발전하였다. 이동환은 조선후기에 거론된 천기의 개념을 우리나라 미학사상의 한 범주로 정립하면서 다음과 같이 말하였다. "첫째, 천기의 이론은 시 부문뿐만 아니라 문학과 예술 전반의 사적 전개에서 이론적 열정과 이에 따른 일정한 이론적 확충이 이루

---

1   이용휴, 「松穆館集序」, 『松穆館燼餘稿』: 詩文有從人起見者 有從己起見者 從人起見者 鄙無論 卽從己起見者 毋或雜之固與偏 乃爲眞見 又必須眞才而輔之 然後乃有成焉.

2   허남욱, 『조선후기 문학사상연구』, 성신여자대학교 대학원, 박사학위논문, 1995, pp.132~136.

어져서 천기 개념이 문학, 예술 일반 이론상의 개념 성격으로 이미 잠재
적으로 발전되어 있었다. 둘째, 천기는 산문이론뿐만 아니라 서화이론으
로서도 직접 표출된 자취를 포착할 수 있어서 천기 개념은 일정한 현재
화顯在化 추세에 있음이 드러난다. 셋째, 천기는 우리나라 미학 사유의 기
저 범주의 하나인 순자연과 연관되어 있다. 비록 천기의 용어와 개념은
차용하였지만 개념의 문예이론사와 미학사에 존재하는 방식은 중국과
현격히 달라 중국이 인간 중심·시정 중심적이라면, 조선후기의 천기는
강력한 자연주의를 표방한다."[1]고 하였다. 김혜숙 또한 조선중기에 논의
된 천기가 묘오적 성격을 띠며, '별재別才'의 논의와 병행되어 중국에서
개진된 천기의 논의와는 변별되는 조선 특유의 논의라고 주장하였다.[2]
이동환과 김혜숙의 주장은 천기의 개념을 통시적 관점에서 논의를 제시
하지 못한 점은 있지만 천기론을 우리 전통미학의 관점에서 파악하였다
는 점에서 의미가 있다.

　　조선후기의 문예는 천기론을 통하여 인간의 삶과 현실에 대한 자각을
일깨웠으며 관념적 세계에서 나와 즉물의 세계를 형상화하여 직관적이
면서도 개성적인 문예를 꽃 피웠다. 우리 고유의 정신과 융합된 천기론
적 사유는 성정지진의 아속겸비적 심미의식이자 시대의식으로 발전하
여 문예 전반에서 진정주의적 예술을 지향하게 되었다.

1　이동환, 「조선후기 '천기론'의 개념 및 미학이념과 그 문예·사상사적 연관」, 『한국한문학연구』,
　　제28집, 한국한문학회, 2001, p.130.
2　김혜숙, 「한국한시론에 있어서 천기에 대한 고찰(3)」, 『한국시가연구』 제28집, 이회, 2010, p.446.

조선시대 성리학의 정립에 따른 산수관은 정신으로서의 산수관이었다. 조선의 문인들은 자연을 격물치지의 대상이자 천지운행의 이법理法으로 보았다.[1] 이러한 현상은 송대 주자학적 산수관과 상통한다. 주자학의 영향 아래 놓인 조선 문인들은 주자적 산수관을 지향하였다. 주자는 말년에 무이산에 무이정사를 짓고 후학을 기르면서 무이산 구곡의 경치를 시로 남겼다. 「무이도가」는 주자가 무이산의 구곡을 따라 배를 타고 유람하며 지은 시인데, 퇴계와 율곡을 비롯한 조선의 문인들은 주자의 「무이도가」를 흠모하여 자운을 하여 모작을 하거나 와유를 즐겼고, 이것은 우리나라의 유명한 계곡 곳곳에 구곡을 지칭하는 계기가 되었다.[2]

산수를 이상화하여 가까이하려는 경향은 종병(375~443)에게서 비롯되었으며 송대의 대관산수화는 천인합일의 도를 그림으로 구현하여 이상화된 산수관을 보여주었다. 그러므로 조선 문인들에게 산수는 휴식과 아름다움의 대상이기 이전에 도의 체현이며 이법을 체득하는 대상이자 '대자연'이었다. 이러한 의미에서 산수는 단순한 자연물로서의 대상이 아니라 순수한 학문을 연마하는 지성의 공간이면서 도덕적 완성을 구현하는 이상적인 공간이다.

---

1   손오규, 『산수미학탐구』, 제주대학교 출판부, 2006, p.28.

2   심우영, 「무이산지의 주자시 내용연구」, 『한중팔경구곡과 산수문화』, 상명대학교 한중문화정보연구소, 2004, p.163.

그러나 조선후기에는 산수관의 일대 변화가 일어났다. 조선 성리학의 인물성동론人物性同論에 의한 물物에 대한 관심과 양명학과 실학의 현실 인식의 촉구는 자연관에도 변화를 일으켰으며, 이에 따라 문인들은 그들 앞에 임재한 산수를 객관적으로 바라보게 되었다. 조선중기의 산수 유람은 기의 확충을 위해 도학자 성향의 사대부들이나 재야 학자들이 선호하였다면, 조선후기의 문인들은 산수 유람을 통하여 국토의 자연미와 역사미를 탐색하고 국토 이용의 실제 문제를 자각하고자 하였다.[1] 대상화된 산수는 더이상 도의 체현으로서의 산수가 아니다. 그들은 관념화된 산수관과 자연관에서 벗어나 자연을 객관적 대상물로 인식하게 되었으며, 자연의 아름다움 자체를 형상화하고 그 경관을 즐기게 되었다. 이상으로서의 자연이 삶의 영역에 들어올 경우 이상은 반드시 경험을 통하여 확인되고 실현되고자 하는데, 개체의 구체적이고 개별적인 경험은 자율성과 독립성을 가속화하여 이 공간은 새로운 질서와 체계를 가진 경계를 개척한다.[2] 이상으로서의 자연관과 현실에 목도된 자연이 융화되어 새로운 자연관, 산수관이 탄생하게 되는데, 이것은 아속관의 전환과 같은 산수관의 인식전환이다. 조선후기의 문인들은 산수를 구도의 공간이며 성정을 기탁 하는 공간에서, 체험의 공간이자 경험적 공간으로 인식하고, 체

---

1   심경호, 「실학시대의 여행」, 『한국실학연구』 제12호, 민창사, 2006, p.48.

2   손오규, 「산수문학에서 「곡가계시가」의 공간인식」, 『한중팔경구곡과 산수문화』, 상명대학교 한중문화정보연구소, 2004, p.40.

득의 경험을 유람기록으로 남겼다. 그들이 남긴 기록은 방대한 자료[1]로 남아있어 당시의 유람 열풍을 미루어 짐작할 수 있다.

산수유람기는 18세기 이후 작가층의 폭발적 증가에 수반하여 그 현상은 더욱 확대되었다.[2] 이상으로서의 자연관과 눈앞의 펼쳐진 현실적 자연의 아름다움에 매료된 문인들은 창작을 통해 자아의 실현과 이상의 추구를 동시에 즐기게 되었다. 조선 초·중기의 산수유람은 향촌에서 실권을 장악한 사족들이 본격적으로 지방사회를 유교화하고 지방의 자연과 문화적 가치를 새롭게 평가하는 가운데 산수유람기가 활기를 띠었다면, 조선후기 산수유람은 경화사족들의 문예적 취향을 발휘하기 위한 기회이거나 박학적 태도에 기반한 인문·지리에 대한 탐구 활동으로서의 성격이 짙다.[3] 당시 유람의 열풍이 얼마나 극심했는지는 다음 강세황의 기록으로 알 수 있다.

산에 다닌다는 것은 인간으로서 첫째가는 고상한 일이나 금강산을 구경하는 것이 가장 저속한 일이 되었으니, 어찌하여 그런가? 금강산이 구경할 만한 것이 없다는 뜻이 아니다. 금강산은 바다와 산 가운데 신선이 사는 유일한 지역이며 …… 생각하건데, 옛적에도 이 산은 중들의 유혹에 속아 많은 사람이

---

1   조선시대 산수유기에 대한 자료는 정민 편, 『한국역대산수유기취편』, 민창문화사, 1996 참고.
2   안대회, 「조선 후기 소품체 유기의 연구」, 『대동문화연구』 제79집, 성균관대학교 출판부, 2012, p.212.
3   이경순, 「18세기 후반 지리산 유람의 추이와 성격」, 『남명학연구』 제46집, 경상대학교 경남문화연구원 남명학연구소, 2015, pp.238~240.

몰려드는 것이 지금보다도 더 심하였던 듯하다. 지금 장사꾼·품팔이·시골 노파들의 발길이 이 골짜기로 서로 잇단 것을 볼 때, 저들이 어찌 산이 어떠하다는 것을 알 수 있으랴만, 죽어서도 악도에 떨어지지 않는다는 한마디에 마음이 끌린 것이다…… 또한 여러 사람이 가는데 덩달아 따라가서 평생에 한 번 구경한 것을 능사로 삼아 남에게 자랑하기를 무슨 신선이 사는 곳에나 다녀온 것처럼 하며, 또 못 가본 사람은 부끄럽게 생각하여 사람들 축에 끼지 못한다고 생각한다. 내가 증오하며 가장 저속한 일이라고 한 것은 이 때문이다.[1]

강세황은 산수의 도를 아는 문인 사대부뿐만 아니라 장사꾼, 품팔이, 시골 노파들까지 나서서 금강산유람에 나서는 풍토를 증오하여 스스로는 금강산유람을 자제하다가 그 또한 70세가 넘은 나이에 결국 금강산유람을 떠났다. 그의 유람에는 단원 김홍도가 동행하였다.

나는 이 때에 속된 것을 증오하는 마음이 산을 좋아하는 성벽을 막을 수 없었다. 그리하여 9월 13일 관사를 떠나서 두 김씨(김응환과 김홍도), 막내아들 빈, 서자 신, 임희양, 황규언과 함께 신창으로 떠났다. 그 다음날 또 길을 떠나

---

1   강세황, 김종진 외역, 『표암유고』, 지식산업사, 2010, pp.373~374. 「遊金剛山記」: 遊山是人間
    第一雅事 而遊金剛 爲第一俗惡事何也 非謂金剛之不足遊也 而金剛獨以海山仙區 靈眞窟宅
    大擅一邦之名 童兒婦女莫不自齷齪而慣於耳而騰於舌 按崔瀣送僧序 有曰有詿誘人云一覩
    是山 死不墮惡塗 又曰余見士夫有遊山者 雖力不能止之 心竊鄙之 意者昔之此山爲僧輩詿誘
    人皆輻湊 殆有加於近日也 今之販夫庸丐野婆村嫗 踵相躡於東峽者 彼惡知山之爲何物 而只
    以死不墮惡塗一言…… 亦只隨衆逐隊 以平生一遊爲能事 向人誇張 有若上清都遊帝鄉 其未
    曾遊者則歉愧如恐不能齒於恒人 余之所憎厭謂之第一俗惡事者此也.

니 산길에는 단풍잎이 비단처럼 곱게 물들었고 바람 기운이 몹시 차가워지더니 간혹 눈발이 옷깃에 날렸다. 신과 김홍도는 말 위에서 퉁소를 불기도 하고 피리를 불기도 하며 서로 화답하였다. 속담에 '추위 벌벌 떨면서 알아주는 사람이 적다고 큰소리 친다.'는 말이 있는데, 이 추운 날씨에 억지로 퉁소와 피리를 불어대니 바로 이런 격이어서 이에 한 번 웃었다. 날이 어느덧 저물어서야 비로소 장안사에 닿았다. 절은 예부터 이름이 났는데 지금은 모두 퇴락하여 다리도 무너지고 다락도 허물어지고 승려들도 흩어져 버리니, 훌륭한 저택에 주인은 없고 힘없는 노복 두어 사람만 남아 서로 의지하며 지키는 격이라 매우 개탄스러웠다. 법당의 오른쪽 건물에서 묵으니 조카 박황과 창해 정란이 와서 모두 모여 같이 잤다.[1]

강세황은 "금강산의 뛰어난 산세는 국내에서 유일하며 중국에도 없는 산세"[2]라고 격찬하면서도 "황천강이니 지옥문 등 불교 용어나 속담에서 유래한 명칭 등은 모두 저속하여 기록할 만한 가치가 없다."[3]고 하여 유

---

1   강세황, 김종진 외역, 『표암유고』, 지식산업사, 2010, p.375. 「遊金剛山記」: 余於是不能以憎俗之意 禁遏愛山之癖 乃於九月十三日離衙 與兩金及季兒儐 庶子信 任友希養 黃君奎彦 發向新倉 其翌日又作行 山路楓葉 斑爛如錦 風氣猝冷 時有雪片飄打衣袂 信兒與金士能 弘道字於馬上或吹簫或吸笛相之 諺曰呼寒戰栗而大號 知我者希 値此嚴冷 强奏笙簫 政謂此也 爲之一笑 日已暮 始抵長安寺 寺故名刹 今已殘毀 橋崩樓頹 僧徒散亡 有似甲第搆無主 只餘殘僕數人 相依看守 甚可慨也 宿於法堂之右寮 朴戚侄鋧及鄭滄海瀾 皆來會同宿.

2   강세황, 김종진 외역, 『표암유고』, 지식산업사, 2010, p.376. 「遊金剛山記」: 卽無論東國所無 雖求之中華名山 亦不可復得也.

3   강세황, 김종진 외역, 『표암유고』, 지식산업사, 2010, p.376. 「遊金剛山記」: 其所謂黃泉江 地獄門之稱 皆無倫庸陋 不足錄於筆下.

학자로서 비판의식을 보이기도 하였다. 금강산은 아문화의 특성인 우의寓意정신이 서린 곳으로 전통적으로 조선 문인들의 정신의 기탁처였다. 그러나 사회 경제의 발달로 인해 여행의 여건이 개선되면서[1] 유람은 사회 하부계층까지 스며들어 금강산유람은 가장 세속적인 일의 하나가 되었다. 강세황은 이러한 현실을 개탄하여 금강산유람을 자제하다가 그도 결국 스스로 그 길을 걸어가 금강산유기를 남겼다. 강세황은 「유금강산기」를 통해 당시 세속화된 산수관의 실태를 보여주었으며 그는 이러한 사실을 매우 안타까워하였다.

　새롭게 인식된 자연관을 바탕으로 한 산수유기山水遊記의 열풍은 김창협이 남긴 유기의 역할이 컸다. 조선후기의 문인들은 이전의 우리나라 산수유기를 비판적으로 인식하였다. 특히 김창협 형제 이후의 세대들은 이전의 전통적인 산수유기에 대해 새롭게 언급하지 않았으며, 김창협 형제의 산수기행시문을 모범으로 삼아 그들의 창작 정신으로 산수유기를 제작하려는 경향이 강했다.[2] 김창협은 공안파 문예이론의 영향을 받았을 뿐만 아니라 원굉도가 남긴 산수유기에도 영향을 받아 많은 산수유기를 남겼다. 유기遊記는 일상과 이상의 경계를 간접적으로 체험하게 하는 매개체였다. 문인들은 유기를 통하여 와유臥遊하였으며 와유는 수양의 한 방법이었다. 이전의 산수유기는 도의 체현이 목적이기 때문에 산수의

1　이경순, 「18세기 후반 지리산 유람의 추이와 성격」, 『남명학연구』 제46집, 경상대학교 경남문화연구원 남명학연구소, 2015, p.238.
2　고연희, 『조선후기 산수기행예술 연구』, 일지사, 2007, p.29.

핍진한 묘사는 생략하지만, 조선후기의 산수유기는 객관적 대상으로서의 산수를 인식하기 때문에 산수를 핍진하게 묘사하는 특징이 있다. 김창협은 금강산의 만폭동 인근의 산수를 기록하듯 소상하게 묘사하였다.

또 앞으로 수백 보를 걸어가면 벽하담이 나오는데 좀 전의 못보다는 더욱 기려하게 보인다. 폭포는 내달음치다가 절벽에서 만나 곧장 떨어지는데 그 길이가 6이나 7길쯤 되고 떨어지는 모양이 사방으로 흩어져 골짜기가 안개와 흰 눈으로 덮인 듯하였다. 못의 넓이는 거의 6이나 7무이고 유리처럼 푸르고 맑은 색이었다. 그 옆의 돌은 마치 큰 돗자리를 펼친듯 평평하고 넓었다. 지팡이를 땅에 꽂고 앉아서 가지고 간 술을 마시며 폭포를 올려다보고 못을 내려다 보노라니 해 저무는 것도 몰랐다.

다시 앞으로 한 두 걸음 지나 몇 개의 못을 지나면 화룡연이다. 화룡연은 그 규모가 벽하담 보다 10분의 1, 2가 더 크다. 물이 고인 곳에는 안개가 피어올라 마치 음흉한 짐승이 숨어있는 듯하다. 못가에는 큰 바위가 솟아 있고 소나무와 회나무가 덮여 있으며 백여 명의 사람이 앉을 만하였다. 이른바 만폭동은 여기에서 그친다.[1]

---

1 김창협, 『農巖集』권23 「東游記」: 又前數百步 爲碧霞潭 視前潭益奇麗 飛瀑從斷崖直下 長可六七丈 潀流四潵 一壑皆成煙雪 潭幅員幾六七畝 其色綠淨如玻瓈 其傍石皆平廣 如張大筵席 植杖趺坐. 出所携酒飮之. 仰觀泉俯窺潭. 不知日之將昳也 又前一二里 歷數潭 爲火龍淵 廣袤視碧霞 加十之一二. 停畜霍霹 疑閟陰獸 石磯臨之 覆以松檜 可容百人坐 所謂萬瀑洞者 止於此矣.

김창협의 「동유기」에는 천인합일적 유가이념으로서의 산수관이 아닌, 객관적 대상이자 즐기는 자연으로서의 산수관을 볼 수 있다. 김창협은 성정의 발로와 천기의 발흥을 주장하였던 만큼 관념적 태도로서 산수를 보는 것이 아닌, 온전히 자신의 시각으로서 대상을 탐험하듯 금강산 유람을 서술하여 이전의 유기와는 확연히 다른 면모의 산수유기를 남긴 것이다. 김창협의 사실주의적, 경험주의적인 태도에 의한 금강산 유람기는 문인들의 세계관 변화와 확대를 가져왔다. 그들은 관념적으로 회자하는 중국 명산의 동경을 지양하고, 유람과 체험을 통해 국토의 산수를 재인식하여 자연으로서의 산수가 주는 아름다움과 감동에 젖었다. 이러한 자연관의 변화는 성리학적 이념에서 탈피하여 자연을 본래의 모습으로 되돌려 놓았다는 점에서 조선후기 자연관의 성취라고 할 수 있다.

자연관과 산수관의 변화는 국토 인식의 변화를 가져왔다. 금강산에 이은 백두산 또한 문인들의 관심사였다. 백두산은 지리적으로 변방에 위치하였을 뿐만 아니라 산세의 험난함으로 인해 전통적으로 백두산에 대한 관심은 금강산에 비해 뒤떨어졌다. 그러나 현실인식과 민족자존의식의 발로는 백두산에 대한 관심으로 이어졌다. 백두산의 유람기록은 1712년 백두산정계비가 세워진 이후 본격적으로 서술되었다.[1] 숙종 38년 백두산정계비에 의해 확정된 국경선은 청나라 관리의 주도하에 일방적으로 이루어져 문인들의 울분을 자아냈으며 이 사건은 민족주의와 변경의식

---

1   손혜리, 「조선 후기 문인들의 백두산 유람과 기록에 대하여」, 『민족문학사연구』 제37호, 민족문학사학회 민족문학사연구소, 2008, p.140.

을 제고하는 계기가 되었다.[1] 이에 자극받은 문인들은 민족의 영산이자 주산으로서의 백두산에 대한 관심을 보였는데 이에 의한 백두산 유람은 민족 자존의식에 의한 기록적 성격을 다분히 가진다. 18세기 초반의 백두산 유람기의 특성이 정계 당시 불평등한 정계로 인한 울분과 잃어버린 땅에 대한 회복을 제기하는 것이 주된 관심사였다면, 18세기 후반에 저술된 유람기는 문인들의 문학적 역량이 발현되어 보다 완정한 형태의 서사기록물로 전개되었다.[2] 특히 백두산 유람기를 장편시로 서사한 신광하(1729~1796)의 「북유록」과 「백두록」은 기록의 사실성뿐만 아니라 수탈당하는 민중에 대한 애민의식과 국토에 대한 자존과 애정을 시로 형상화하여 현실주의 문학발전에 공헌하였다.[3] 우리 국토에 대한 강한 자부심을 드러낸 박종(1735~1793) 또한 「백두산유록」을 통하여 국토회복에 대한 의지와 변경에 대한 관심을 촉구하였다.

국경을 정할 당시에 마땅히 두만강으로 했었어야 했는데 경계를 정할 때 조정의 중신과 도백이 험난한 곳을 오르는 것을 싫어하여 삼수에 머물렀으며, 단지 군관 몇 사람만을 올라가게 하여 토문강으로 잘못 경계를 정하였다. 이

1　조광,「조선후기의 변경의식」,『백산학보』제16호, 백산학회, 1974, 참고.

2　손혜리,「조선 후기 문인들의 백두산 유람과 기록에 대하여」,『민족문학사연구』제37호, 민족문학사학회 민족문학사연구소, 2008, p.146.

3　진재교,「진택 신광하의 「북유록」과 「백두록」」,『한국한문학연구』제13호, 한국한문학회, 1990, p.248.

로 인해 두만강 안쪽 700리의 땅을 잃어버리게 되었던 것이다.[1]

유기遊記의 확산은 유기의 일상화 현상을 일으켰다. 문인들은 유기를 통하여 문장의 격식을 파괴하고 소품문小品文 위주의 글쓰기를 통해 문학의 변화를 이끌었다. 유람의 확산은 유기의 범람을 초래하였다. 문인 사대부뿐만 아니라 여항인을 비롯한 일반 백성과 부녀자들까지 산수유람을 즐기고 이에 나아가 유람기를 남기는 문화가 발생하였다.[2] 이러한 현상 속에 유기는 고문체의 격식에서 벗어나 가볍게 개인의 소회를 서술하는 문장 형식으로 변화하였는데 이것이 바로 소품문이다. 18세기 산수유기에서 새롭게 관찰되는 형식상의 특징은 절목화와 소품화였다.[3] 소품문이란 당·송고문에 대치하는 신문체이다. 당·송고문은 유가사상의 범주를 벗어나지 않고 지배집단의 논리를 적극적으로 추구하며 윤리 지향성을 보이지만, 소품문은 정치 지향성, 윤리 지향성을 부정하며 개인의 고답적 예술성과 서정성을 추구하여 개인주의적 성향과 소시민주의를 표현한다.[4] 소품문은 공안파가 주로 쓰는 문체로서, 형식을 거부하

1 　박종,『鎪洲集』「白頭山遊錄」: 盖定界 當以豆滿江 而尋界時 重臣與道伯 苦涉險 留住三水 只遣軍官數人 偕克登 錯以土門定疆 以失豆滿江內七百餘里之地.

2 　조선후기 유기는 사대부에 의해서만 제작된 것은 아니었다. 금원 金씨는 젊은 여성으로 14세에 남장을 하고 금강산과 설악산, 관동팔경 등 산수를 유람하고 한양, 개성, 평양 등 전국의 도시를 다녔다. 그가 남긴 유람기는『호동서락기』이다. 조선후기 유람의 확대와 그 특징에 관해서는 심경호, 「실학시대의 여행」,『한국실학연구』제12호, 민창사, 2006, 참고.

3 　정민, 「18세기 산수유기의 새로운 경향」,『조선후기 소품문의 실체』, 태학사, 2003, p.135.

4 　안대회, 「조선후기 소품문의 성행과 글쓰기의 변모」,『조선후기 소품문의 실체』, 태학사, 2003, p.11.

기 때문에 자신의 감정을 표현하기에는 매우 적당한 문체였다. 정조의 문체반정은 이러한 소품문에 대한 단속이었으며[1] 이것은 당시 소품문이 얼마나 성행했는지를 말해주는 반증이다.

정조는 순정한 글쓰기를 요구하며 김조순(1765~1832), 남공철(1760~1840), 박지원, 박제가, 이덕무 등 당대 이름난 문인들을 소환하였고, 이옥은 벌과를 거듭한 끝에 유배를 보냈다. 소품문은 격식이 없기 때문에 감각적이며 실험적이었다. 유만주(1755~1788)는 박지원과 함께 당대를 대표하는 문인으로 이름을 날린 창애 유한준(1732~1811)의 아들로 젊은 나이에 세상을 떠나 유한준은 유만주가 남긴 일기를 묶어 『흠영』을 냈다. 『흠영』에는 박지원과 이용휴 등 당대 문사들에 대한 이야기와 논평이 실려 조선후기 문예의 일면을 파악할 수 있는 좋은 자료이다. 유만주의 글은 성정의 서사나 의론이 아니라 개인적 감성이 투영된 글이었다. 그의 글을 통해서 조선후기의 개성적 글쓰기는 개인적 글쓰기로 나아가고 있음을 볼 수 있다.

이번 여름에는 동해홍이 가득 피어난 곳을 찾아 꽃놀이를 계속할 생각이었다. 그런데 여행 중에 주막에서 뜻하지 않게 이처럼 예쁘고 아름다운 자태를 만나게 되었으니 이제 동해홍 구경은 여기서 그만두어도 되겠다. 서울에서 이 꽃이 잔뜩 피어난 곳을 다시 찾아가 볼 필요가 없겠다. 누군가 나에게 세상

---

1   소품문과 문체반정에 관해서는 강혜선, 「정조의 문체반정과 경화문화」, 『한국실학연구』 제23호, 2012, 참고.

에서 가장 쾌한 일이 무엇이냐고 묻는다면 나는 이렇게 대답할 것이다. 그런 일이 있을 수 있겠지만 심히 어려운 일이다. 해야 할 일을 정리하고 편안히 한 후 자기 혼자 두루 다니며 세간의 이야기를 물어보는 것이다. 분장치레를 한 다면 무뢰배가 되어도 될 것이고, 거지가 되어도 좋고, 장사치가 되어도 좋고, 떠돌이가 되어도 좋고, 이인異人이 되어도 좋을 것이다. 내가 찾는 것은 과거 에는 없는 것이다. 글을 써서 책을 만들고 책이 세상에 나온다면 세상에는 이 보다 신기한 책이 없을 것이다.[1]

유만주는 세상에서 가장 유쾌한 일은 유람이며 자신만의 유람기를 남 기는 것을 인생의 특별한 의미로 여겼다. 이처럼 조선후기의 유기는 자 유로움과 개성을 담고 시대정신을 확산시켰다. 유기는 문학의 소재 또한 넓혔다. 유기의 소재는 산수뿐만 아니라 도시의 풍정과 풍물도 그 대상 이 되었다. 18세기 후반의 유기는 전통적 여행기의 범주를 벗어나 새로 운 세계와 미의식을 확장하여 여행의 공간이 확대되고 그에 따라 새로운 시선과 취향을 발산하였다.[2] 유만주는 대보름을 맞아 청계천과 운종가 의 풍경을 서정적으로 서술하였다. 유만주의 소품문은 문이재도적 이념

---

[1] 유만주, 『欽英』 권5, 서울대학교 규장각: 今夏準擬訪取東海紅之集成 如以續玩花之遊 忽於遊 店意想之外置 比嬋娟濃艷之態於是乎 東海紅之觀止矣 不必更求集成於漢中也 成間世間 何 事最大快事有 曰之然是甚難 制置安頓擬於崇高而身遍行世間以采訪之也 打扮則无賴亦可 乞焉亦可 行賈亦可 雲遊亦可 異人亦可 采訪之者 非因過去也 筆之而爲采訪之書也 采訪之 書出而天下之奇始无以加矣.

[2] 안대회, 「조선 후기 소품체 유기의 연구」, 『대동문화연구』 제79집, 성균관대학교 출판부, 2012, p.233.

보다는 개인의 서정적 아름다움을 발산하였다. 그의 문체는 신선하면서
도 감각적이었다. 그러나 정조는 이러한 소품문의 무이념성이 유가 체제
의 족쇄로부터 언어의 이탈을 조장한다고 보았으며, 경술에 근본하지 않
는 무이념적인 글은 이단이라고 경계하였다.[1] 정조에게 소품문은 아雅한
글이 아니라 속俗된 글이었다.

　소품문의 성행은 조선후기 아속공상적 문학의 성행을 단적으로 보여
준다. 사회 변화로 인한 현실인식은 사회의 개방화와 도시번영과 맞물려
개인 정서와 욕망을 분출하게 하였다. 또한 오랜 당쟁으로 인해 지친 문
인들에게 유가적 이념과 교화의 외침은 이미 식상한 구호였다. 소품은 단
지 독서의 기호에 해당하는 문제가 아니라 소품적 인식을 통해 체제의 이
데올로기가 은폐하고 있는 실상을 드러내는 것이다.[2] 박지원은 소품문으
로 단련한 서술기법으로 자신이 살아가고 있는 사회를 비평하였으며 유
가적 봉건사회에 대한 문제의식을 유기를 통하여 발산하였던 것이다.

　박지원의『열하일기』는 당대에도 선풍적인 인기를 끌었다. 정조는 신
문체 문제의 핵심이 박지원에게 있음을 지목하고 반성의 의미로『열하일
기』와 같은 글을 소품체가 아닌 아정한 글로 지어 올릴 것을 명하였으나[3]

1　강명관,「문체와 국가장치」,『조선후기 소품문의 실체』, 태학사, 2003, p.11.

2　강명관,「문체와 국가장치」,『조선후기 소품문의 실체』, 태학사, 2003, p.70.

3　박지원,『燕巖集』「答南直閣公轍書」: 近日文風之如此 原其本則莫非朴某之罪也 熱河日記
　予旣熟覽焉 敢欺隱此是漏網之大者 熱河記行于世後 文體如此 自當使結者解之 仍命賤臣
　以此意作書 執事斯速著一部純正之文 卽卽上送 以贖熱河記之罪 則雖南行文任 豈有可惜者
　乎 不然則當有重罪 以此卽爲貽書事下敎矣.

박지원은 끝내 거부하였다. 박지원은 『열하일기』를 통하여 냉엄한 현실을 직시하고 명분뿐인 춘추화이론과 의리론을 풍자하여 유학자의 허위의식을 지적하였다. 그가 『열하일기』에서 언급한 '고사리정신'은 백이, 숙제로 상징화된 춘추의리이며, 그는 이것이야말로 사람을 해치는 해독의 사상으로 보았다.[1] 『열하일기』는 단순한 연행기를 넘어서 새로운 세계관을 보여주었다. 박지원은 『열하일기』를 통하여 변화된 세계에 부조화된 체제이념의 문제를 지적하고 실심에 근거하여 새로운 조선 사회를 건설하고자 하였던 것이다.

산수유기와 연행기의 흥성은 사회의 변화를 보여준다. 문인들의 현실자각은 관념적 자연관에서 본래적 자연의 아름다움을 발견하게 하였으며, 사회 경제 발달과 국제정세의 변화는 사회 개방화를 추진하여 절대적 세계관과 현존하는 사회질서에 의문을 품게 하였다. 그들은 변화하는 사회를 관념적으로 수용하는 것이 아니라 직접 체험을 통하여 실체를 파악하고자 하였으며 그런 과정을 스스로 즐겼다. 이덕무는 연행의 길이 '마치 새장을 벗어난 새처럼 즐거웠다.'[2]고 하였다. 자연으로서의 산수의 체험과 연행의 체험은 문인들의 세계관을 확장하게 하였고 그런 체험을 통해 그들은 조선이 나아가야 할 방향을 제시하였다. 북학과 실학적 문예는 그들이 보고 꿈꾸는 새로운 현실과 전망을 담았다. 그들은 무너져 가는 아雅의 이상理想을 정비하고 변화해 나가는 속俗의 현실을 수용하여

1   김혈조, 『박지원의 산문문학』, 성균관대학교 대동문화연구원, 2002, p.275.
2   이덕무, 『靑莊館全書』 권67 「入燕記[下]」: 出柵之後 泠然灑然 如鳥出籠 喜不可言.

아속이 조화롭게 공존하는 새로운 세상을 꿈꾸었던 것이다.

3. 속학俗學의 흥성과 문체반정의 대두

중국은 강희제(재위 1661~1722), 옹정제(재위 1722~1735), 건륭제(재위 1736~1796)를 거치며 태평성대를 맞이하였다. 같은 시기의 조선 또한 대외적 안정을 바탕으로 숙종(재위 1674~1720), 영조(재위 1724~1776), 정조(재위 1776~1800)를 거치며 안정적인 사회를 구축하였다. 그러나 대외적인 안정에 반하여 정치적으로는 환국이 거듭되며 당쟁의 혼란 속에 주자학은 균열하였고, 경제 성장과 사회 개방화는 사유의 다원화를 촉구하여 조선 사회는 주자학적 구조 속에 속학俗學의 흥성이란 새로운 국면을 맞이하였다.

속학의 흥성에는 소품문의 유행이 자리하고 있다. 소품문은 문학의 실질성을 바탕으로 한다. 부화한 전고의 남발을 배격하고 의미전달과 감성의 서술을 자유롭게 표현할 수 있는 소품문은 의고문과 모방주의에 대한 반발로서 예술의 창작 정신을 강조하기 위하여 공안파에 의해 탄생하였다. 고문이 유가사상의 틀 안에서 지배집단의 논리를 대변한다면, 소품문은 문학의 정치 지향성을 배제하고 개인의 감성과 사유를 전개하였다.

김창협 문파의 공안파 문학이론의 수용으로 인한 문학의 혁신은 소품문학의 풍조를 확산시켰다.[1] 소품문의 흥성은 이미 거스를 수 없는 추세

---

1 이성혜, 「소품문의 문체적 특성」, 『조선후기 소품문의 실체』, 태학사, 2003, 참고.

가 되어 고문古文과 대치하였다. 고문이란 한유의 '고문운동'에서 유래한다. 한유는 변려문의 폐해를 바로 잡기 위하여 진·한 이전의 고문으로 돌아갈 것을 주장하였지만, 후대의 고문은 대부분 당·송고문을 지칭한다. 당·송의 고문은 경전을 바탕으로 의리를 중심내용으로 하지만, 소품문은 소소한 사건과 개인의 감정을 위주로 한다. 소품문은 생활 주변에서 발생하는 사건이나 그 안에서 일어나는 정감을 무형식의 형식으로 담고 있으며, 독창적이면서도 대중성을 바탕으로 하기 때문에 기奇와 편偏을 중시하는 경향이 있다.[1] 이러한 형식과 내용의 무제약성은 전통적인 문장가 입장에서는 매우 속된 문학 장르일 수밖에 없다. 또한 형식과 내용의 무제약성은 자연스럽게 반정통적 사유를 초래하였다.[2]

명말 청초의 소품문은 새로운 문예를 추구하는 문인들의 표상이 되었으며, 청조에서 유입된 고증학과 서화골동·원예·박학의 추구 등은 문인들에게 신선한 자극을 주었다. 특히 경화사족을 자처하는 신지식층과 이들 사이에 형성된 새로운 사상적 문화적 공감대는 그들의 정치적 진출로 크게 확산하였다.[3] 경화사족은 도시 생활을 토대로 중국에서 유입되는

---

1   김도련, 「고문의 문체연구」, 『한국학논총』 제6집, 국민대학교 한국학연구소, 1984, p.142.
2   소품문의 형식적 특징은 첫째, 제목이 자유롭다. 둘째, 문장이 길지 않다. 셋째, 구어와 비속어를 거리낌 없이 사용한다. 넷째, 의문, 감탄 및 반복과 열거, 문답형이 많다. 내용적 특징으로는 첫째, 일상에서 소재를 찾는다. 둘째, 말의 재미를 찾는다. 셋째, 뒤집기를 통한 말하기의 대전환을 갖는다. 넷째, 해학적이며 우언적이다. 다섯째, 가치관이 이전의 것과 전혀 다르다. 소품문은 문체적 특성으로 인하여 다양한 장르에 습합·원용되어 근대적 문학의 징후를 낳게 되었으며, 당대의 문학뿐만 아니라 사회 문화 전반에 확산되어 근대로 가는 가교 역학을 하였다. 이성혜, 「소품문의 문체적 특성」, 『조선후기 소품문의 실체』, 태학사, 2003, 참고
3   유봉학, 『개혁과 갈등의 시대』, 신구문화사, 2009, p.130.

문화를 적극적으로 수용하여 소설과 소품체에 빠졌으며, 심미적 예술 취향과 물질적 소비주의는 이미 만연하였다.[1] 정조는 이러한 특성을 '속학俗學'이라고 하였다. 정조는 1791년에 속학에 관한 책문을 제시하여 사대부의 기강을 바로잡고 해묵은 이념 갈등 속에 정학正學으로서 주자학을 높이고 1792년에 있을 문체반정文體反正의 기반을 준비하였다.

속학의 폐단이 심하다. 명나라 말년, 청나라 초기로부터 제가들의 초쇄하고 간교한 문체가 출현하고부터 번잡한 문장과 여분의 글들이 찬란하게 꽃을 피워 해학과 극담을 꿀처럼 달게 여기고, 송나라 선비를 진부하다고 지목하며 당송의 팔가를 고정된 형태로 따르는 것이라고 비웃은 지가 어느덧 백여 년이 되었다. 서로 다투어 기괴하게 하기를 나날이 심하게 하고 다달이 성하게 하여, 부지런히 세상을 시끄럽게 하고 시속을 현란하게 하는 소리를 만들어 내니, 들뜬 생각은 속에서 함부로 나오고 습성의 유행은 밖으로 교차되어 고질이 되었다.[2]

정조는 속학의 핵심을 소품문으로 지목하여 신문체는 사람의 마음을 해치는 폐단이라고 여겼다. 정조는 당대의 시문을 "모두 촉급하고, 가볍

1   강혜선, 「정조의 문체반정과 경화문화」, 『한국실학연구』 제23호, 2012, p.93.
2   『弘齋全書』 策問 3: 王若曰 甚矣 俗學之弊也 自有明末淸初諸家 噍殺詖淫之體出 而繁文剩簡 燦然菁華 詼諧劇談 甘於飴蜜 目宋儒爲陳腐 嗤八家爲依樣者 且百餘年矣 競相奇詭 日甚月盛 以孜孜於譁世炫俗之音 浮念側出于內 流習交痼于外.

고 부화하여 돈후하고 심원한 뜻이 없다."[1]라고 보았으며, 문장뿐만 아니라 당대 사대부들의 풍조에 대해 "평소 거문고를 연주하며 진기한 물건들을 늘어놓은 채 서화를 품평하고 차를 말리거나 향을 사르면서 스스로 맑고 고아한 문채가 있다고 여기니 연소한 후생들이 흉내내어 그것이 하나의 습속이 되었다."[2]고 일갈하여 서화골동의 풍조 또한 시폐로 지적하였다. 뿐만 아니라 "소품 중 어떤 것은 명물고증지학名物考證之學으로 한번 변하여 사학邪學으로 들어간다."[3]라고 하여 소품과 고증학을 경계하였다. 또한 "무리 지어 유회類會를 열어 실없는 우스갯소리를 미담으로 여기고 자기를 버리는 것을 아치雅致로 여긴다."[4]고 하여 당대 사대부의 여기적 아집雅集 문화 풍조에 대해서도 문제 삼았다. 당시 문인들은 시사詩社나 아집을 결성하여 활발한 문예활동을 펼쳤다. 그러나 정조는 그들의 모임을 한갓 한담한 유회遊會로 보았고 이러한 모임은 오히려 심성을 바로잡고 풍속을 교화하는데 방해가 된다고 보았다. 문인들의 아회雅會를 정조는 오히려 속俗된 모임으로 본 것이다. 정조가 문제 삼은 것은 문화활동 자체가 아니라 사대부에 침투되어있는 사치와 태만의 풍조이며, 경전의 본의에 벗어난 고증학으로 인해 정통 주자학이 도전받는 것을 경계

---

1 『弘齋全書』권164「日得錄」4 文學 4: 近來詩文 皆促迫輕浮 絶無敦厚淵永之意.

2 『弘齋全書』권163「日得錄」3 文學 3: 大抵近時之士 不獨於文章爲然 平居鼓琴瑟列銅玉 評書品畫 焙茶燃香 自以爲淸致文采 而後生少年 往往多效嚬而成習者 此與向日邪學其害正而違道 大小不同而爲弊則一也 可勝歎哉.

3 『弘齋全書』권164「日得錄」4 文學 4: 況小品一種 卽名物考證之學 一轉而入於邪學.

4 『弘齋全書』권173「日得錄」12 人物 2: 羣居類會 詼諧爲美譚 放棄爲雅致 予每勤提筋 亦不食效 良可駭也.

한 것이다. 정조는 이러한 신풍조의 첨단에는 소품문이 있다고 보고 대표적인 속학지폐俗學之弊로 소품문을 지적하였다.

속학은 점차 확산하였다. 조선후기에는 유난히 '시時'와 '속俗'에 대한 언급이 많다.[1] 이것은 조선후기 사회가 세속화로 나아감을 의미한다. 유학은 복합적 시간관을 가지고 있다. 요순이 통치하던 시대는 이상적인 과거이면서 동시에 언제나 지향해야 할 미래이므로 아문화는 전통적으로 복고를 지향한다. 그러나 선진유학의 정신은 '권도權道' 또한 잊지 말 것을 당부한다. '권도'는 현실감각에서 나온 도리이다. 유학정신은 언제나 복고적 이상과 현실 사이에서 양자의 발현을 촉구하였지만, 현실적으로 아문화는 이러한 자각 대신 법제를 통해 세상의 질서를 유지하고자 하였다. 그러나 주체의식과 현실 자각은 법제화된 기존질서에 의문을 던졌고, 조선후기의 문인들은 이러한 경향을 '시'와 '속'으로 반응하였다.

명나라의 멸망과 청나라의 건립은 조선의 지배층에게 큰 충격이었다. 명나라의 멸망으로 인하여 전통 화이관은 흔들렸고, 동아시아의 질서는 혼돈에 빠졌다. 전에 없던 충격적인 일을 겪은 조선의 지배층은 새로운 질서의 재편을 도모하였는데 이것은 먼저 북벌론으로 나타났다. 춘추대의의 명분을 내세운 신료들과 왕권 강화를 위해 이에 동참한 효종의 북벌론은 동아시아 중화질서에 대한 믿음과 소신의 산물이었으며 이러한 인식은 존주의식과 함께 정통론에 대한 현실적 인식으로 이어졌다.[2] 멸

1   이경구,『조선후기 사상사의 미래를 위하여』, 푸른역사, 2013, 제2장 참고.
2   허태용,『조선후기 중화론과 역사인식』, 아카넷, 2010, pp.82~91.

망한 명나라를 대신한 '조선의 중화계승의식', '소중화의식'은 이러한 현실인식을 바탕으로 성립한 명제였다.

존주와 중화계승의식에 의한 '소중화의식'은 우리 문화에 대한 자존의식을 높였다. 조선은 더이상 변경이 아니라 중화의 적통이고 유교 문화의 중심이라는 자각의식을 바탕으로 숙종대에는 전국적으로 서원이 확산되고 사우祠宇가 설치되어 자신에 찬 성리학적 이념의 보급이 팽창되었다.[1] 그러나 문화적 중화로서 자부심을 가졌던 '소중화의식'은 번영하는 청대의 선진 문명 앞에서 힘없이 무너졌고 점차 힘을 잃었다. 18세기 후반 청나라의 번성함을 직접 목격한 연행의 경험은 큰 충격으로 다가왔으며, 명나라의 멸망은 자초한 것으로 평가되거나, 청나라는 문명을 이루어 낸 '이적 중의 중화'로 평가되기도 하였다.[2] 이러한 분위기 속에 북학은 자연스럽게 형성되었다.

홍대용은 '소중화론'의 '화이' 관점을 전환하여 '화이일야華夷一也'를 주장하였다. '소중화론'은 '화華'에 대치되는 '이夷'의 관점이 여전히 내포되어 있다는 점에서 변형된 화이관일 뿐이다. 그러나 홍대용은 상대주의적 관점에서 보면 '인人'과 '물物'이 균등하듯이, '화'와 '이' 또한 대등하므로 '화'와 '이'는 하나라고 하였다.[3] 홍대용의 '화이일야華夷一也'론은 '소중화론'이 '북학운동'으로 전환하는 중요한 기점이다. 그는 '화이'로 대표되

---

1   정옥자, 『조선후기 역사의 이해』, 일지사, 1995, p.126.

2   허태용, 『조선후기 중화론과 역사인식』, 아카넷, 2010, p.187.

3   홍대용, 『湛軒書內集』 권4 「毉山問答」: 是以各親其人 各尊其君 各守其國 各安其俗 華夷一也.

는 문화 차등을 부정하고 이국夷國인 청나라의 문명을 배울 것을 주장하였다. 홍대용에게 영향을 받은 박지원, 박제가 또한 전통 화이론을 극복하고 북학운동을 개진하였다. 이들은 사행으로 청나라를 방문하고 '북벌론'과 문화 자존국으로 표증되는 '소중화의식'의 허상을 보았다. '소중화의식'이 양난의 상처를 극복하고 새롭게 국가의 재건을 다짐하는 기틀이 되었다면, 북학운동은 조선의 발전을 위한 제언이었다. 정조는 즉위와 함께 북학을 장려하였고, 서울을 중심으로 한 신진사대부는 신학新學과 신문新文을 적극적으로 수용하였다. 그러나 남인계의 학자들은 1780년을 전후로 북학은 물론 서학西學과 서교西教에 나아가게 되면서 정통 주자학자들의 정치적 공격 대상이 되었다.[1] 노론을 중심으로 한 북학과 남인의 서학은 주자학의 한계를 극복하려는 주자학자들의 행보였다. 정조는 북학과 서학 사이에서의 정치적 고민을 문체반정으로 전환하려고 하였다. 남인을 서학이자 사학邪學의 원흉으로 몰아가려는 노론의 공격에 대해 신문체, 즉 소품문의 폐단을 제기하여 노론에 대응하고자 한 것이다.[2]

　문체반정이 비록 당파 간의 갈등을 조절하기 위한 정치적 판단에서 나왔다 하더라도 속학에 대한 정조의 비판은 정치적인 것만은 아니었다. 정조는 즉위 초기부터 성리학적 이상국가 건설을 정치 목적으로 삼았고, 『존주휘편』을 편찬하여 중화의식을 계승하려고 하였으며, 군사君師를 자처하여 도학 정치를 이끌어가고자 하였다. 정조는 당대의 문장을 '아속

1　유봉학, 『개혁과 갈등의 시대』, 신구문화사, 2009, p.125.
2　윤재민, 「문체반정의 재해석」 『고전문학연구』 제21집, 월인, 2002, p.90.

상잡雅俗相雜, 문질무당文質無當[1]이라고 정의하였다. 정조는 "시대를 바로잡고 세속을 구제하는 방법으로 사습을 바로잡는 일보다 시급한 것은 없다."[2]는 인식 아래 사대부의 문풍을 혁신하려고 하였는데, 소품체은 정조가 구제하고자 하는 사습의 근원이었다.

내가 일찍이 소품小品의 해로움은 사학邪學보다 심하다고 말했었는데 사람들이 정말 그렇다는 것을 모르더니 지난번과 같은 일이 생기고야 말았다. 사학은 물리칠 수도 있고 벌을 줄 수도 있으므로 사람들이 쉽게 볼 수 있지만, 이른바 소품이라는 것은 애당초 문묵필연 사이의 일에 지나지 않는다. 나이 젊고 식견이 얕으면서 대단찮은 재주를 가진 자들이 평범한 것을 싫어하고 새로운 것을 좋아하여 앞다투어 모방하다가 차츰차츰 음란한 음악이나 부정한 여색이 사람의 심술을 고혹시키는 것처럼 되어 그 폐단이 성인을 비난하고 떳떳한 도리를 어기고 인륜을 무시하고 의리에 위배 되는데 이르고야 만다. 더구나 소품이란 것은 바로 명물名物을 고증하는 학문으로, 한 번 변하여 사학으로 들어가게 된다. 그 때문에 나는 사학을 없애려면 먼저 소품부터 없애야 한다고 말하는 것이다.[3]

---

1   『弘齋全書』「日得錄」4 文學 4: 今人不甚讀書 而作文則掇拾剽竊 補綴飣餖 雅俗相雜 文質無當 果成何許體裁耶.
2   『弘齋全書』권178「日得錄」18 訓語 5: 矯時救俗之道 莫先於正士習.
3   『弘齋全書』권164「日得錄」4 文學 4: 予嘗言小品之害 甚於邪學 人未知其信然 乃有向日事矣 蓋邪學之可闢可誅 人皆易見 而所謂小品 初不過文墨筆硯間事 年少識淺薄有才藝者 厭常喜新 爭相摸倣 駸駸然如淫聲邪色之蠱人心術 其弊至於非聖反經蔑倫悖義而後已 況小品一種 卽名物考證之學 一轉而入於邪學 予故曰欲祛邪學 宜先祛小品.

소품은 양명좌파의 사유를 내장하고 있었고, 대상으로서의 복귀를 통해 세계의 구체성을 검토함으로써 주류 이데올로기를 해체했는데 정조는 이점을 간파하였다.[1] 군사君師를 자처하며 직접 백성들의 교화에 나선 정조로는 성리학적 질서를 혼란시킬 양명학의 징조가 사대부들에게 자라나는 것을 볼 수 없었다. 문체반정에 의해 유일하게 유배를 간 이옥은 성균관유생이었다. 그는 문체반정이 있던 그해에 응제문을 소품체로 썼다는 이유로 정조로부터 율시 백 편을 지어 올리라는 벌과를 받았으며, 수년 뒤에 다시 소품체로 인해 정거停擧를 당하고 충군充軍 되었다.[2] 이옥은 정조 사후 과거를 포기하고 평생 재야문인으로 살면서 문명文名을 남겼다. 그의 소품문「원통경」은 이렇게 시작한다.

　　나는 이와 같이 생각한다. 대한, 소한 날씨가 추운 때 내가 어느 한 곳에 머물렀는데 엉성하고 추운 방에 옷을 벗은 채 홀로 누웠다. 이때가 한밤중이었는데 바람과 눈이 들이닥치고, 아궁이에는 따뜻한 기운이 전혀 없었다. 덮고 있던 이불도 점점 모두 가벼워졌다. 나는 이때 추위가 두려워 몸 전체에 닭살이 돋고, 일어나 앉아 있을 수도 없었으며, 또 잠을 잘 수도 없었다. 긴 몸이 홀연히 짧아지고 목은 움츠러들어 이불 속에 묻혔다.

1　강명관,「문체와 국가장치」,『조선후기 소품문의 실체』, 태학사, 2003, p.73.
2　문체반정으로 인해 실제로 견책을 받은 사람은 이옥뿐이다. 이옥은 4차례에 걸쳐 정조로부터 문체를 지적받고 수난을 당했으나 끝까지 자신의 문체를 지켰다. 문체반정과 이옥에 관해서는 신익철,「이옥문학의 일상성과 사물인식」,『한국실학연구』제12호, 한국실학학회, 2006, 참고.

나는 이때 생각했다. 한양성 중에 가난한 선비가 이 같은 밤을 맞아, 사흘 동안 쌀도 없고, 열흘 동안 땔나무도 없이 말똥과 쌀겨뿐으로, 일체의 세간살이 중에 사람을 따뜻하게 해 줄 물건은 저절로 온 적이 없었다. 개가죽은 털이 빠지고, 부들자리는 구멍이 뚫렸으며, 장막도 없고, 이불도 없으며, 요도 없고 모포도 없으며, 병풍도 없고, 등도 없으며, 깨진 화로에 불도 없었다.[1]

원통이란 지혜를 말하며 진여眞如의 세상을 깨달은 상태를 뜻한다. 그는 생각의 전환을 통해 극한 추위를 이겨내는 깨달음을 짧은 글로 마감했지만, 그의 글은 고문체를 해체했다. 이옥 문장의 수사적 특징은 반복과 나열이며,[2] 사소한 일상적 대상에 대한 세밀한 관찰과 묘사를 통해 기존의 중심적 가치에서 배제된 주변적 가치를 찾고 있는데 이것은 거시적 관점에서 성리학적 질서와 고문체의 부정을 의미하였다.[3] 이러한 탈중심적 사유를 내포한 이옥의 소품문은 당대를 거스르는 혁신적 문체로 주류에 소외된 사람들의 내면을 읽었다. 일상의 인물이 구어를 사용하는 그의 소품문은 조선후기 통속적 아름다움의 구현이다. 그는 일상적인 세

1 이옥, 김균태 역, 『이옥문집』, 지식을 만드는 지식, 2011, p56, 「圓通經」: 如是我想 大寒小寒 天氣寒時 我住一處 疎冷房屋 解衣獨臥 是時三更 風雪大至 是時突火 頓無恩情 是時被衾 漸皆輕薄 我時畏寒 遍體生栗 不得起坐 亦不得睡 長躬忽短 頸縮入被 我時思想 漢陽城中 艱難措大 當如是夜 三日不米 十日不薪 馬矢稻糠 一切世間 暖人之物 旣不自來 狗皮落毛 蒲席穴穿 無帳無衾 無褥無氈 無屛無燈 破爐無火 猶不得不向此室中.
2 이철희, 「이옥의 문학에서 자연유출의 이상과 구어의 욕망」, 『이옥 문학 세계의 종합적 고찰』, 화성시청, 2012, p.142.
3 김진균, 「이옥의 작가적 자세와 탈중심적 글쓰기」, 『한문학보』 제6집, 우리한문학회, 2002, p.201.

계를 아름다움으로 인식하는 문학 태도로 인물과 사물의 속성을 진실하게 포착하여 우리의 생활 정서와 민족문화의 중요성을 일깨웠다.[1] 특히 그는 문인으로서는 드물게 권력에서 가장 멀리 떨어진 세계의 인물인 여성 화자를 통해 세상살이의 애환을 풀어냈다. 다음은 그의 「이언」 중 「비조」이다.

가난한 집 여종이 될지언정 寧爲寒家婢

아전의 아내 되지 마소. 莫作吏胥婦

순라 시작 무렵에 돌아온대도 纔歸巡邏頭

파루 치면 이내 돌아간다네. 旋去破漏後(其一)

아전 부인이 될지언정 寧爲吏胥婦

군졸 처는 되지 마소. 莫作軍士妻

1년 300일에 一年三百日

100일은 공방이라네. 百日是空閨(其二)

당신을 사내라고 謂君似羅海

여자 한 몸 맡겼는데 女子是托身

예뻐하진 못할망정 縱不可憐我

어쩌자고 늘 구박이오. 如何虐我頻(其六)

내가 빗질하는 사이 間我梳頭時

1   류재일, 「이옥 시의 연구 1」 『인문과학론집』 제13집, 청주대학교인문과학연구소, 1994, pp.59~60.

옥비녀를 훔쳐 가네. 偸得玉簪兒

내겐 굳이 소용없으나 留固無用我

뉘게 줄지 알지 못해. 不識贈者誰(其八)

차린 밥상 끌어다가 亂提羹與飯

내 얼굴에 던진다네. 照我面前擲

낭군 입맛 달라졌지 自是郎變味

있던 솜씨 달라질까. 妾手豈異昔(其九)[1]

그의 시 「이언」은 66편의 절구로 「아조」·「염조」·「탕조」·「비조」 등으로 구성되었으며, 각 편에 등장하는 화자는 모두 다른 여성이다. 그의 「이언」에 등장하는 여성들은 모두 감정에 충실하다. 이옥은 천지만물의 자연성을 문학에 적용하여 만물의 품성을 진실하게 묘사하고자 하였다. 그는 만물의 진실함을 '정情'으로 보았다. 이옥은 "천지만물을 관찰함에 사람을 관찰하는 것보다 큰 것이 없으며, 사람을 관찰함에 정보다 묘한 것은 없으며, 정을 관찰함에 남녀의 정을 관찰하는 것보다 진실한 것은 없다."[2]고 하여 남녀의 '정'을 강조하였다. 그의 소품문은 '진정'을 담는 그릇이었다. 고문체를 해체한 그의 문체는 감정의 유로로 적합하였고 진실한 감정을 서사하기에는 여성 화자가 적합하였다. 이옥의 소품문은 주류적

---

1 이옥, 김균태 역, 『이옥문집』, 지식을 만드는 지식, 2011, pp.15~16.
2 이옥, 『藝林雜佩』「俚諺引」: 夫天地萬物之觀 莫大乎觀於人 人之觀 莫妙乎情 情之觀 莫眞乎觀於男女之情.

가치를 해체하고 현실 세계의 거울이 되었다. 그는 일상적 인물의 소소한 감정을 예술화하여 조선후기 가장 개성적인 문인으로 평가받았다.

정조는 양명학이 내장된 소품문뿐만 아니라 고증학 등 청조의 학풍을 속학으로 지적하였다. 정조는 고증학을 열등한 학문으로 이해하였다. 또한 북학을 표방하며 수입된 청조의 책은 정조의 학문관과 경세관에도 맞지 않았다.

> 근래 연경에서 새로 사온 책들을 보면 예악, 병형, 전곡, 갑병 등 실용적인 것들은 하나도 볼 수가 없고 단지 상스럽고, 불경하고, 사소하고, 가소로운 일을 가지고 구차하게 한때 눈을 즐겁게 만들기를 구하면서 천 년 전 사람들과 같다고 스스로 자랑하는 것들이다.[1]

정조는 북학의 풍조에 힘입어 상스럽고, 불경하고, 사소하고, 가소로운 일로 눈을 즐겁게 만드는 잡저들이 마구잡이로 수입되는 현상을 염려하였다. 정조는 국왕이면서 주자학자였다. 정조는 초계문신들에게 직접 강론하였으며 육경의 문장을 종주로 삼아 궁극적으로는 순정한 문화, 즉 주자학적 이념이 지배하는 문화국을 건설하고자 하였다.[2] 정조는 북학

---

1 『弘齋全書』 권162, 「日得錄」 2 文學 2: 而近看燕中新購之書 如禮樂兵刑錢穀甲兵等 有實用者 一不槪見 只以鄙俚不經冗瑣可笑之事 苟求一時之悅眼 自詑千載之殊同.

2 『弘齋全書』 권163, 「日得錄」 3 文學 3: 學文者 當宗主六經 羽翼子史 包括上下 博極今古 而卒之會極於朱子書 然後其辭醇正.

속에 스며들어오는 양명학의 폐단을 염려하지 않을 수 없었다. 정조는 고증학 또한 속학이자 사학邪學이라고 보았다.

지금 사람들이 박아하다고 가장 많이 일컫는 것은 고거학과 변증학이 반이 넘는다. 옛사람이 이미 만들어 놓은 말을 다시 베껴서 새로운 견해나 되듯이 하니 안목 없는 시골 늙은이는 속일 수 있겠지만 두루 열람한 자에게 한 번 보게 한다면 냉소 짓지 않을 수 있겠는가!¹

정조는 송학 지향의 고증학은 용인하였지만 여기서 더 나아가 고증을 일삼는 학문적 태도는 거부하였는데 이것은 고증을 통한 주자학의 약화를 염려하였기 때문이다.² 송대 이후 '심즉리心卽理'를 주장하는 양명학은 즉물하는 모든 대상을 학문과 예술의 세계로 인도하였고, 도덕적 세계의 너머에 있는 인간을 발견하게 하였다. 고증학 또한 새로운 지식을 통해 인식의 전환을 이끌었다. 소품이 미세한 세계를 치밀한 언어로 재현하여 은폐되었던 세계를 재현하는 방식으로 우회적으로 성리학에 반하였다면, 고증학은 미세하고 몰가치한 것으로 여겨졌던 파편화된 언어를 다룸으로써 주류적 사유를 해체하였다.³ 정조가 속학으로 지목한 명말청초

1 『弘齋全書』 권162, 「日得錄」 2 文學 2: 今人之最稱博雅者 考据辨證之學强半 就古人已成之 語 鈔謄一過 作爲新見 此可以欺兔園村學究 而一使汎濫者寓目 得不齒冷乎.
2 김호, 「정조의 속학 비판과 정학론」, 『한국사연구』 139호, 한국사연구회, 2007, p.220.
3 강명관, 「문체와 국가장치」, 『조선후기 소품문의 실체』, 태학사, 2003, p.72.

의 소품과 잡저, 고증학 등을 비판하는 근본 이유는 서로 달라 보이는 두 가지 학문 사조가 실은 동일한 근원에서 나왔으며 이것은 성즉리性卽理를 약화시킨다고 보았기 때문이다.[1] 성즉리의 약화, 성리학의 약화는 곧 기존체제의 약화를 의미한다. 성리학적 이상국가의 실현을 왕정의 목표로 삼은 정조에게 성리학의 약화는 묵과할 수 없는 일이었다. 정조는 "주자를 존경하는 것이 바로 국왕을 높이는 것"[2]이라고 할 정도로 주자를 학문 정체성으로 삼았는데 소품과 고증학으로 대표되는 속학의 흥성은 주자학에 대한 도전이자 국가 질서의 문란이었다. 정조는 문체는 도道와 관련되어 있고 나라의 흥망성쇠와 연결된다고 보았다. 그러므로 문체반정은 단지 문체의 문제가 아니라 국가 기강의 회복의지이자 주자학적 질서 회복의 선언이었다.

정조는 문체반정과 함께 서체반정書體反正도 단행하였다. 정조시기에는 문예의 거의 모든 부분에서 변화가 일어났으며, 서예 또한 이전의 서체를 극복하기 위한 서체 혁신의 요구가 있었다. 이러한 서체 인식은 동국진체의 창안으로 이어졌는데 동국진체는 옥동 이서(1662~?)와 백하 윤순(1680~1741)을 거쳐 원교 이광사에 의해 완성되었다. 윤순은 동국진체 완성의 가교역할을 하였으며 당시 그의 서체는 조선 팔도가 따라서 쓸 만큼 유행하였다. 이규상은 『일몽고』에서 당시 윤순 서체의 열풍을 다음과 같이 전하였다.

1   김호, 「정조의 속학 비판과 정학론」, 『한국사연구』 139호, 한국사연구회, 2007, p.220.
2   『弘齋全書』권36 敎七 關西賓興錄敎: 俾我西土之人 知尊朱子所以尊王也.

백하의 글씨가 세상에 유행된 이후로 사대부는 물론이고 여항과 시골 사람들까지 모두 휩쓸려 추종하지 않은 자가 없었다. 그래서 시체時體라고 불렀는데, 과거의 시험장에서 쓰는 글씨도 이 서체가 아니면 자신있게 쓸 수 없었다.[1]

윤순의 서체는 당대 흡인력이 있었다. 윤순은 왕희지체를 모범으로 하였으나 소식과 미불의 영향을 받아 변화하여 자신만의 서체를 창조하였다. 그의 서체는 결구를 위주로 오른쪽이 약간 위로 올라간 특징이 있는데, 이것을 그의 호를 따서 백하체라고도 하였으며 당대 유행을 일으켰으므로 시체時體라고도 하였다. 문예에 있어서 '시時'란 시대변화에 따른 미의식이나 대중성을 담고 있으며 아속의 관점으로 본다면 '속俗'의 의미를 담고 있다.[2] 그의 서체는 과거시험장에서도 영향력을 발휘하여 사대부의 모범 서체로 인식되었을 뿐만 아니라 여항과 시골에서도 따라 쓸 정도로 대중성을 갖추었다. 윤순의 서체는 아속을 포괄하는 심미적 요소를 갖추었던 것이다. 그러나 그의 서체는 촉체를 모범으로 삼는 정조의 서체관에는 맞지 않았다. 정조는 바른 글씨를 '치세지음治世之音'에 비유하였으며[3] 서체의 바름은 교화를 이끈다고 보았다. 정조는 당시의 글씨

1   이규상, 『一夢稿』 「書家錄」: 當白下筆之行世 士大夫閭巷鄕曲人 無不靡然景從 名曰時體場屋筆 非此體 無以自立.
2   조민환, 「백하 윤순의 서예미학에 관한 연구」, 『한국사상과 문화』 제36집, 2007, p.379.
3   『正祖實錄』 정조 19년 8월 23일: 近來所謂唐學事 豈但曰不似治世之音 書法傾斜云云 爾言尤好.

를 "무게가 없어 경박하고 가벼워 기울어졌으며 날카롭고 거칠다."[1]라고 인식하였으며, 이러한 서체 폐단의 원인으로 백하체를 지목하였다.

> 고 판서 윤순이 나오자 일거에 휩쓸리듯 그 뒤를 따르니 이에 서도가 한번 크게 변하여 진기가 없어지고 점차 마르고 껄끄러운 병통이 생겼다. 이제 서풍을 순박함으로 되돌리고자 하니 마땅히 그대들이 먼저 촉체를 익혀야 할 것이다.[2]

정조는 윤순의 글씨가 진기가 없고 마르고 거친 것으로 보았으며 이러한 서풍이 유행하는 것을 막아 글씨를 순박하고 반듯한 서체로 되돌리고자 하였다. 순박한 서체란 촉체였다. 촉체는 송설도인 조맹부(1254~1322)의 서체를 말하며 조선전기 왕실을 중심으로 유행한 서체였다.[3] 정조는 서체를 문체의 폐단과 같은 인식 아래 두었으며, 서체의 폐단을 바로잡아 전아한 서체로 되돌리고자 하였다. 정조는 신하들의 서체를 단속하였고, 성균관의 승보시에도 전아한 글씨로 써낼 것을 주문하였으며, 과거시험의 글씨 또한 바르지 않으면 낙과시킬 것을 명하였다.

---

1   『弘齋全書』권165「日得錄」5 文學 5: 今人寫字 類皆輕佻浮薄 如不敲斜尖脆 多怒張荒率.
2   『弘齋全書』권163「日得錄」3 文學 3: 自故判書尹淳之出 擧一世靡然從之 書道一大變 而眞氣索然 漸啓枯澀之病 今欲回淳返樸 宜自爾等先習爲蜀體.
3   조수현, 『한국서예문화사』, 다운샘, 2017. p.508.

경이 내일 대사성과 같이 성균관에 가서 승보시를 베풀되, 제생에게 효유하여 문체를 가볍고 곱고 들뜨고 교묘하게 짓는 자와 필법이 뾰족하고 비뚤고 기울어지고 나부끼게 쓰는 자를 일체 엄금하라. 문체는 진실로 졸지에 크게 변화시키기 어렵다 하더라도 필법은 한 번 보아도 그 전중하거나 의경한 것을 알 수 있으니, 가르침을 따르지 않는 자는 곧바로 낙과시키도록 하라. 이와 같이 하였는데도 또다시 전처럼 하고 고치지 않는 자는 선비로 대우할 수 없다.[1]

정조가 단행한 서체반정은 실제로 시행되어 정조21년에 시행된 감제시에서 김명육은 장원급제하였으나 시권의 글씨가 바르지 않아 다시 낙방으로 조치되었다.[2] 정조의 문체반정과 서체반정은 당시 문예의 아속 겸비적 상황을 보여준다. 정조는 속학을 단속하였지만 거대한 역사발전의 흐름은 세속화를 향해 흘러가고 있었다. 17세기의 전통적 양반층은 전체 인구의 약 10%가 일반적이었으나 18세기 정조시대에는 30~40%가 양반이었다.[3] 양반층의 증가는 양반층의 일반화를 의미하며 신흥지식인의 탄생을 의미한다. 송대 신흥지식인의 흥기가 아속융합의 문화를 일으켰듯이, 조선후기 신흥지식인들은 전통적 아문화를 추구하면서도

1　『正祖實錄』정조 21년 11월 20일: 上謂同知成均館事李秉鼎曰 卿於明日 與泮長偕往泮中 設陞試, 而曉諭諸生 文體之輕姸浮巧者 筆法之尖斜欹飄者 一切嚴禁 文體則固難猝地丕變 而至於筆法 則一見可知其典重欹輕 不率教者 直置之落科 如是而又復如前不悛者 不可以士子待之.

2　『正祖實錄』정조 21년 12월 5일 참고.

3　한국18세기학회 편,『위대한 백년 18세기』, 태학사, 2007, p.103.

정서적으로는 속문화에 익숙하여 아속융합의 문화를 일으켰다. 상업의 발달로 인해 부를 축적한 여항인의 문화예술 참여 또한 아속융합을 촉진하였다.

이러한 역사발전의 흐름과 시대의 요청을 간파한 정약용은 정조의 행보와는 다르게 아학雅學과 속학俗學의 겸비를 추구하였다.

이 세상을 살아가는 동안 두 가지 학문을 겸비해서 공부하지 않을 수 없으니 하나는 속학이요, 하나는 아학이다. 이는 후세의 악부에 아악과 속악이 있는 것과 같다. 여기 무리들은 아만 알고 속을 알지 못하므로 도리어 아를 속으로 여기는 폐단이 있다. 이것은 그들의 허물이 아니라 시세가 그러한 것이다.[1]

아문화가 확산되면 아문화는 대중화되고 속화된다. 속문화는 아문화에 유입되어 아문화의 생기가 된다. 아속은 서로의 특성을 주고받으며 시대에 따라 다른 모습으로 등장하므로 아속의 개념은 후대로 갈수록 이견과 혼동을 일으켰다. 정약용은 이러한 아속 변증의 특성을 명확하게 인식하고 있었다. 그래서 그는 이 세상을 살아가는 동안 아학과 속학 공부를 겸해서 하지 않을 수 없다고 말한 것이다. 그는 아속겸학에 대해 구체적으로 언급하지는 않았지만, 그가 남긴 많은 경세적 저서들은 아속

---

1 정약용, 『與猶堂全書』 第一集 詩文集 제20권 「書上仲氏」: 生斯世也 不得不兼治兩學 一曰俗學 一曰雅學 如後世樂部之有雅樂俗樂 此曹知雅而不知俗 故反有以雅爲俗之弊 此非渠咎 勢則然也.

겸학을 추구하였다고 할 수 있다. 정약용의 속학은 정조의 의미범주와는 다르다. 정조가 속학을 일종의 이단학으로서 금지의 대상으로 삼았다면, 정약용의 속학은 정학正學을 보조하거나 함께 구성하는 토착적 학문범주였다.[1] 그의 아속겸학 주장은 이상理想은 현실을 바탕으로 추구해야 함을 주장한 것이다. 그는 과거학에 빠져버린 당대 성리학의 무실성無實性을 비판하고 현실 개혁을 위한 경세와 사공事功을 주장하면서 "성인의 정치와 성인의 학문은 동국이 이미 얻어서 옮겨왔으니 다시 멀리에서 구할 필요가 없음"[2]을 강조하여 조선 고유의 학예를 실현할 것을 강조하였다.

정약용의 아속겸학적 학문정신은 문예에서도 아속겸비적 미의식을 펼쳤다. 그는 아문화의 토대 위에 향토적 참신성의 시세계를 펼쳐 '조선풍' 한시의 서막을 알렸다. 그는 비속어와 토착어를 시어로 사용하여 민족의 생활이 담긴 시세계를 정통한시에 구현하였다. 일상의 자잘함을 내용으로 하는 속미俗美의 세계를 아雅의 형식에 담은 것이다. 정약용은 이러한 시를 '조선시'라고 명명하였다.

나는 조선 사람 我是朝鮮人

즐거이 조선의 시를 지으리 甘作朝鮮詩

---

1   정순우, 「18세기 속학론의 추이와 다산」, 『다산학』 제21호, 다산학술문화재단, 2012, p.171.

2   정약용, 『與猶堂全書』第一集 詩文集 제13권 序 「送韓校理 致應 使燕序 時爲書狀官」: 有堯舜禹湯之治之謂中國 有孔顔思孟之學之謂中國 今所以謂中國者何存焉 若聖人之治 聖人之學 東國旣得而移之矣 復何必求諸遠哉.

그대는 마땅히 그대의 법을 따르면 되니 卿當用卿法

작시법에 맞지 않는다고 따지는 자 누구인가 迂哉議者誰.

번거로운 구구격율을 區區格與律

먼데 사람들이 어찌 안단 말인가 遠人何得知. (其五.)[1]

정약용의 시에는 자유정신이 담겨있다. 그는 율시만을 짓는 것은 우리나라 사람들의 비루한 습관이라고 하였으며, 율격에 얽매여 시정신이 훼손되는 것을 막기 위해 사언시를 지을 것[2]을 제안하였다.

쑥을 뜯네 쑥을 뜯네 采蒿采蒿

쑥이 아니라 약쑥이네 匪蒿伊莪

떼를 지어 양떼와 같이 群行如羊

이 산 저 산 넘어 가네 遵彼山坡

푸른 치마 휘날리고 靑裙偶儜

붉은 머리 흩어지니 紅髮俄兮

쑥은 캐서 뭘 하나 采蒿何爲

눈물만 쏟아지네. 涕滂沱兮[3]

---

1   정약용,『與猶堂全書』詩集 6권「老人一快事」.

2   정약용,『與猶堂全書』第一集 詩文集 제21권 示兩兒: 只作律詩 卽東人陋習 而五七言古詩不見一首 其志趣之卑薄 氣質之短澁 宜有矯揉 余近思之 寫志詠懷 莫如四言.

3   정약용,『與猶堂全書』詩集 6권「田間紀事」.

흉년을 맞은 가난한 농가의 여인을 그려낸 정약용의 「전간기사」는 그의 애민정신이 발현되어 조선 백성들의 애환을 전하였다. 그의 시는 비루한 소재를 담았으나 시정신은 풍아風雅를 구현하였다. 그는 애국과 발분, 권징이 아니면 시가 아니라고 하였다.[1] 그는 풍간과 교화의 『시경』 전통을 '조선시'에 계승하고자 하였던 것이다. 그는 문학의 현장성을 추구하여 그의 시에는 조선의 향토와 거기에서 살아가는 인물이 생동한다. 아속을 포용하는 그의 심미의식은 초월적 비전의 제시나 낭만적 일탈의 미감이 아닌 일상성을 미학적으로 승화하는 것이다.[2] 그는 세속적 일상의 일들을 시화하여 한시의 토착화를 이끌었다. 그는 토착어를 사용하는 것이 '아雅'할 수 있음을 강조하였다. 향토적인 시어의 사용은 전통 한시에서는 금기였으나[3] 그는 토착어의 사용을 아의 영역으로 확장하여 조선 문학의 독자성을 마련하였다. 그는 이러한 이속위아以俗爲雅적 문예의식을 「아언각비」에서 밝혔다.

이러한 토어土語들이 아하지 않은 것은 아니나 반드시 양웅의 방언에 싣고 손목이 유사類事에 기록하고 서긍의 기記와 동월의 부賦에 거두어들인 연후에

---

1 정약용, 『與猶堂全書』 詩集 6권 「寄淵兒」: 不愛君憂國非詩也. 不傷時憤俗非詩也. 非有美刺勸懲之義非詩也.
2 박무영, 「일상성의 대두와 새로운 사유방식」, 『우리 한문학사의 새로운 조명』, 집문당, 1999, p.339.
3 이정선, 『조선후기 조선풍 한시 연구』, 한양대학교 출판부, 2002, p.107.

라야 바야흐로 시문에 쓰일 수 있는 것이다.[1]

　정약용은 토착어 또한 정련을 거친 후에는 아어雅語가 될 수 있다고 보았다. 그는 비어와 속어 또한 언어의 정련을 거치면 새로운 언어의 영역으로 전화하여 아언으로 탄생한다고 보았다. 이러한 인식은 황정견의 이속위아적 문예인식과 같으며 정약용는 아속겸학의 학문인식 뿐만 아니라 예술에서도 아속겸비적 문예인식을 펼쳐 학예를 일체화하였다.

　그의 '조선시'의 선언은 그가 아속겸학을 주장한 것과 상통한다. 속학은 주자학적 관점에서는 부정되었지만 실학의 관점에서는 긍정적이다. 정조는 속학을 단속하여 정통 주자학을 재건하려 하였지만, 정약용은 주자학의 한계를 아속겸학으로 극복하고, 주자주의적 세계건설이 아닌 경세치용을 통한 민본주의적 국가를 건설하고자 하였다. 학문은 당대의 시대적 요청에 의해 흥쇠한다는 점을 감안하면 정약용의 아속겸학은 시대를 꿰뚫은 혜안이었다. 조선후기는 조선성리학의 일원적 사유 위에 인간의 욕망을 긍정한 양명학적 인간 인식, 실용으로 세계를 바라보는 경세치용과 북학파의 세계 인식 등이 융합하여 아속겸비적인 세계로 나아갔다. 정조는 이러한 세계에 대한 불안감을 문체반정으로 표출하였으나 정조 사후 문체반정은 외척과 문벌의 정치적 갈등 속에 관심 밖으로 밀려났으며 아속겸비적 심미의식은 더욱 확산하였다.

1　정약용,『與猶堂全書』第一集 雜纂集 제24권「雅言覺非」2권: 此等土語 未嘗不雅 必揚雄載之於方言 孫穆錄之於類事 徐兢之記 董越之賦 已經收入 然後方得之於詩文矣.

제 5 장

글을 마무리하며

문예에서 아속雅俗은 문화를 층위로 바라보는 시각이다. 조선후기 문예에 나타난 아속겸비적 심미의식은 이러한 문화의 층위를 융합하고 인간 본질에 충실하여 새로운 문화 창조의 역량이 되었다. 아속겸비적 심미의식은 기존의 이념적, 폐쇄적 문화의식을 해체하고 변화하는 시대요구에 부응하여 인간의 자의식을 긍정하고 자유롭게 예술을 창조할 수 있도록 사유의 지평을 넓혔다.

　아문화는 고도의 정신세계가 담긴 고급문화를 창조하였으나 후대에는 규범화되고 형식화되는 폐단을 낳았다. 속문화는 대중이 주체가 되며 변화와 시의성이 뛰어난 장점이 있으나 인간의 욕망을 통제하지 못하여 저급한 문화로 전락할 가능성이 언제나 도사리고 있었다. 그러나 속문화에는 인간의 보편적 정서가 녹아 있어 감정을 통제하는 아문화에 비해 솔직하다. 이러한 솔직함은 진정성으로 나타나는데, 진정성은 어떤 시대를 막론하고 인간의 마음을 사로잡는 강력한 힘이 있다. 이 책은 이러한 속문화에 담겨있는 심미의식에 주목하고 아문화와 속문화의 융합을 통하여 새롭게 창조 역량을 확장해 나간 조선후기의 문예를 살펴보았다.

　조선후기는 변화의 시대였다. 조선 정치의 기본 토대를 제공한 주자학은 송시열과 한원진을 거치며 정합성을 구축하였지만 곧이어 '인물성동이논변'으로 인하여 주자학은 균열하였다. 이러한 균열은 이미 조선중기 양명학의 전래에서부터 그 씨앗이 자라나고 있었다. 주자학은 조선성리학으로 심화하였지만 일부는 실학으로 전환하였다.

　조선후기 문예사조에 나타난 아속겸비적 심미의식은 한국전통의 원융의식과 성리학, 양명학, 실학 등에 영향을 받아 당대 문화를 혁신하려는 문인들에 의해 주도되었다. 주자학과 한국전통의 정신을 융합한 목은 이색의 '천인무간'의 원융적 사유와 '인물성동론'의 일원적 사유, 양명학과 실학의 '실심實心'적 사유는 아와 속을 구분하려는 이원적 사고를 극복하고 아속일원적 관점을 제공하였다. 노론의 경화사족을 중심으로 한 '인물성동론'의 문인들은 차등적 화이관을 극복하고 민족문화의 주체성을 강조하였다. 또한 양명학과 실학의 '실심'적 사유는 현실자각과 자존의식을 일깨우며 관념적인 문예의식에서 현실의 구체성을 드러내는 문예 흐름으로 바꾸어 놓았다.

　조선후기의 문예는 이러한 변화 역량을 감당한 선구적 문인들에 의해 새롭게 개창되었다. 노론의 김창협과 김창흡 형제는 관념적 문예를 지양하고 천기론으로 자각적 문예를 이끌어 이전과는 확연히 다른 문풍을 구축하였다. 조선후기의 천기는 특정 의미를 내포한다. 그것은 '진眞'과 '자득自得'을 가리켰다. 조선후기 진과 자득의 열풍은 이전의 시대를 '가假'와 '의고擬古'로 규정하는 반어적 의미이다. '의고'란 바로 숭고이며 숭고는 아문화의 본질이다. 조선후기의 천기론은 이러한 '의고'를 '가'로 지목한 것이다. 이것은 전통과 아문화에 대한 반발이며 기존의 아속관념에 대한 부정이었다.

천기론을 주장한 문예인들은 전통적인 아속관에 묶여 문예 발전을 저해하는 낡은 문예의식을 버리고 예술과 인간의 본질에 집중하였다. 다시 말하면 이념의 문예의식을 버리고 천연의 자아로 돌아가 인간이 예술을 지향하는 의미를 깨닫게 되었는데 그것은 인간 정신의 자유로움이었다.

조선후기 현실자각과 주체의식의 성장은 고정관념을 극복하고 실상의 세계를 파악하고자 하였다. '실實'은 양명학과 실학의 핵심어이다. '실'은 유학전통에서 언제나 추구되는 개념이지만 조선후기 문예의 '실' 개념은 관념과 '허虛'의 반대적 의미인 '실재'를 의미한다. '실'의 추구를 반어적으로 보면 이전의 문예를 관념과 '허'의 문예로 규정하게 된다. '실'을 추구한 문인들은 주자주의의 경직성과 관념성을 '허'로 보고 실상의 세계에 집중하였다. 윤두서는 이러한 '실'의 정신을 문예의 핵심으로 삼고 실득의 문화의지로 풍속화와 진경산수화를 개척하였고 우리나라 최초의 자화상을 남겨 조선후기 회화를 개창하였다.

김창협 형제와 윤두서에 의해 펼쳐진 새로운 문예사조는 조선후기 문예의 부흥시대를 이끌었다. 그들은 이전의 사유방식을 답습하지 않고 자득과 실득을 통하여 시대의 문화 창조의지를 선도하였다. 박지원과 이용휴는 그들의 문화의지를 이어받아 조선후기 문단의 양대 산맥이 되었다. 박지원과 이용휴는 당색은 달랐으나 모두 '진眞'의 문학을 추구하였다. 그들에게 있어 '진'이란 현세적 삶을 바탕으로 자득에서 출발한 창신을 의미하였다. 박지원과 이용휴의 문화의지는 북학파와 이언진 등 서얼과 위항문학으로 확대되었으며, 이러한 문화 풍토는 신분과 남녀 등 사회적 제약을 뛰어넘어 인간 삶의 본질을 예술로 구현하게 하였다.

윤두서와 정선은 조선후기 화단의 새로운 지평을 열었다. 그들은 동시대에 살면서 당색은 달랐으나 누대에 걸친 회화의 폐습을 혁신하고 창조적 화풍으로 조선 회화의 고유성을 이끌었다. 정선은 우리 국토의 아름다움을 대상화하여 독특한 화법으로 진경산수화를 확립하였다. 윤두서에 이은 조영석의 풍속화는 문인의 섬세한 필치로 조선의 풍속과 일상적 인물을 그려 땀냄새 나는 인간의 가치를 발견하게 하였다. 김홍도는 이들이 이룩한 문화토양을 자양분 삼아 성장하여 풍속화와 진경산수화 등에서 조선후기 회화의 절정을 이루었다.

'풍속화의 윤두서와 조영석', '진경산수화의 정선과 김홍도'는 당색이 서로 다르다. 조영석과 정선이 노론 출신이라면, 윤두서는 근기남인이며 김홍도는 근기남인과 근접하게 지낸 강세황의 제자이기 때문이다. 그러나 이들은 풍속화와 진경산수화를 통해 당대 회화를 혁신하고 우리 회화의 고유미를 창출하였다.

당시의 당색은 정치뿐만 아니라 문화적 지향성도 공유하고 있다고 본다면 문인들의 이와 같은 혁신의 바탕은 어디에서 오는가? 조선후기 새로운 문화의 창출 의지는 무엇인가? 글쓴이는 그것을 조선후기 변화의 흐름 속에 흥기한 아속겸비적 심미의식에서 찾아보았다.

조선후기의 아속겸비적 심미의식은 선각적 문인들에 의해 주도되었지만, 시대요구에 부응한 문인들이 줄지어 나옴으로써 문화의지가 되었다. 아속겸비의 심미의식을 가진 문인예술가들은 문예 비평의 '아속유별雅俗有別'의 관점을 거부하고, 독창성과 예술성을 비평 관점으로 채택하였다. 이것은 '문文'이 '도道'의 규제에서 벗어나 독립함을 의미한다.

동아시아의 심미의식은 '미美'와 '선善'이 결부되어있다. 그러므로 아속겸비적 심미의식이라 하더라도 실제로는 아문화를 바탕으로 속문화의 장점을 융합하여 아문화의 창조성을 확보하는 것이 아속겸비적 심미의식의 주목적이다. 속문화 또한 이러한 심미의식 아래 문화적 깊이를 더할 수 있다. 박지원의 '법고창신'은 아雅의 명분 아래 창작 정신을 규제하는 문단의 관습을 지적하고, 전통의 예술정신은 자신의 고유한 언어로 재탄생될 때 생명력이 있음을 강조한 것이다.

예술의 독립성은 자발적 예술의지를 북돋았다. 자득은 창작의 근원이 자신에게 있음을 말한다. 아문화는 정법定法의 문화이다. 조선후기 정법 대신 활법活法의 예술정신이 강조된 것은 자득과 자존을 통해 예술의 창조 역량을 키워나가려는 문화의지이다. 획일화된 문화는 문화라고 할 수 없다. 문화는 다채로운 무늬를 상징한다. 서로 다름을 받아들이는 것은 새로운 창조의 길로 가는 것이다. 개개인의 고유성, 민족의 고유성은 다채로운 무늬이며 문화의 본질이다. '진'과 '자득'의 예술정신, '실'의 예술정신은 예술을 인간의 삶과 밀접하게 엮으며 우리 안에 있는 잠재된 열린 창조의지를 일깨웠다.

'진의 탐구'는 조선후기 예술의 특징이다. 조선후기 현실인식의 전환은 이전 시대의 관념성을 거부하고 진 추구를 통해 예술과 삶을 융합하고자 하였다. 그들의 진 열풍은 우리 문예에 진정성·고유성·사실성·현실성·이상성이 융합된 예술정신을 낳았으며 개체의 긍정과 문화 자존의식을 성장시켰다. '진'이란 현실과 이상을 오가는 인간의 진정이었다. 우리의 의식은 늘 현실과 이상 사이를 오가기 마련이다. 조선후기의 아속겸비적 심미의식은 이러한 인간 의식의 흐름을 파악하여 예술을 통해 이상과 현실을 표현하려 하였다. 진경문화에는 이러한 이상성과 현실성이 담겨있다.

진의 탐구로 인한 인식의 전환은 자기 정체성을 자각하게 하였다. 이상과 현실의 조화는 명확한 자기인식 없이는 불가능하다. 자기인식 또한 현실인식을 기반으로 한다. 현실인식은 계도된 인식이 아닌 객관적 사실을 파악하는 사고력을 동반해야 한다. 이러한 작용으로 인해 조선후기의 아속겸비적 심미의식은 개인의 자각과 인간의 존엄성을 발견하였고, 민족 정체성을 확보하여 민족자존의식으로 발전하게 하였다.

아속겸비의식을 추구한 문인들에게 나타나는 공통된 인식기반은 정태적 사고의 극복이다. 겸비란 서로 이질적인 성질들을 한 몸에 갖추는 것이다. 이것은 몸의 조절능력을 길러야 가능한 것이다. 조절능력이란 유연성을 의미한다. 경직된 몸은 조절능력이 없다. 유연성은 자기 몸의 부단한 노력으로 만들어지는 자기 극복의 결과이다. 이러한 유연성은 생명을 창조한다. 아속의 겸비는 '아'와 '속'을 시의적으로 구현할 수 있는 동태적 사고를 요구하는데, 조선후기의 아속겸비적 심미의식은 이러한 과정을 극복한 문인들에 의해 이루어졌다. 그들은 '아'의 끊임없는 압력에도 불구하고 '속'을 포용하여 새로운 예술을 창조하였다. 우리는 비단 예술뿐만 아니라 삶의 도처에서 '아'와 '속'의 경계에서 갈등하며 살아간다. 아속에 대한 관심은 우리가 사는 세계에 대한 관심이다. 조선후기 아속겸비적 심미의식을 고찰하는 것은 '아'와 '속'의 경계에서 선택보다는 '아'와 '속'의 조화의 길로 인도한다.

아속의 겸비는 세계를 통찰하여 폭넓은 융합의 세계를 창조한다. 조선후기 문예사조에 나타난 아속겸비적 심미의식은 이전의 세계가 보지 못한 미감을 창출하여 우리 문예의 새로운 문화의지가 되었다. 과거와 현재뿐만 아니라 미래에도 아속겸비적 심미의식은 융합의 문예의지로 서로 다른 문화를 포용하고 새로운 창조를 이끌어가는 문화 역량이 될 것이다. 우리는 편협함을 버리고 원대하게 우리의 삶과 예술을 펼쳐나가야 한다. 그러할 때 세상의 모든 창조 기운은 우리와 함께 동행할 것이다.

1. 경서류

『논어』, 『맹자』, 『대학』, 『중용』, 『시경』, 『주역』, 『서경』, 『예기』, 『순자』, 『장자』

2. 원서·문집류

- 강세황, 『표암고』, 한국문집총간 속 80, 민족문화추진회, 2009.
- 공영달, 『모시정의』, 박소동 외 역, 전통문화연구회, 2016.
- 굴 원, 『초사』, 권용호 역, 문학동네, 2015.
- 김정희, 『완당전집』, 민족문화추진회 역, 솔출판사, 1998.
- 김창흡, 『삼연집』, 한국문집총간 167, 민족문화추진회, 1996.
- 김창협, 『농암집』, 한국문집총간 161, 민족문화추진회, 2001.
- 맹원노, 『동경몽화록』, 김민호 역, 소명출판사, 2010.
- 박세당, 『서계집』, 한국문집총간 134, 민족문화추진회, 2006.
- 박지원, 『연암집』, 한국문집총간 252, 민족문화추진회, 2000.
- 반 고, 『한서』, 진기환 역, 명문당, 2016.
- 백거이, 『신악부』, 청대시문집휘편, 상해고적출판사, 2010.

- 소 철, 『소철집』, 중화서국, 1999.
- 소 통, 『문선』, 김영문 외 역, 소명출판사, 2010.
- 심노숭, 『효전산고』, 학자원, 2014.
- 안 자, 『안자춘추』, 임동석 역, 동문선, 1997.
- 양계초, 『양계초전집』, 북경출판사, 1999.
- 왕 숙, 『공자가어』, 이민수 역, 을유문화사, 2015.
- 왕양명, 『전습록』, 정인재 외 역, 청계, 2001.
- 왕 충, 『논형』, 이주행 역, 소나무, 1996.
- 원굉도, 『원중랑전집』, 『서루전집』, 제로서사, 1997.
- 원 매, 『원매전집』, 상해고적출판사, 1993.
- 유검화, 『중국고대화론류편』, 김대원 역, 소명출판사, 2010.
- 유만주, 『흠영』, 김하라 역, 돌베개, 2015.
- 유보남, 『논어정의』, 『속수사고전서』 권156, 상해고적출판사, 1995.
- 유 협, 『문심조룡』, 성기옥 역, 커뮤니케이션북스, 2012.
- 유 희, 『석명』, 하영삼 역, 지식을만드는지식, 2012.
- 육 기, 『문부』, 이규일 역, 한국학술정보, 2010.
- 이 간, 『외암유고』, 한국문집총간 190, 민족문화추진회, 1997.
- 이규상, 『일몽고』, 『병세재언록』, 민족문학사연구소 역, 창작과비평사, 1997.
- 이덕무, 『청장관전서』, 한국문집총간 257-259, 민족문화추진회, 1981.
- 이덕수, 『서당선생집』, 전의이씨청강공파화수회, 2000.
- 이병연, 『사천시초』, 한국문집총간 속 57, 민족문화추진회, 2008.
- 이 색, 『목은집』, 한국문집총간 5, 민족문화추진회, 1990.
- 이서구, 『척재집』, 한국문집총간 270, 민족문화추진회, 2001.
- 이언진, 『송목관신여고』, 한국문집총간 252, 민족문화추진회, 2000.
- 이 옥, 『이옥문집』, 김균태 역, 지식을 만드는 지식, 2011.
- 이용휴, 『탄만집』, 한국문집총간 223, 민족문화추진회, 1999.
- 이용휴, 『혜환잡저』, 성균관대학교 대동문화연구원, 2002.
- 이의현, 『도곡집』, 한국문집총간 180, 민족문화추진회, 1996.

- 이 익,『성호전서』, 한국문집총간 198-200, 민족문화추진회, 1979.
- 이 지,『명등도고록』, 김혜경 역, 한길사, 2016.
- 이하곤,『두타초』, 한국문집총간 191, 민족문화추진회, 1997.
- 장언원,『역대명화기』, 조송식 역, 시공사 2008.
- 장 유,『계곡집』, 한국문집총간 92, 민족문화추진회, 1992.
- 정약용,『여유당전서』, 다산학술문화재단, 2012.
- 정제두,『하곡집』, 한국문집총간 160, 민족문화추진회, 1995.
- 정 조,『홍재전서』, 한국문집총간 262-267, 민족문화추진회, 2001.
- 정호, 정이,『이정집』, 중화서국, 2004.
- 조귀명,『동계집』, 한국문집총간 215, 민족문화추진회, 1998.
- 조 기,『맹자장구』, 중화서국, 1998.
- 조 비,『전론』, 중화서국, 1985.
- 최치원,『고운집』, 한국문집총간 1, 민족문화추진회, 1990.
- 허 신,『설문해자』, 중화서국, 2004.
- 홍대용,『담헌서』, 한국문집총간 248, 민족문화추진회, 2000.
- 호응린,『시수』, 광문서국, 1973.

3. 단행본류

- 갈로, 강관식 역,『중국회화이론사』, 돌베개, 2013.
- 강관식,『표암 강세황』, 경인문화사, 2013.
- 강만길,『한국근대사』, 창작과비평, 1989.
- 강명관,『조선후기 소품문의 실체』, 태학사, 2003.
- 강명관,『조선 후기 문학의 성격』, 서강대학교출판부, 2010.
- 강명관,『조선시대 문학 예술의 생성 공간』, 소명출판, 1999.
- 강명관,『공안파와 조선후기 한문학』, 소명출판, 2008.
- 강명관,『농암잡지평석』, 소명출판, 2007.
- 강창구 외,『중국시가의 이해』, 한울출판사, 1999.

- 고연희,『조선후기 산수기행예술 연구』, 일지사, 2007.
- 고연희,『조선시대 산수화, 아름다운 필묵의 정신사』, 돌베개, 2014.
- 구구웅삼 외, 김석근 외 역,『중국사상문화사전』, 민족문화문고, 2003.
- 금장태,『다산실학탐구』, 소학사, 2001.
- 김경동,『원진·백거易 사회시 연구』, 성균관대학교 대학원, 1997.
- 김기현,『외암 이간의 학문세계』지영사, 2009.
- 김길락,『한국 상산학과 양명학』, 청계, 2004.
- 김명희,『당·송변혁기의 역사학』, 호남대학교 출판부, 2003.
- 김문용,『홍대용의 실학과 18세기 북학사상』, 예문서원, 2005.
- 김원중,『중국문학이론의 세계』, 을유문화사, 2000.
- 김인규,『홍대용』, 성균관대학교 출판부, 2008.
- 김종태,『동양화론』, 일지사, 2004.
- 김학주외,『중국속문학개론』, 한국방송대학교출판부, 1997.
- 김학주,『중국문학사』, 신아사, 2011.
- 김학주,『중국문학의 이해』, 신아사, 2008.
- 김혈조,『박지원의 산문문학』, 성균관대학교 대동문화연구원, 2002.
- 김형찬,『논쟁으로 보는 한국철학』, 예문서원, 2009.
- 김흥규,『조선후기의 시경론과 시의식』, 고대민족문화연구소, 1982.
- 나종면,『18세기 조선시대의 예술론』, 한국학술정보, 2009.
- 나카 스미오, 이영호 외 역,『조선의 양명학』, 성균관대학교 동아시아학술원, 2016.
- 노사광, 정인재 역,『중국철학사』, 탐구당, 1990.
- 류종목,『소식사연구』, 중문출판사, 1993.
- 리빙하이, 신정근 역,『동아시아미학』, 도서출판 동아시아, 2016.
- 마이클 설리번, 한정희 역,『중국미술사』, 도서출판 예경, 2011.
- 문석윤,『외암 이간의 학문세계』지영사, 2009.
- 민영규,『강화학 최후의 광경』, 우반, 1994.
- 민택, 유병례 외 역,『중국문학이론비평사』수당오대시기편, 성신여자대학교 출판부, 2011.

- 민택, 유병례 외 역,『중국문학이론비평사』송금원시기편, 성신여자대학교 출판부, 2013.
- 민택, 유병례 외 역,『중국문학이론비평사』명대편, 성신여자대학교 출판부, 2016.
- 박경심,『목은 이색의 철학적 인간학』, 문사철, 2009.
- 박무영,『우리 한문학사의 새로운 조명』, 집문당, 1999.
- 박무영,『실학과 문화예술』, 경기문화재단, 2004.
- 박수밀,『18세기 조선지식인의 문화의식』, 한양대학교 출판부, 2002.
- 박연수,『양명학의 이해』, 집문당, 1999.
- 박연수,『양명학이란 무엇인가』, 한국학술정보, 2010.
- 박은순,『한국미술과 사실성』, 눈빛출판사, 2000.
- 박은순,『금강산도 연구』, 일지사, 1997.
- 박은순,『우리 땅, 우리의 진경』, 국립춘천박물관, 2002.
- 박현욱,『성시전도시로 읽는 18세기 서울』, 보고사, 2015.
- 변영섭,『표암 강세황 회화 연구』, 사회평론아카데미, 2016.
- 서경호,『중국 문학의 발생과 그 변화의 궤적』, 문학과 지성사, 2005.
- 서복관, 권덕주 외 역,『중국예술정신』, 동문선, 1990.
- 손오규,『한중팔경구곡과 산수문화』, 상명대학교 한중문화정보연구소, 2004.
- 손오규,『산수미학탐구』, 제주대학교 출판부, 2006.
- 송원삼랑, 최성은 외 역,『동양미술사』, 도서출판 예경, 1994.
- 송용준외,『송시사』, 도서출판 역락, 2004.
- 시마다 겐지, 김석근 외역,『주자학과 양명학』, 까치글방, 2008.
- 신병주,『조선 중·후기 지성사 연구』, 새문사, 2007.
- 신성곤외,『중국사』, 서해문집, 2009.
- 신채식,『송대정치경제사연구』, 한국학술정보, 2008.
- 심경호,『한문산문의 미학』, 고려대학교 출판부, 1998.
- 심우영,『한중팔경구곡과 산수문화』, 상명대학교 한중문화정보연구소, 2004.
- 안대회,『조선후기 소품문의 실체』, 태학사, 2003.
- 안대회,『18세기 한국한시사 연구』, 소명출판, 1999.

- 안대회, 『조선후기 한시 작가론 1』, 이회문화사, 1998.
- 안휘준, 『한국회화의 전통』, 문예출판사, 1988.
- 안휘준 외, 『조선시대 인물화』, 학고재, 2009.
- 안휘준, 『한국 그림의 전통』, 사회평론, 2012.
- 오태석, 『중국문학의 인식과 지평』, 도서출판 역락, 2001.
- 온조동, 강관식 역, 『중국회화비평사』, 미진사, 1994.
- 왕방웅 외, 황갑연 역, 『맹자 철학』, 서광사, 2005.
- 원재린, 『한국 실학의 새로운 모색』, 경인문화사, 2002.
- 원행패 외, 김상일 역, 『중화문명사』, 동국대학교출판부, 2017.
- 유병례, 『세속의 욕망과 그 달관의 노래』, 신서원, 2007.
- 유봉학, 『개혁과 갈등의 시대』, 신구문화사, 2009.
- 유봉학, 『진경시대 2』, 돌베개, 2010.
- 유승국, 『한국의 사상가 10인 하곡 정제두』, 예문서원, 2005.
- 유승국, 『한국유학사』, 성균관대학교 동아시아학술원, 2011.
- 유위림, 심규호 역 『중국문예심리학사』, 동문선, 1999.
- 유홍준, 『화인열전 1』, 역사비평사, 2002.
- 유홍준, 『화인열전 2』, 역사비평사, 2008.
- 윤사순, 『목은 이색의 생애와 사상』, 목은연구회, 1996.
- 윤사순, 『한국유학사상론』, 예문서원, 1997.
- 이경구, 『조선후기 사상사의 미래를 위하여』, 푸른역사, 2013.
- 이광표, 『그림에 나를 담다』, 현암사, 2016.
- 이국희, 『중국문학개론』, 현학사, 2005.
- 이기동, 『동양삼국의 주자학』, 성균관대학교 출판부, 2010.
- 이기동 역, 『시경강설』, 성균관대학교 출판부, 2004.
- 이기동, 『이색』, 성균관대학교 출판부, 2005.
- 이동주, 『우리 옛그림의 아름다움』, 시공사, 2012.
- 이동환, 『실학시대의 사상과 문학』, 지식산업사, 2007.
- 이승환, 『인문정신과 인문학』, 아카넷, 2007.

- 이정선,『조선후기 조선풍 한시 연구』, 한양대학교 출판부, 2002.
- 이철희,『이옥 문학 세계의 종합적 고찰』, 화성시청, 2012.
- 이태호,『풍속화 1』, 대원사, 1995.
- 이태호,『조선후기 회화의 사실정신』, 학고재, 1996.
- 이태호,『옛 화가들은 우리 땅을 어떻게 그렸나』, 생각의 나무.
- 이태호,『조선미술사 기행 1』, 다른세상, 1999.
- 이태호,『조선후기 초상화』, 마로니에북스, 2016.
- 이택후, 권호 역,『화하미학』, 동문선, 1990.
- 이택후, 윤수영 역,『미의 역정』, 동문선, 2003.
- 이택후,『중국미학사』, 대한교과서주식회사, 1993.
- 임유경,『우리한문학사의 새로운 조명』, 집문당, 1999.
- 임종욱,『중국의 문예인식』, 이회문화사, 2001.
- 장준석,『중국 회화사론』, 학연문화사, 2002.
- 전백찬, 심경호 역,『중국사강요』, 오대십국부터 근대까지편, 중앙북스, 2015.
- 정대림,『조선시대 시와 시학의 현장』, 태학사, 2014.
- 정병모,『한국의 풍속화』, 한길아트, 2000.
- 정옥자,『조선후기 역사의 이해』, 일지사, 2003.
- 정요일 외,『고전비평용어연구』, 태학사, 1998.
- J. 캐힐, 조선미 역,『중국회화사』, 열화당, 1995.
- 조길혜 외, 김동휘 역,『중국유학사』, 신원문화사, 1997.
- 조동일,『한국문학통사 3』, 지식산업사, 1994.
- 조민환,『중국철학과 예술정신』, 예문서원, 2006.
- 조민환,『동양 예술미학 산책』, 성균관대학교 출판부, 2018.
- 조선미,『한국초상화 연구』, 열화당, 1994.
- 조선미,『한국의 초상화』, 돌베개, 2009.
- 조성산,『조선후기 낙론계 학풍의 형성과 배경』, 지식산업사, 2007.
- 조송식,『중국 옛 그림 산책』, 현실문화, 2011.
- 조송식,『산수화의 미학』, 아카넷, 2015.

- 주건충, 천금매외 역, 『초사고론』, 학고방, 2016.
- 주훈초 외, 중국학연구회 역, 『중국문학비평사』, 이론과 실천, 1994.
- 차미애, 『공재 윤두서일가의 회화』, 사회평론, 2014.
- 차주환, 『중국시론』, 서울대학교출판부, 2003.
- 최석기, 『성호이익연구』, 성균관대학교 출판부, 2012.
- 최영진, 『외암 이간의 학문세계』, 지영사, 2009.
- 팽철호, 『중국문학통론』, 신아사, 2010.
- 포목조풍, 임대희 외 역, 『수당오대사』, 서경문화사, 2005.
- 한국18세기학회 편, 『위대한 백년 18세기』, 태학사, 2007.
- 한국실학학회, 『동아시아 실학사상가 99인』, 학자원, 2015.
- 한흥섭, 『아악혁명과 문화영웅 세종』, 소나무, 2010.
- 허남욱, 『조선후기 문학사상의 흐름』, 강원대학교 출판부, 2007.
- 허영환, 『겸재 정선』, 열화당, 1980.
- 허영환, 『중국화론』, 서문당, 2001.
- 허태용, 『조선후기 중화론과 역사인식』, 아카넷, 2010.
- 호적, 강필임 역, 『백화문학사』, 태학사, 2012.
- 홍선표, 『조선회화』, 한국미술연구소, 2014.
- 홍정근, 『호락논쟁의 본질과 임성주의 철학사상』, 한국연구원, 2007.

4. 논문류

- 강관식, 「진경시대 후기 화원화의 시각적 사실성」, 『간송문화』 제49호, 한국민 족미술연구소, 1995.
- 강혜선, 「정조의 문체반정과 경화문화」, 『한국실학연구』 제23호, 2012.
- 권석환, 「중국 연화 속에 담긴 문화코드 탐색: 계층 상승으로서의 욕망과 이데올로기 전파로서의 교화의 결합」, 『중국문학연구』 제42집, 한국중문학회, 2011.
- 김대환, 『중국고대문학에서의 '아'와 '속'의 경계』, 『중국어문학지』 제41집. 중국어 문학회, 2012.

- 김도련, 「고문의 문체연구」, 『한국학논총』 제6집, 국민대학교 한국학연구소, 1984.
- 김도일, 「맹자의 감정 모형: 측은지심은 왜 겸애와 다른가?」, 『동아문화』 제41집, 서울대학교 인문대학 동아문화연구소, 2003.
- 김동수, 「선진유가의 심미경계」, 『유교사상연구』 제16집, 한국유교학회, 2002.
- 김동준, 「18세기 한국한시의 실험적 성격에 대한 연구」, 『민족문학사연구』 제27호, 민족문학사학회 민족문학사연구소, 2005.
- 김상순, 『중국 금도의 한국 전래와 발전 양상에 관한 연구』, 성균관대학교 대학원 박사학위논문, 2015.
- 김성기, 「동아시아 문명의 기원에 있어서 동이문화의 지위」, 『유교사상문화연구』 제60집, 성균관대학교 유교문화연구소, 2015.
- 김세서리아, 「양명좌파와 이탁오 사상에서의 개별 주체와 공동체 주체」, 『오늘의 동양사상』 통권16호, 예문동양사상연구원 2006.
- 김원중, 「선진 문학사 서술의 몇 가지 선행 조건」, 『중국어문학』 제39집, 2002.
- 김원중, 「위진남북조 문학사에 있어서 남북 문풍의 차이와 서술방식의 향방」, 『인문논총』 제9호, 건양대학교 인문과학연구소, 2004.
- 김원중, 「위진육조시기에 있어서의 아속지변 검토」, 『중국어문논총』 제23집, 중국어문연구회, 2002.
- 김유곤, 『조선조 유학의 『중용』 사상에 관한 연구』, 성균관대학교 박사학위논문, 2008.
- 김종진, 「「해동악부」를 통해 본 성호의 역사 및 현실인식」, 『민족문화연구』 제17호, 고려대학교 민족문화연구소, 1983.
- 김진균, 「이옥의 작가적 자세와 탈중심적 글쓰기」, 『한문학보』 제6집, 우리한문학회, 2002.
- 김해명, 「중국 주대 아악의 성쇠와 『시경』의 관계」, 『중국어문학논집』 제26호, 중국어문학연구회, 2004.
- 김혜숙, 「한국한시론에 있어서 천기에 대한 고찰(3)」, 『한국시가연구』 제28집. 이회, 2010.
- 김호, 「정조의 속학 비판과 정학론」, 『한국사연구』 139호, 한국사연구회, 2007.
- 류재일, 「이옥 시의 연구1」 『인문과학논집』 제13집, 청주대학교 인문과학연구소, 1994.
- 문명숙, 「매요신시 연구」, 『논문집』 21호, 성신여자대학교, 1989.

- 민주식, 「미와 추, 아와 속」, 『미학·예술학연구』 제27호, 한국미학예술학회, 2008.
- 박경남, 「18세기 문학관의 변화와 '개인'과 '개체'의 발견 1, 정주학적 이념의 해체와 '개인' 중심 문학관의 출현」, 『동양한문학연구』 제31집, 동양한문학회, 2010.
- 박만규, 『조선시대 진(眞) 추구에 내재된 문예 사상 연구』, 성균관대학교 박사학위논문, 2009.
- 박영민, 「새로운 시정신과 미의식으로 그려본 18세기 한국한시사의 지형도」, 『정신문화연구』 77호, 한국정신문화연구원, 1999.
- 박은순, 「진경산수화 연구에 대한 비판적 검토」, 『한국사상사학』 제28집, 2007.
- 박주열, 『17세기 조선의 탈주자학적 문예비평의식 연구』, 성균관대학교 박사학위 논문, 2017.
- 박준호, 「혜환 이용휴의 시세계의 한 국면」, 『한문학연구』 제14호, 계명대학교 계명한문학회, 1999.
- 박진경, 「공재 윤두서의 실득적 심미의식 고찰」, 『동양예술』 제37호, 한국동양예술학회, 2017.
- 박태성, 「조선 시대 천기론의 전개」, 『연세어문학』 제26집, 연세대학교국어국문학과, 1994.
- 석수겸, 문정희 역, 「낙신부도: 전통의 형소와 발전」, 『미술사논단』 제26호, 성강문화재단, 2008.
- 손혜리, 「조선 후기 문인들의 백두산 유람과 기록에 대하여」, 『민족문학사연구』 제37호, 민족문학사학회 민족문학사연구소, 2008.
- 신미자, 「주자의 교유시 연구」, 『중국문학』 22호, 한국중국어문학회, 1994.
- 신병주, 「17세기 중·후반 근기남인 학자의 학풍」, 『한국문화』 19호, 서울대학교한국문화연구소, 1997.
- 신익철, 「이옥문학의 일상성과 사물인식」, 『한국실학연구』 제12호, 한국실학학회, 2006.
- 신호야, 「시원변체의 중당 원화시기 시인들에 대한 비평」, 『중국어문학論集』 제81호, 중국어문학연구회, 2013.
- 심경호, 「실학시대의 여행」, 『한국실학연구』 제12호, 민창사, 2006.
- 심규호, 「한대 아속관과 아속문화의 변천과정에 관한 일 고찰」, 『중국인문과학』 제31집,

중국인문학회 2005.

- 심규호, 「선진 사인의 아속관에 관한 일 고찰」, 『중국문학이론』 제5집, 한국중국문학이론학회, 2005.

- 심규호, 「위진대 사인의 아속관 연구」, 『중국학연구』 제81집, 중국학연구회, 2017.

- 안대회, 「조선 후기 소품체 유기의 연구」, 『대동문화연구』 제79집, 성균관대학교 출판부, 2012.

- 오태석, 「대아지당과 아속공상」, 『중국어문학지』 제10집, 중국어문학회, 2001.

- 오태석, 「'대아지당'과 '아속공상': 황정견 시학의 송대적 변용성」, 『중국어문학지』 제10집, 중국어문학회, 2001.

- 오태석, 「북송 문화의 혼종성과 이학문예심미」, 『중국어문학지』 제34집, 2010.

- 윤재민, 『조선후기 중인층 한문학의 연구』, 고려대학교 박사학위논문, 1991.

- 윤재민, 「문체반정의 재해석」 『고전문학연구』 제21집, 월인, 2002.

- 윤재환, 「조선 후기 근기 남인 학맥 소고」, 『국문학논집』 제21집, 단국대학교 국어국문학과, 2011.

- 이경순, 「18세기 후반 지리산 유람의 추이와 성격」, 『남명학연구』 제46집, 경상대학교 경남문화연구원 남명학연구소, 2015.

- 이경자, 『호산 조희룡 문인화의 아·속 미학 연구』, 성균관대학교 박사학위논문, 2010.

- 이기동, 「목은의 사상과 한국유학의 세 흐름」, 『한국사상과 문화』 제25집, 한국사상문화학회 2004.

- 이기동, 「목은 이색의 천인무간사상을 바탕으로 한 상생의 구조」, 『한국사상과 문화』 제54집, 한국사상문화연구원, 2010.

- 이내옥, 「조선후기 풍속화의 기원」, 『미술자료』 49호, 1992.

- 이동환, 「조선후기 '천기론'의 개념 및 미학이념과 그 문예·사상적 연관」, 『한국한문학연구』 제28집, 한국한문학회, 2001.

- 이등연, 「중국문학사적아속의론」, 『국제중국학연구』 제8집, 한국중국학회, 2005.

- 이문주, 『중국 선진시대 유가의 예설에 대한 연구』, 성균관대학교, 박사학위논문, 1991.

- 이상호, 『정제두 양명학의 양명우파적 특징』, 계명대학교, 박사학위논문, 2004.

- 이정미, 『선화화보의 예술사상』, 성균관대학교 대학원, 박사학위논문, 2011.

- 이주현, 「명청대 소주편 청명상하도 연구」, 『미술사학』 제26호, 한국미술사교육학회, 2012.
- 이진경, 「주체와 도덕의 관점에서 본 조선후기 진가 담론 I」, 『양명학』 제31호, 한국양명학회, 2012.
- 이치수, 「송대 시학에서 아속론의 배경과 특색 연구」, 『중국어문학』 제77집, 2018.
- 이현선, 「정이(정이)의 '중(중)'과 '미발(미발)'개념 연구」, 『철학연구』 제82집, 철학연구회, 2008.
- 이현우, 「난세·망국지음론에 관한 고찰」, 『중국어문논총』 제25집, 중국어문연구회, 2003.
- 임명호, 『조선후기 한문학의 아속론 연구』, 부산대학교 박사학위논문, 2010.
- 장지훈, 『조선조후기 서예미학사상 연구』, 성균관대학교 박사학위논문, 2007.
- 정상홍, 「당송시에서의 구어사 사용과 시의 아속문제 관한 연구」, 『중국문학연구』 제19호, 한국중문학회, 1999.
- 정순우, 「18세기 속학론의 추이와 다산」, 『다산학』 제21호, 다산학술문화재단, 2012.
- 정옥자, 「조선후기의 「문풍」과 위항문학」, 『한국사론』 제4호, 서울대학교 인문대학 사학과, 1978.
- 정요일, 「천기의 개념과 천기론의 의의」, 『한문학보』 제19집, 우리한문학회, 2008.
- 조광, 「조선후기의 변경의식」, 『백산학보』 제16호, 백산학회, 1974.
- 조동원, 『단원 김홍도 회화의 심학적 진경미학 연구』, 성균관대학교 박사학위논문, 2015.
- 조문주, 「이이의 글에 보이는 우리 미학의 전통」, 『동양고전연구』 제5집, 동양고전학회, 1995.
- 진재교, 「진택 신광하의 「북유록」과 「백두록」」, 『한국한문학연구』 제13호, 한국한문학회, 1990.
- 차태근, 「비평개념으로서의 아속과 그 이데올로기」, 『중국어문논총』 제28집, 중국어문연구회 2005.
- 최병규, 「중국문학사에 나타난 문학이론 명제들」, 『솔뫼어문논총』 8집, 안동대학교어학원, 1998.
- 최준일, 『한국과 일본의 아악 비교 연구: '문묘제례악'과 '외래악무'를 중심으로』, 추계예술대학교 교육대학원 석사학위논문, 2010.

- 허남욱,『조선후기 문학사상연구』, 성신여자대학교 박사학위논문, 1995.
- 허남춘, 「조선후기 예악과 실학, 그리고 시악」,『반교어문연구』제28집, 반교어문학회, 2010.

5. 외국서적과 논문류

- 罗宗强,『隋唐五代文学思想史』, 中华书局, 2016.
- 孟昭連,『白話小說生成史』, 南開大學出版社, 2016.
- 常光一,『宋代文化市場與文學審美俗趣』, 中國書籍出版社, 2015.
- 成復旺 編,『中國美學範疇辭典』, 中國人民大學出版社, 1995.
- 袁行霈,『中国文学史纲』, 北京大学出版社, 2016.
- 劉莉,『魏晉南北朝音乐美学思想研究』, 华东师范大学, 박사학위논문, 2011.
- 李天道,『中國美學之雅俗精神』, 중화서국, 2004.
- 張贛生,『民國通俗小說論考』, 中慶出版社, 1991.
- 张曼华,『中国畵论中的雅俗观研究』, 南京艺术学院, 박사학위논문 2005.
- 郑振铎,『中国俗文学史』, 东方出版社, 1996.
- 宗白华,『美学与意境』, 江苏凤凰文艺出版社, 2017.
- 陈刚,『素朴与华丽』, 陕西师范大学, 박사학위논문, 2006.